Adolf von Westarp

ürst Bismarck und das deutsche Volk

Zur Erinnerung an den Sommer 1892

DOGMA

Adolf von Westarp

Fürst Bismarck und das deutsche Volk

Zur Erinnerung an den Sommer 1892

ISBN/EAN: 9783955076962

Auflage: 1

Erscheinungsjahr: 2012

Erscheinungsort: Bremen, Deutschland

© DOGMA in Europäischer Hochschulverlag GmbH & Co KG, Fahrenheitstr. 1, 28359 Bremen (www.dogma.de). Alle Rechte beim Verlag und bei den jeweiligen Lizenzgebern.

Fürst Bismarck

und

das deutsche Volk.

— ❧ —

Zur Erinnerung an den Sommer 1892

von

Adolf Graf von Westarp.

— · · · —

Mit einem Bildnis des Fürsten Bismarck aus dem Sommer 1892 in Photogravüre.

München 1893.
C. H. Beck'sche Verlagsbuchhandlung.
(Oskar Beck.)

Inhalt.

I.

Einleitung.

Fürst Bismarck, der Einiger Deutschlands war gefallen. Wie ein Riesendom, wenn er plötzlich zusammenstürzt,
weitum die Erde erschüttert, und die aufwallenden Staub=
wolken sich erstickend auf alles legen, was in ihrem Bann=
kreis atmet; wie ein gewaltiges Naturereignis, das, un=
geahnt hereinbrechend, ehe noch seine verheerenden Wirkungen
zu ermessen sind, die Menschen, die es mit angesehen haben,
in jähem Schrecken lähmt — so war die unmittelbare Folge
der Entlassung des großen Kanzlers eine dumpfe Betäubung,
die unwillkürlich den Herzschlag des deutschen Volkes für einige
Zeit zum Stillstand brachte. Die Stellung Bismarcks im
deutschen Reiche galt seit lange als etwas Selbstverständliches,
das man hinnimmt, ohne viel darüber nachzudenken, ohne
sich deshalb zu wundern oder aufzuregen. Jenes „Niemals!",
das Kaiser Wilhelm I. einst auf ein Abschiedsgesuch des
Fürsten gesetzt hatte, war nur Bestätigung und Ausdruck
der allgemeinen Empfindung, daß, so lange nicht der Tod
oder unheilbares Siechtum den eisernen Mann von seinem
Posten abrufe, die Bande, die ihn an denselben fesselten,
unlösbar seien. Man war gewöhnt, draußen in der Welt

wie drinnen im Vaterlande, das neue deutsche Reich ver=
körpert zu sehen durch die einzigartige Persönlichkeit dessen,
der es geschaffen. Er war sein Mittelpunkt und seine gei=
stige Spitze. Er war ihm Herz und Kopf und Arm, und
niemand vermochte sich vorzustellen, wie es sein würde, wenn
der Atem dieses Riesen sein Gebilde nicht mehr beseelen
würde. Der hohe, schöne Greis, der sich aus blutigen
Schlachten die alte deutsche Krone wiedergeholt hatte, der
Heldensohn, der mit dem Zauber seines Blickes Nord und
Süd bezwang, sie waren hingesunken; der Kanzler war ge=
blieben. Der dritte Kaiser, der lernend und lauschend zu
den Füßen des großen Staatenlenkers gesessen, hatte vor
wenigen Wochen noch einen Neujahrswunsch an ihn ge=
richtet, der von Huld und Gnade überfloß. — Der Reichs=
begründer hatte viele Feinde. Die lieben Nachbarn, die
ihm die empfangenen Hiebe dankten, die andern, die sich
einbildeten, durch ihn der Beute verlustig geworden zu sein,
die sie schon gepackt hatten; die vielen, die mit Neid und
Furcht die Übermacht des deutschen Ansehens und die man=
cherlei Demütigungen empfanden, die ihnen der Gewaltige
durch sein rücksichtsloses Einstehen für das Wohl seines
Landes zugefügt — sie alle umgaben ihn mit ehrlichem
Hasse, der um so mehr schmerzte, als sie seine Größe an=
erkennen mußten und wohl einsahen, daß die deutsche Herde
gut beschirmt war, so lange der treue Wächterhund die
scheu umkreisenden Wölfe in achtungsvoller Entfernung hielt.
— Erbitterter, heimtückischer, wehbringender waren die Feinde
im Innern. „Wer einen Eierkuchen backt, der muß Eier
entzwei schlagen.“ Und er hat sehr viel Eier zerschlagen
müssen. Er hat im Jahre 48 den republikanischen Feuer=

topf vom deutschen Herd gestoßen, er hat seit 1862 den demokratischen Philistern die hölzernen Schilde ihrer unfruchtbaren Lehre zerbrochen. Er hat Throne umstürzen müssen, um Raum für den Bau des Reichs zu gewinnen. Den nationalen Sondergeist und das internationale Römertum hat er bekämpft. Von den alten Freunden, den Junkern und Kreuzrittern, hat er sich lossagen und gegen die neuen Feinde, Sozialdemokraten und Anarchisten, sich wehren müssen. Seine Waffen waren allewege scharf und schneidig; die Wunden, die er schlug, saßen tief, und der überlegene Hohn, der oft den Gegner niederwarf, fraß in den Betroffenen zu einer blinden Wut um sich, die alles zu opfern bereit war, wenn sie nur dem unsäglich Verhaßten einen tödlichen Streich versetzen könnte. — Alle diese Besiegten hatten unausgesetzt gegen den Unbezwinglichen gewühlt, geschrieen und getobt; der Ruf: „Fort mit Bismarck!" war die gemeinsame Losung. Dennoch befand sich auch unter ihnen kein Verständiger, der im Ernst an die Möglichkeit geglaubt hätte, daß sein Wunsch in Erfüllung gehen möchte!

Nun war es doch geschehen. Der Riese lag am Boden. Und nachdem der Rauch des Sturzes sich verzogen und die Augen erst wieder sehen konnten, erblickten sie eine leere Stelle. Weit, wohin der Schatten des Gewaltigen gefallen war, breitete sich das Land in gleicher, ungetrübter Helligkeit. Die Sonne schien auf Gerechte und Ungerechte. „Wir nehmen das Gute, wo wir es finden, wir danken jeder Partei, die uns unterstützen will." So klang die neue Weisheit von dem Sessel, da der zürnende Olympier seinen Donner über die Häupter derer hatte rollen lassen,

1*

die ihm widerstrebten. Es gab plötzlich keine Reichsfeinde mehr. Sie sollten alle versöhnt werden. Seid umschlungen, Millionen, diesen Kuß der ganzen Welt! Seht, ihr Lieben, es geht auch mit Güte! Was der Alte in seiner maßlosen Herrschsucht schonungslos zertrümmerte, das locken wir durch vernünftige Vorstellungen, durch liebenswürdige Versprechen. Die eigenwilligen Triebe, die stolze, selbstbewußte Kraft, die jener verwüstend niedertrat, wir richten sie mit zarten Händen auf und machen sie dem Gemeinwohl nutzbar. Die Verbitterung der Gemüter wird aufhören. Der erregte, oft unwürdige Ton des Redekampfes wird sich in verbind= liche Formen gießen. Ruhige Geschäftsmäßigkeit, allseitiges Entgegenkommen soll künftig über den Debatten schweben. Im Verkehr mit dem Auslande werden die nervösen Zuckun= gen fortfallen, welche die Gemüter in fortwährender, ängst= licher Spannung erhielten. Die Funken, die allenthalben aufflammten und jedesmal einen schrecklichen Brand zu ent= zünden drohten, werden mit dem Geiste verschwinden, der stets die brutale Gewalt über das klare Recht setzte. Die Nachbarn stellen das natürliche Gleichgewicht in der Macht= verteilung der Völker wieder her, das der Übermut des Diktators frevelhaft zerstört hat — und auf das eiserne Zeitalter folgt ein goldenes der Freiheit und Beglückung. —

Es waren nicht bloß die neuen Machthaber und ihr Preßgefolge, die diese frohe Botschaft verkündeten. Mit wahnsinnigem Jubel stimmte der Chor der Bismarckfeinde in die sanften Laute des offiziösen Gesanges ein. Er ward bald von jenen übertönt. Der Sieg, den sie nicht hatten herbeiführen können, das unerhörte Glück, an dem sie un= schuldig waren, wurde durch wahre Bachanalien der Freude

gefeiert. Aber köstlicher noch als diese war die Lust der
Rache, die nun endlich, endlich alle erlittene Unbill ver=
gelten konnte. Der Löwe war machtlos. Er konnte nicht
mehr die Pranken brauchen, um die Frechen niederzuschlagen.
Es koste nichts mehr, ihn zu treten, mit Kot zu bewerfen,
ihm ins Angesicht zu speien. Ja, vielleicht brachte ein be=
sonders niederträchtiger Angriff, eine vollsaftige Verleumdung
dem Edlen, der sie wagte, sogar ein herablassendes Lächeln,
eine huldvolle Belobigung vonseiten einer Stelle, der man —
unbeschadet seiner verfassungsmäßig gewährleisteten Mannes=
würde — gern gefallen hätte! Wie sich das schön vereinigte,
das Scherbengericht über den gestürzten Volksbedrücker und
die Verbeugung vor dem jungen Herrscher, der durch sein
kühnes Eingreifen auch den Thron vor den ehrgeizigen Ge=
lüften des Hausmeiertums gerettet hatte! Wie sie da kriechen
konnten, die starren Demokraten! Und wie mit ihnen das
Gewürm hervorkroch, das bisher dem Allmächtigen die Füße
geleckt hatte und das er, angeekelt, im Dunkeln hielt! Die
Leute, denen er Wohlthaten erwiesen und die sich dessen
schämten; die er aus dem Nichts emporgehoben und die
ihn dafür verrieten. Die Ohrenbläser, Schmeichler und
Schmarotzer, die immer das lästige Geziefer der Mächtigen
bilden, sie wandten sich entrüstet von dem Gefallenen, um
die neue Sonne zu umschwärmen.

Aber auch viele ehrlich deutschgesinnte Männer fühlten
etwas wie Erlösung, als der eiserne Kanzler vom Schauplatz
seiner Thaten abtrat. Alle jene Durchschnittsseelen, die
immer in der Mitte wandeln, auf gewohnten, ausgetretenen
Wegen, denen nichts so sehr wider die Natur ist als ein
Abweichen von der Heerstraße, ein Heraustreten aus der

Menge, ein Herausgerissenwerden aus ererbtem Schlendrian, nichts so unbequem, als das Überragende, der Genius; all die Tausende, die keine andern Wünsche haben, als eine ruhige Zeitung beim Morgenkaffee, feste Börsenkurse, eine gesegnete Verdauung und ein behagliches Kannegießern beim Abendtrunk — sie waren zu oft unter dem Bismarck'schen Regimente in ihren süßen Gewohnheiten gestört worden. Da war die Unterhaltung am Stammtisch ungemütlich geworden, da hatte es gegolten, Farbe zu bekennen, Partei zu ergreifen! Da war ihnen ein Mann gegenüber getreten, der hatte ihnen gezeigt, was klein und was groß; was es heiße, deutsch fühlen und deutsch handeln; hatte „wohlberechtigte" Eigentümlichkeiten gegeißelt, die Anbetung des Fremden, ihre Zank= und Nörgelsucht, ihre Empfindelei und Traumseligkeit. Er hatte sie gewaltsam aus dem Schlaf gerüttelt, sie den Berg heraufgeführt ins Sonnenlicht; jetzt standen sie oben und froren und ihnen ward schwindelig. Er hatte von ihnen gesagt: Wir Deutschen fürchten nur Gott und sonst nichts in der Welt — und ach, was fürchteten sie alles! Sie seufzten auf, als er fiel. Der Druck des Übermenschen war von ihnen genommen. Sie nickten zu den Verheißungen der neuen Männer. Nun würde das Leben wieder angenehm werden — unter dem Feuergeist ward es auf die Dauer doch gar zu aufreibend!

Dann gab es auch solche, denen der „ewige" Bismarck langweilig war, die gern was Neues erleben, einen Wechsel, der ihnen auch etwas einbringen konnte. Der Fürst war alt, griesgrämig, verbraucht; man mußte auch andern Leuten das Vorwärtskommen gönnen. Die jungen Streber, denen der Abgedankte zu streng auf die Finger gesehen hatte, die regten die Flügel und erschauten von ferne unerschöpfliche Futterplätze. Die Hauptsache war nur, dem aufgehenden Gestirn Weihrauch zu streuen, mit lärmendem Enthusiasmus der Welt zu verkünden, daß der Enkel Wilhelms I. sämtliche Tugenden des Großvaters, des Großen Friedrich und des Großen Kurfürsten in sich vereinige, die echte Hohenzollernart zu rühmen, die selbst das Zepter führen wolle, den Mut, der es gewagt, eine lästige Vormundschaft abzuschütteln und selbst einen Mann wie Bismarck die gottgesalbte Macht der Krone fühlen zu lassen.

Und es schien fast, als sollten die großsprecherischen Propheten einer neuen besseren Zeit Recht behalten. Den Kaiser umgab eine unbestreitbare Volkstümlichkeit. Kühnes Wagen hat noch stets die Herzen der Germanen gewonnen. Feurige Beredsamkeit riß sie gewaltig mit. Die Fürsorge für die Ärmsten, die Enterbten; die Mahnung an die Offiziere zu Einfachheit und Strenge gegen sich selbst; die beabsichtigte Reform der Schule im deutschen und modernen Geiste — das leuchtete wie Morgenröte in die alternde Gesellschaft und berauschte zu weitgehenden Hoffnungen. Auch diejenigen, die mit wirklichem Schmerze den Fall des ersten Kanzlers begleitet hatten, fingen zumteil an, freundlicher in die Zukunft zu blicken und sich mit der Erwägung abzufinden, daß die Geschichte auch über die Größten eines Volkes rastlos hinwegschreite, daß jeder seine Zeit habe, über die hinaus er nicht wirken soll, und daß ein jäher scharfer Schnitt in unsere Gefühle schließlich besser sei und leichter heile, als ein langsames Weiterreißen von Gegensätzen, die nicht zu überbrücken seien. Das rückschauende Alter muß der vorwärtsstürmenden Jugend weichen, der

Diener dem Herrn. Das ist die Moral im Leben der Einzelnen wie der Völker. Das muß Trost gewähren auch im Zwiespalt gleich heiliger Empfindungen!

So lagen die Dinge wenige Monate nach Bismarcks Entlassung. Vereinzelt nur hörte man jemanden, der laut und rückhaltlos für den Einsiedler von Friedrichsruh eintrat. Seine Freunde und Anhänger waren still und sahen vornehm auf die haßtrunkenen Scharen, die mit unglaublicher Roheit die Hetze gegen den unschädlich gewordenen Feind fortsetzten. Es waren damals Stimmen aus dem Auslande, die zuerst ihrer Verwunderung, ihrer unverhüllten Geringschätzung Ausdruck gaben über die Art, wie wir den Mann behandelten, dem wir alles verdanken, was wir geworden sind. „Nein, die Deutschen sind kein großes Volk!“ schrieb Paul de Cassagnac — „das Pantheon, das Himmelszelt wären uns nicht hoch genug, um diesen Mann hineinzusetzen!“ — Wir mußten uns Beleidigungen von Völkerschaften sagen lassen, über die wir geneigt sind, hochmütig hinwegzusehen, und wir mußten schweigen, denn sie hatten recht!

Wir wissen alle, wie es weiter kam. Die Ungnade des Hofes, der darüber verstimmt war, daß der Meister in der Rede seinen Mund nicht halten wollte, der Meister in der Staatskunst die Thaten seiner Nachfolger richtete; die Schmach, den Helden des Jahrhunderts in der Stichwahl zu erblicken mit einem namenlosen Handarbeiter; die Achtung des größten Edelmannes seitens der Kreise, in denen er durch dreißig Jahre der Erste gewesen war — es waren eben so viele Backenstreiche, die dem deutschen Namen versetzt wurden. Es war noch nicht das Schlimmste! Zur

Hochzeitsfeier seines Sohnes zog der Greis nach Österreich. Er hielt sich vier Tage lang in der Donau=Residenz auf; der Fürst des Landes, der ihn mit Ehren überschüttet hatte, solange er in der Gnade seines Herrn stand, war für ihn nicht sichtbar. Nach Wien schickte man ihm Briefe voraus, „Uriasbriefe", die ihn den Regierenden des verbündeten Reiches denunzierten als einen Gefallenen, als gefährliches Subjekt, vor dem man warnt. Die Vertreter des deutschen Reiches, die Jahre lang die Untergebenen des gefürsteten Kanzlers gewesen waren, wies man an, sich jedes Umganges mit ihm zu enthalten. Er war vervehmt! Und als er in tiefer Empörung sich zur Wehre setzte, nannte man das Landesverrat und drohte mit dem Staatsanwalt! Das deutsche Volk erfuhr jetzt, was gezischelt worden war, und was es nicht hatte glauben wollen, die Art, wie der Mann, der den Hohenzollern die deutsche Krone aufs Haupt gesetzt, aus seinen Ämtern gewiesen ward. Er hatte das Haus verlassen müssen wie ein Flüchtling, er hatte nicht Zeit, seine Sachen zu packen.

Die Geschichte, die einst diese Vorgänge in ihre Tafeln verzeichnen wird, wird auch darüber richten. Sie wird mit erbarmungsloser Gerechtigkeit das Unrecht abwägen, das hier geschehen ist, und sie wird niemanden verschonen. Dunkel und traurig werden die Blätter sein, die von dem Fall des großen Kanzlers erzählen, und die Enkel, die sie lesen, werden sie schamerglühend umschlagen. Werden sie uns nicht vorhalten, und mit Recht vorhalten, daß wir auch vor dem Genius nicht unser Zanken einstellen, daß wir die Größe eines Bismarck nicht ertragen konnten, daß wir also ihrer nicht wert waren? Die alte Sünde der Deutschen, gerade die Besten ihres Volkes zu kränken und zu lästern, ist um ein abschreckendes Beispiel vermehrt — wehe uns, daß wir nicht klug werden!

Aber ist es wirklich das Volk in seinen breiten Schichten, das so gänzlich sein Heil verkennt? Ist es das ehrliche, pflichtbewußte deutsche Volk, das so das häßlichste der Laster, den Undank, auf seinen Namen lädt? — Wir alle sind Zeugen gewesen einer wunderbaren Bewegung, die in den Sommerwochen dieses Jahres durch die deutschen Gauen ging. Wie mächtige Flut umrauschte die Begeisterung den greisen Helden, wo er sich zeigte. Von weither kamen sie gezogen, sein Antlitz zu schauen, seine Rede zu hören. Wer waren sie, die ihm also huldigten? Waren sie nicht auch das Volk? Was trieb sie, sich um ihn zu scharen, ihm zuzujauchzen, den die Fürsten nicht mehr kannten? — Ja, wie eine Woge brauste der Jubel durch das Land, gewaltig anschwellend und in hohen Schlägen brandend. Wie eine Woge auch wird er zergehen und zerrinnen; denn eine solche Freude reißt nur in seltener Feierstimmung die Massen aus den drängenden Geschäften der täglichen Arbeit. Aber die Erinnerung an diese Stunden soll nicht vergehen! Das Zeugnis, das einmütig Hunderttausende für ihre Gesinnung ablegten, soll den Nachkommen bewahrt werden zu ewigem Gedächtnis. Die Männer und Frauen, die dort in Dresden und München, in Kissingen, Jena und Berlin den Gründer der deutschen Einheit begrüßten, haben ein Recht darauf, daß ihre That urkundlich festgestellt wird. Sie waren in trüber Zeit die Hüter deutscher Ehre und deutschen Schamgefühls. Sie retteten ihr Volk von dem Makel schnöden

Undanks, der ihm sonst untilgbar anhaften würde. Die Geschichte der Reise des Fürsten Bismarck im Sommer 1892 ist ein Stück deutscher Volksgeschichte. Es war der Sturm des deutschen Volksgeistes, der sich empörte über die ihm angethane Schmach. Man hatte für alle Zeiten den Glanz des deutschen Wappenschildes trüben und beflecken wollen. Da erhob sich der deutsche Geist, das deutsche Gemüt, und hielt diesen Schild empor und verkündete der Gegenwart und aller Zukunft: die deutsche Treue ist noch nicht erstorben. Möge graben an ihrer Gruft, wer da will. Wir halten und schirmen sie. Wir sind das deutsche Volk!

So sei es mir vergönnt, in den nachstehenden Blättern das deutsche Volk zu schildern, wie es seinem größten Zeitgenossen huldigte, und die Antworten zu verzeichnen, die dieser seinem Volke gab. Die Reden des Fürsten als unmittelbare Ergüsse auf die stürmischen Kundgebungen der Menge sind an und für sich von einer Bedeutung, die wohl erst allmälig voll erkannt werden wird. Sie sind größer, als alles, was dieser Wortgewaltige je gesprochen, wenn man sie auffaßt als das, was sie durch ihre Beziehung zu den Hörenden geworden sind: das Vermächtnis des Fürsten Bismarck an das deutsche Volk.

Zum ersten und vielleicht zum letzten Male ist der Heros des neuen deutschen Reichs so unter das Volk getreten, wie diesen Sommer. Nie hat eine ähnliche Wechselwirkung zwischen beiden stattgefunden. Hier der Greis, der den Traum vieler Geschlechter, das Sehnen der besten unter ihnen zu ungeahnter Herrlichkeit erfüllt hat, dem die größte Zeit, die Deutschland je erlebt, und die er als der Erste

miterschaffen, im Geist vorüberzieht, bittend, mahnend, rich=
tend und mit ernstem Finger in die Zukunft weisend —
dort das Volk, das herzuströmt, von diesen Lippen Heil zu
schlürfen, dies Auge zu sehen und daheim den Kindern von
ihm zu erzählen: ist das nicht in der reichen, blühenden
Geschichte unsers Vaterlandes ein goldenes Blatt?

———

II.
Die Reise des Fürsten Bismarck.

Der 1. April, der Tag, an dem der Frühlingsbringer
Bismarck der Welt geboren ward, gilt seit Jahren als Fest-
tag des deutschen Volks. So lange der eiserne Kanzler die
Fülle seiner Macht besaß, durften hämische Verkleinerer desselben die Grüße, Glückwünsche und Gaben, die dem Gewaltigen dargebracht wurden, als den Ausfluß liebedieneri-
scher Gesinnung hinstellen, wie eine solche stets die Schritte
der Machthaber begleitet. Allein schon 1885, als der Fürst
sein 70. Lebensjahr vollendete, verschlang die hochauf schla-
gende Flut der Freude und Begeisterung dieses traurige
Rettungsschifflein der Bismarck-feindlichen Kompanie. Im
Jahre 1890, dem dunklen Jahre der Entlassung, suchten
ungezählte Verehrer des Gestürzten diesem ihr unverbrüch-
liches Gedenken durch ein Zeichen der Liebe zu bezeugen.
Seitdem hat die Feier des ersten April immer mehr an
Ausdehnung und Tiefe gewonnen. Im letztvergangenen
Frühling war der Schwall der Depeschen, Briefe und Pakete
in Friedrichsruh kaum mehr zu bewältigen. Die Anzahl
derer, die persönlich — einzeln oder in Abordnungen —
kamen, um dem greisen Helden zuzujubeln, überstieg weit

alle Voranschläge und Vermutungen. Und es blieb nicht
bei den Huldigungen zum Geburtstage. Unausgesetzt strömte,
seit die Sonne dieses Jahres die ersten Knospen wachgeküßt,
eine erregte Menge nach dem Haus im Sachsenwalde; Lieder=
tafeln und Radfahrer, Landsleute von jenseits des Meeres,
Vereine aller Art, — alle trieb der Drang des Herzens,
den einzigen Mann zu sehen, zu hören, ihm zu versichern,
daß er unvergeßlich unter seinen Mitbürgern lebe. Immer
empfing der Alte seine Gäste mit liebenswürdiger Heiterkeit,
mit jünglingsfrischer Spannkraft. Viele Becher leerte er
mit ihnen, plauderte und scherzte; oft sprach er auch ein
goldenes Wort, das durch die Lande flog, — und besorgt
sah manchmal der treue Arzt und Hüter in die Züge seines
hohen Schutzbefohlenen, wenn der Andrang der Besucher
die Kräfte des Unermüdlichen zu erschöpfen schien. Da zog
die Kunde von der Herzenswahl des ältesten Sohnes über
Deutschland hin und bald die noch jubelnder begrüßte, daß
der Vater selbst zu dem Ehrentage des Lieblings nach dem
Süden reisen werde, von den Nordsee=Marschen quer durch
das Reich an die blaue Donau und durch Bayern, Franken,
Thüringen wieder bis an den Ort, wo seine Wiege stand,
und hinauf ins Pommerland — und eine gewaltige Be=
wegung ergriff die Städte, wo er rasten und weilen wollte.
Sie schmückten sich zu seinem Empfange, und freudige Er=
wartung beseelte die Bürger.

1. Dresden. *)

Am 18. Juni in der Mittagsstunde bestieg der Fürst
mit seiner Gemahlin, Begleitung und Gefolge im Bahnhof

*) Ich folge bei meinen nachstehenden Schilderungen zunächst

von Friedrichsruh den Schnellzug, der ihn über Berlin nach
Dresden führen sollte. Bekannte und Verehrer aus der
Umgegend winkten ihm Abschiedsgrüße zu und überreichten
ihm Blumensträuße. „Hoch, Hurrah, auf Wiedersehen, glück=
liche Reise!" erscholl es durcheinander, und der Zug brauste
davon.

In Berlin war durch die „Norddeutsche Allgemeine
Zeitung" die falsche Nachricht verbreitet worden, daß der
Fürst auf dem Lehrter Bahnhofe eintreffen würde. Infolge
dessen erwartete ihn daselbst eine zahlreiche Menschenmenge,
die, als sie des Irrtums gewahr wurde, so schnell es ging,
in Droschken, Pferdebahn oder im Eilmarsch sich nach dem
Anhalter Bahnhof begab, wo um die Ankunftszeit des hohen
Reisenden ein bedrohliches Gedränge entstand. Unter be=
täubenden Willkommrufen fuhr der Wagen mit dem Ge=
feierten in die Halle ein. Der Fürst stand am Fenster,
nahm den Hut ab und blickte bewegt auf die lebendige
Mauer, die seiner harrte. Hochrufe auf ihn, die Fürstin,
den Grafen Herbert und dessen Braut, Blumensträuße, die
ihm entgegenflogen, Hände, die die seinen fassen wollten,
mischten sich in das Gemurmel von Tausenden, denen die
Erregung einen Laut auf die Lippen gab. Da durchbrach

ben Berichten der Tagesblätter der betreffenden Orte, und zwar teil=
weise in wörtlichem Anschlusse; im übrigen sind es besonders die
Münchener „Allgemeine Zeitung" und die Berliner „Tägliche Rund=
schau", aus denen ich geschöpft habe. Die Reden des Fürsten Bismarck
sind meistens den „Hamburger Nachrichten" entnommen. Da ich mit
Rücksicht auf die nötige Kürze zu meinem Leidwesen darauf verzichten
mußte, in jedem einzelnen Fall meine Quelle zu nennen, möge es
genügen, allen den Zeitungen, denen ich zu Dank verpflichtet bin,
letzteren hier ein für allemal auszusprechen.

der Ruf: „Silentium, Ruhe, Ruhe!" den Lärm und im nächsten Augenblick herrschte Totenstille. „Soll ich etwa reden?" fragte der Fürst. „Jawohl, jawohl!" scholl es zurück. „Meine Aufgabe ist Schweigen!" erwiderte der Greis und wieder ward es still. Aber da rief eine mächtige Stimme durch das Gewühl: „Wenn Sie schweigen, werden die Steine reden!" — und tosender Beifall bestätigte dieses Urteil. Als dann ein lautes „Wiederkommen!" ertönte, und dies Wort, hundertfach aufgenommen, durch die Halle klang, zog der Kanzler mit einer sehr deutlichen Handbewegung die Schultern in die Höhe. Er konnte zur Erfüllung dieses Wunsches ja nichts thun. „Wenn alle untreu werden, so bleiben wir doch treu," sagte einer und die Menge stimmte das Lied an: „Deutschland, Deutschland, über alles". Ein Kind mit Rosen in der Hand wurde in den Wagen gehoben. Der Fürst nahm die Blumen und küßte es. Dann setzte sich der Zug in Bewegung, jeder wollte dem Scheidenden noch die Hand schütteln. „Wenn ich hundert Hände hätte, ich gäbe sie alle her, aber ich habe ja nur zwei," scherzte gerührt der Alte, und unter Gesang und Tücherschwenken entschwand er den Blicken.

Das edle Blatt des Herrn Pindter meinte nachher, die Ovationen seien „allzu stürmisch" gewesen, und beklagte, daß im Gedränge so viele Regenschirme und Hüte Schaden genommen hätten.

Die Reise des Fürsten Bismarck durch Sachsen war überall von den wärmsten Kundgebungen begleitet. Der Berichterstatter eines Berliner Blattes, der die Fahrt im Zuge, der den Kanzler trug, mitgemacht hat, schildert seine Eindrücke wie folgt: „Ich brauchte nur den Kopf zum Fenster

hinauszustecken, um alles zu beobachten, was sich vom An=
halter Bahnhof in Berlin bis zum Leipziger Bahnhof in
Dresden während dieser denkwürdigen Fahrt ereignete. Es
herrschte überall ein lebensgefährlicher Enthusiasmus, bei
dem jeder einzelne um jeden Preis seinen Wunsch, Bismarck
die Hand zu drücken, erfüllt sehen wollte. Wir kennen sie,
diese mächtige, kräftig und doch edel geformte, von tief ein=
gegrabenen Linien durchfurchte Hand, die sich so manchem
schwer auf den Nacken gelegt hat. Anfänglich streckte der
Fürst seine beiden Hände dem Publikum entgegen. Aber
bald merkte er wohl, daß er ökonomisch verfahren müsse,
denn so ein tausendfach multiplizierter Druck ist keine Kleinig=
keit, selbst für einen Riesen. Das zeigten die roten Flecke,
die sich der rechten, von Männern und Frauen herzhaft ge=
drückten, von Mädchen und Kindern ehrfurchtsvoll geküßten
Hand einprägten. Da mußte bald die Linke herhalten und
so ging es während der ganzen Reise. Bismarcks Hand
hat gezeigt, daß sie viel aushalten kann, denn es gehört
viel Kraft dazu, ein solches Maß von Liebe zu ertragen.
Wir hatten die brausende Menge auf dem Perron des An=
halter Bahnhofs noch nicht aus den Augen verloren, als
sich uns rechts und links neue Gruppen darboten. Auf
dem Hof des Bahnhofs Hurrah, in einem Güterwagen, der
auf einem toten Geleise stand, Hurrah, Hurrah aus schöner
Frauen Munde; selbst die Beamten auf den Trittbrettern
des Nachbarzuges stimmten kräftig mit ein und schwenkten
die Mützen. In Lichterfelde, wo der Zug ohne Aufenthalt
vorbeisauste, Orchestermusik, Tusch, vielstimmiger Jubel. In
Herzberg, wo wir nur eine Minute hielten, sahen wir Bis=
marck eine lange Pfeife rauchen, mit der grünen Jagdmütze

auf dem Kopfe. Daneben die Frau Fürstin, die sich ihre schwarze Lorgnette vor die klugen, freundlichen Augen hält, um besser sehen zu können. Außerdem Professor Schwenninger, eifrig bemüht, die massenhaft gespendeten Blumen in Empfang zu nehmen. Mein Wagenteil füllte sich bedenklich. Eine blonde junge Dame hat ihr Söhnchen als Husar gekleidet. Beiden leuchten die Augen, sie wollen die Triumphfahrt mitmachen. In Falkenberg vier Minuten Aufenthalt. Bismarck läßt sich ein Glas Bier bringen und sieht den kleinen Husaren. Er nippt nicht, sondern erlaubt, daß der prächtige Knabe ihm die Blume vorkomme: „Trink mal", sagte er, „ein Husar muß auch trinken". Und der Junge machte Gebrauch von dieser Erlaubnis. Es waren aber auch viele große, wirkliche Soldaten in Falkenberg, die dem hohen Reisenden die Hand drückten. Was wollte das aber alles gegen den Empfang in Röderau, der ersten Station auf sächsischem Boden, sagen! Da waren die Offiziere in ihren Jagdwagen zu Hunderten von Riesa herbeigeströmt, da wurde die „Wacht am Rhein" und „Deutschland über Alles" gesungen, da kamen die Vereine mit Kränzen, Blumen und Fahnen, da wurde ihm ein Ehrenpokal in den Wagen gereicht. Bismarck sprach nur wenige Worte, aber mit welchem Ton und Ausdruck! Er sagte, diese Anerkennung berühre ihn um so tiefer, als sie ja nur dem Privatmann gelte, dem keine amtliche Autorität mehr zur Seite stehe. Dann schloß er scherzhaft, er sehe in alledem eine Quittung über „gute Aufführung". So ging es weiter auf der Fahrt nach Dresden. In den Häusern wurde bengalisches Licht entzündet, die Kinder jubelten aus den Fenstern, auf den Äckern standen die schlichten Landleute mit ihren Frauen

und priesen laut den Schöpfer der deutschen Einheit. Und
das alles in unserem, als kühl verschrieenen Norden! Was
will gegen diese elementare germanische Glut alles Stroh=
feuer der Romanen bedeuten, wenn sie sich erhitzen. Bis=
marck steigt in Dresden aus dem Wagen. Ich sehe sein
mächtiges Haupt durch die Fenster der Thüre zum Warte=
saal. Wie aus Erz gegossen steht diese Gestalt da, als der
Pfiff der Lokomotive ertönt, die mich dem unvergeßlichen
Anblick entreißt und nach Wien entführt."

*
*   *

Das schöne Dresden „schwamm schon seit mehreren
Tagen in Bismarck=Freude". Rat und Bürgerschaft wett=
eiferten in dem Bestreben, den hochberühmten Ehrenbürger
würdig zu empfangen. Was nach der Erklärung des Ober=
bürgermeisters bisher nur dem Landesfürsten und dem Kaiser
gegenüber üblich gewesen war, eine Begrüßung des Gastes
durch die Gesamtheit des städtischen Kollegiums, wurde in
der Sitzung der Stadtverordneten gegen die Bedenken ängst=
licher Mitglieder beschlossen. Damit die Nachtruhe des
Fürsten in dem an der Elbe gelegenen Absteigequartier des=
selben durch die Heulsignale der großen Schleppschiffe nicht
gestört werde, stellte die sächsisch=böhmische Dampfschiffahrts=
Gesellschaft die Fahrten ihrer Dampfer aus freien Stücken
ein. — Die Stadt war wundervoll geschmückt: Ehrenpforten
und Tribünen in den Straßen, duftige Guirlanden um die
Brüstungen der Häuser, Fahnen in den Fenstern und auf
hohen Masten. Im Gasthaus, das den Fürsten beherbergen
sollte, füllten Blumen alle Räume. Im großen Empfangs=
zimmer stand auf einem Tische in der Mitte ein Riesen=
strauß mit einer Schleife in den Dresdener Farben und

der Inschrift: Frauengruß aus Blasewitz. Stundenlang vor
der Ankunft wogte die Menge durch die Feststraße, standen
die Leute auf Treppenstufen und Dächern, um den Kanzler
zu erblicken, der seit 13 Jahren Dresden nicht berührt hatte.

Gegen neun Uhr abends fuhren die erlauchten Gäste
in den Leipziger Bahnhof ein. Sie wurden dort von dem
Oberbürgermeister Stübel mit folgender Ansprache begrüßt:

Durchlauchtigster Fürst! Gnädigste Fürstin!

Den ersten Willkommengruß in unserer Stadt wollen Eure
Durchlauchten von den gesetzlichen Vertretern derselben huldvoll
entgegen nehmen, von den Abgeordneten der städtischen Kollegien,
welche im Sommer des Jahres 1871 in freudiger Erwartung der
Heimkehr siegreicher Söhne und Brüder edelster Begeisterung voll
dem Begründer des Deutschen Reiches das Ehrenbürgerrecht von
Dresden anzubieten wagten.

Mit der gesamten Bürgerschaft haben wir seitdem von Jahr
zu Jahr bis heute den Tag herbeigesehnt, an welchem wir Eure
Durchlaucht als unseren Ehrenbürger hier begrüßen könnten.

Zwei Jahrzehnte der Geschichte des Deutschen Reiches sind
seitdem verflossen, ein kleiner Zeitraum in der Weltgeschichte und
doch — welch ein Wechsel der Geschichte: 1871 und 1892.

Von uns glaube ich sagen zu dürfen: Wir sind dieselben
geblieben, dieselben vor allem Eurer Durchlaucht gegenüber. Getreue
Unterthanen Sr. Majestät unseres allergnädigsten Königs und Herrn
wissen wir uns von jeher Eines Sinnes mit Allerhöchstdemselben
in der Würdigung der unsterblichen Verdienste, welche Eure
Durchlaucht um die Wiederaufrichtung des Deutschen Reiches ebenso
wie um die Beschaffung der Grundlagen dauernden Friedens sich
erworben.

Unauslöschlich ist unsere Dankbarkeit.

Aber auch Eure Durchlaucht stehen noch immer als die
Heldengestalt von 1870/1871 leibhaftig vor unserem Auge, geistes=

frisch und in unermüdeter Schaffenskraft, ja kampfbereit, wenn es gilt fürs Vaterland.

Wir sind hocherfreut, Eure Durchlaucht und Sie, gnädigste Fürstin, gerade jetzt hier begrüßen zu dürfen, da Sie, um Zeugen zu werden von der Erfüllung längst gehegter heißer Wünsche für das Haus Bismarck, auf der Reise nach dem Süden sich befinden.

Unsere herzlichsten Wünsche begleiten Sie auf allen Ihren Lebenswegen. Möge noch eine Fülle der Freuden Ihnen zu teil werden, dem durchlauchtigsten Fürsten insbesondere noch viel ungetrübte Freude an dem, was seine Kraft für das geliebte Vaterland nicht nur erstrebt, sondern, will's Gott, für Jahrhunderte geschaffen hat.

Nach alledem nochmals: Willkommen, herzlich willkommen!

Fürst Bismarck, sichtbar ergriffen, erwiderte wie folgt:

„Ich danke Ihnen, Herr Oberbürgermeister, von Herzen für Ihre warme Ansprache. Es ist für mich eine hohe Auszeichnung, von den städtischen Behörden Dresdens in so ehrender Weise begrüßt zu werden, von Männern dieser Stadt, die sich in Deutschland wie auch in ganz Europa in wirtschaftlicher und politischer Hinsicht auszeichnet. Durch den wohlwollenden Empfang, der mir zu teil wird vom Rat der Stadt, deren Ehrenbürger ich bin, fühle ich mich so ausgezeichnet, als sei ich in eine höhere Ordensklasse eingerückt. Ich bin Ihnen hierfür von Herzen dankbar.

„Es ist für mich aber auch eine Genugthuung. In meinen alten Tagen bin ich nicht mehr so leistungsfähig, wie Sie, Herr Oberbürgermeister, annehmen, — ich nehme an, daß Sie es mit 77 Jahren noch sein werden, — aber ich habe ein hartes und rasches Leben hinter mir, so daß ich nicht mehr das leisten kann, was die Gegen-

wart verlangt mit ihren nationalen Erfordernissen. Mit
derselben Lebhaftigkeit und Tiefe verfolge ich alles, nur
das Mitarbeiten ist nicht mehr mein Beruf; ich bin in das
Privatleben zurückgetreten, aber ich folge allem, was unsere
Nation betrifft, mit reger Emsigkeit, als beträfe es meine
eigene Haut.

„Ich habe kein anderes Interesse, als das der Sache
selbst, an der ich Jahrzehnte gearbeitet habe. Und ich darf
wohl sagen, daß ich meine Kräfte zu weit verbreitetem
Erfolg — auch Erfolg für die Throne — verwandt habe.
Einen wesentlichen Anteil am Erfolg hat Ihr gnädiger
König, ihm, Ihrem gnädigen Herrn, zolle ich einen großen
Teil Dankbarkeit, er war immer gnädig gegen mich. Seinen
Beistand im Felde und auf dem Papier habe ich stets gefühlt,
wo es das Wohl des Reichs und des Sachsenlandes galt.

„Glücklich, daß es gelungen ist, beider Interessen zu
versöhnen, die man vor 30 Jahren für unversöhnlich hielt.
Es ist ein Verdienst, nicht mein Verdienst, sondern das der
Thatsachen, daß wir uns näher kennen gelernt haben.
Ich war ja schon hier und kam damals über Leipzig. Damals war das eine lange Strecke, — und in welcher kurzen
Zeit bin ich heute nach Dresden gekommen! Wie lokal, so
sind sich auch die Herzen näher gerückt, wir haben uns
kennen gelernt und erfahren, daß mancher nicht so böse
war, wie er früher gehalten wurde; wir sind ehrlich
national, und darum kann ich auf meine Thätigkeit mit Freude zurückblicken. Dies ist mir eine Genugthuung für manchen Verdruß, den ich habe erleben müssen.

„Ich danke Ihnen aus tiefstem Herzen, daß Sie mich
so feierlich und herzlich begrüßt haben. Ich freue mich, so

viel Freunde hier zu haben. Ich nehme Sie nicht nach
Zahl, sondern nach Ihrer Qualität."

Nachdem der Oberbürgermeister und der Stadtverord-
neten-Vorsteher die Mitglieder der städtischen Abgeordneten
vorgestellt hatten, äußerte der Fürst vor dem Heraustreten
aus dem Hauptsalon:

„Gott sei Dank, daß wir so zufrieden miteinander
stehen; sehr viel Mißverständnisse und viel Mißtrauen hat
geherrscht, jetzt stören keine Mißverständnisse das Vertrauen
mehr. Es war eine schwere Arbeit, uns zusammen
zu bringen, schwerer aber noch dürfte es sein, uns
zu trennen."

Die Fahrt der fürstlichen Herrschaften vom Neustädter
Bahnhof zum Hotel glich einem unendlichen Triumphzug.
Die Wagen vermochten nur im langsamen Trabe zu fahren,
vielfach sogar flutete die Menschenmenge von allen Seiten
derartig heran, daß nur ein Fahren im Schritt möglich war.
Brausende Jubelrufe, die sich von der Neustadt herüber fort-
pflanzten bis zum Hotel Bellevue, kündeten überall der dicht
gedrängten Menge den ersehnten Moment an: Fürst Bismarck
nahe. Als die fürstlichen Wagen endlich auf den herrlich
erleuchteten Theaterplatz einbogen, da gab es kein Halten, die
Menge durchbrach die Kette der Polizeibeamten, und unter
tausendstimmigem Hoch: „Fürst Bismarck Dank! Heil unserem Kanzler!" umwogte die Menge den Wagen. Es war
dies ein so plötzlicher, ein so natürlicher Ausbruch der Volks-
empfindung, es war ein spontaner Akt so begeisterter Huldigung, daß dieser Augenblick überwältigend genannt werden
muß. Mühsam gelangte der Wagen zum Eingang des
Hotels. Dort hatte die Verwaltung das nordöstliche Eck-

zimmer zum Empfange des Fürsten hergerichtet und, indem
sie die Mauer durchbrach, dem Fürsten den direkten Zugang
zu einer etwa zweieinhalb Fuß hohen Estrade ermöglicht,
über deren mit Teppichen dichtbelegtem Boden sich ein pracht=
voller, mit scharlachrotem Sammet ausgeschlagener Baldachin
wölbte. Über demselben strahlte in Flammen eine mächtige
Herzogskrone, unter der verschlungen und lorbeerumkränzt
die Buchstaben leuchteten: O. B. Vom italienischen Dörfchen
glänzte herüber das Licht einer reichen Illumination. Der
Fürst stieg aus, umdrängt von den beneideten Personen, die
am Eingang des Hotels Platz gefunden hatten. Er schien
tief gerührt zu sein. Wollten doch die jubelnden Hochs auf
dem Platze kein Ende nehmen. Sie pflanzten sich fort bis
hinauf in seine Gemächer. Denn auf den Treppen standen
als begeisterte Verehrer zahlreiche Gäste des Hotels. Wäh=
rend der Fürst in seinen Räumen weilte, hatten sich im
Damensalon im Parterre die Mitglieder der Empfangs=
deputation versammelt.

Nach kurzer Erholung in seinen Zimmern trat Bis=
marck in den Raum, wo ihn Hofrat Osterloh namens der
Dresdner Bürgerschaft folgendermaßen begrüßte:

Durchlaucht!

Empfangen Euer Durchlaucht durch uns zunächst den auf=
richtigsten, herzlichsten Dank der gesamten Dresdner Einwohnerschaft,
daß Sie, ungeachtet der stundenlangen Reise, am späten Abend
noch unsre Huldigung entgegenzunehmen sich bereit gefunden haben.

In diesem Augenblicke, in dem ich als Sprecher meiner
Mitbürger vor Ihnen stehe, stürmen auf mich Empfindungen und
Eindrücke der mächtigsten Art ein. Stehe ich doch vor dem Manne,
der durch seinen Geist und durch seine alles beherrschende Staats=
kunst das zur Erfüllung gebracht hat, was das Sehnen von Ge=

nerationen echter Deutschen war. Ich glaube die Begeisterung
herüber aus den Freiheitskriegen zu vernehmen, als nach Nieder-
schmetterung des Korsen das Anbrechen eines deutschen Völker-
frühlings erwartet wurde. Harte Winterstürme vernichteten die
Hoffnungen jener jugendlichen Vorkämpfer.

Aber immer von neuem in Wort und Lied regten sich die
Wünsche nach Einigung der deutschen Stämme, und mit dem Dichter
sang und klagte das Volk: „Was ist des Deutschen Vaterland?"

Die Jahre 1848 und 1849 sahen ein deutsches Parlament,
aber fruchtlos war dessen Arbeit, und der Rückschlag war für alle
Patrioten um so schlimmer, je größer die Hoffnungen vorher gewesen
waren. Nur wie ein Vorzeichen für künftige Zeiten glänzte aus
jenen Tagen die dem Könige Friedrich Wilhelm IV. dargebotene
Kaiserkrone herüber.

Da begann die Thätigkeit Eurer Durchlaucht; von den
eigenen Anhängern kaum verstanden, von den Gegnern auf das
heftigste bekämpft, schlugen Eure Durchlaucht, durch Beifall nicht
und nicht durch Gegnerschaft beirrt, jenen Weg ein, der die Krankheit Deutschlands heilen sollte. Einer aber verstand Sie voll und
ganz: der unvergeßliche König und Kaiser Wilhelm.

„Was das Wasser nicht heilt, heilt das Feuer", ist ein
medizinisches Sprichwort früherer Zeit.

Nicht durch Volksbeschlüsse, nicht durch Gesangs- und Turn-
feste war die Einigung zu erzielen, wenn auch die Sehnsucht nach
einem geeinten Deutschland durch sie immer neue Nahrung erhielt.

Wie der Weg war, und wie die Mittel Eurer Durchlaucht
einschlugen, das gehört der Geschichte an.

Das Material zum deutschen Einheitsbau war vorhanden,
der Baumeister, der es verstand, die verschiedenen schwer zusammen-
fügbaren Quadern untrennbar zu vereinigen, waren Eure Durchlaucht.

Dem Erbfeinde fiel die unbeabsichtigte Rolle zu, durch das
auf französischen Schlachtfeldern vergossene Herzblut aller deutschen
Stämme dem Bau seinen kostbarsten, aber auch festesten Halt zu

geben. Der Künstler aber, der auch die früher widerstrebenden
Elemente und sich feindlich gegenüberstehenden Stämme durch die
Macht der Thatsachen zu hingebenden Freunden und begeisterten
Anhängern umwandelte, und der hier den höchsten Triumph seiner
Staatskunst erreichte, das waren wiederum Eure Durchlaucht.

Deshalb haben die Dresdner Bürger es stets als ihre größte
Ehre empfunden, daß Eure Durchlaucht durch das Band des Ehren-
bürgerrechts der Dresdner Gemeinde dauernd verbunden sind.

Durchlaucht sind auf der Reise zu einem Familienfeste be-
griffen, bei welchem die Liebe Ihnen eine willkommene, holdselige
Tochter zuführt.

Nehmen Sie, Durchlaucht, am heutigen Abend als Hochzeits-
gabe der Dresdner Bürgerschaft die Liebe und Dankbarkeit und
Anhänglichkeit unserer gesamten Bevölkerung entgegen.

Die Liebe höret nimmer auf,

Gott segne und schütze Euer Durchlaucht!

Fürst Bismarck erwiderte hierauf:

„Meine Herren! Ich danke Ihnen für Ihre ehrenvolle Begrüßung und ich bin bewegt, aber angenehm,
durch diesen glänzenden Empfang, den ich hier erfahren.
Der ging von Herzen, also geht er auch zum Herzen und
um so mehr, als ich in meiner heutigen Stellung annehmen
darf, daß er lediglich nur meiner Person und meiner Vergangenheit gilt.

Ich bin in keiner amtlichen und autoritativen Stellung
mehr, und was mir heute an Ehre erwiesen wird, ist das
Ergebnis der Beziehungen, die sich in der Vergangenheit
zu meinen Mitbürgern und mir gebildet haben. Ich stehe
vor Ihnen als Vertreter einer abgeschlossenen Zeit, der
weder in der Gegenwart noch in der Zukunft eine Mitwirkung an unseren weiteren Verhältnissen erstrebt. Aber

es ist mir von höchstem Werte, wie von der höchsten
Instanz, von der öffentlichen Meinung meiner Mitbürger,
die Vergangenheit beurteilt wird, die ich Ihnen gegenüber
vertrete und die Sie in meiner Person die Güte haben
anzuerkennen. Wir haben gemeinsam gearbeitet, um der
deutschen Nation den Rang zu verschaffen, auf den sie in
Europa nach ihrer Geschichte und nach ihrer Begabung
einen Anspruch hat.

Dazu war notwendig, daß wir uns dem Drucke des
Netzes entzogen, das in scharfer Accentuierung der inneren
Landesgrenzen in Deutschland über uns geworfen wurde,
und daß wir dem Störer unserer inneren Entwickelung
gemeinsam gegenüber traten an unseren äußeren Reichs-
grenzen und Europa den neuen politischen Begriff lehrten,
daß es eine starke deutsche Macht in Europa gebe, anstatt
des früheren Preußens, das den Namen einer Großmacht
führte, ohne die Kraft dazu zu besitzen, und das, allein
auf seine langgestreckte schmale Fläche angewiesen, doch der
deutschen Nation in Europa nicht das Gewicht verschaffen
konnte, auf das sie im Vergleich mit anderen Nationen voll-
berechtigt war. Die Franzosen, die Engländer, selbst die
Russen waren uns an Gewicht und Ansehen vorausgegangen,
heute sind sie es nicht mehr. Wir stehen ihnen vollkommen
gleichberechtigt gegenüber, das hat eine schwere Arbeit ge-
kostet. Es waren viele Vorurteile unter den deutschen Stämmen verbreitet. Wo sind sie gefallen? Hauptsächlich auf
dem Schlachtfelde, wie Sie mit Recht erwähnten, wo wir
gegeneinander, ich will sagen, eifersüchtigen Stämme erkannt
haben, daß wir eigentlich alle besser waren und daß wir
alle tüchtige deutsche Kerls waren, die nur sich kennen zu

lernen brauchten, um Mißhelligkeiten zu vergessen und den
Wert der Stellung kennen zu lernen, die wir heutzutage nicht
bloß in der europäischen Welt, sondern überall einnehmen.

Die Männer, die in erster Linie an einer Verwirklichung dieser Aufgabe mitgewirkt haben, sind natürlich
weniger zahlreich geworden. Der Kaiser Wilhelm, der
Kaiser Friedrich, Graf Roon, Graf Moltke, sind zu ihren
Vätern versammelt. Aber gerade Ihnen in Dresden lebt
noch Einer, der mit Degen und Feder in der wirksamsten
Weise mitgewirkt hat an der Herstellung unserer deutschen
Einheit . . . Ihr König Albert! Und ich kann meinen
Dank für den Empfang, der mir heute zu teil wird, nicht
kürzer und bezeichnender ausdrücken, als wenn ich Sie bitte,
in den Ruf für den mir immer gnädigen Herrn und erfolg-
reichsten Mitarbeiter, nicht bloß an der Herstellung, sondern
auch an der Ausdehnung und Erhaltung der deutschen
Einheit, einzustimmen. Mit Vorsicht und Besonnenheit, mit
Tapferkeit und Entschiedenheit ist Er einer der wesent-
lichsten Schmiede des Eisens gewesen, was uns zusammenhält. Und ich bitte Sie deshalb, meinen Dank für Ihre
Begrüßung in einem gemeinschaftlichen Hoch entgegenzunehmen, das wir auf Seine Majestät den König Albert
von Sachsen ausbringen. Hoch, hoch, hoch!"

Während die Tochter des Hofrats Osterloh der Fürstin
Bismarck einen Strauß überreichte und dazu einen poetischen
Gruß sprach, marschierte nunmehr der Fackelzug vor dem
Fenster des Fürsten auf. Unbeschreiblich war der Jubel des
vieltausendköpfigen Publikums, als der Fürst sichtbar wurde.
Gegen dreizehntausendfünfhundert Fackelträger und mehr als
sechzehnhundert Sänger mit Lampions waren jetzt auf dem

Platze vor dem Hotel Bellevue mit achtzehn Musikkorps ver=
sammelt. Die Sängerschar sang zuerst das Lied: „Wie könnt
ich Dein vergessen". Dann folgte als zweiter Gesamtchor:
„Das treue deutsche Herz" und als dritte Massendarbietung
sangen die vereinigten Sängerchöre: „Die Wacht am Rhein".
Nach dem letzten Liede erhob sich Fürst Bismarck unbedeckten
Hauptes von seinem Sitze und sagte, allenthalben weithin
vernehmbar:

„Ich danke Ihnen ganz besonders für das letzte
Lied, das Sie gesungen haben; denn es entstammt einer
großen Zeit, die wir durchlebt haben. Dieses Lied hat sehr
wesentlich dazu beigetragen, die deutsche Einheit zu erringen.
Diese Einheit ist unverbrüchlich, und ich gebe
Ihnen die Versicherung, daß diese Einheit zu
stören noch viel schwerer sein und noch viel mehr
Blut kosten würde, als damals, wo wir sie geschaffen.

Ich habe mein ganzes Leben dem Dienste der deut=
schen Nation gewidmet, und wenn ich Erfolge erzielte, so
ist das in meinen alten Tagen ein Beweis, daß ich nicht
umsonst gelebt habe. Das gegenseitige Wohlwollen der
deutschen Stämme war früher nicht; es ist das Ergebnis
der Politik der letzten Jahrzehnte! Gott erhalte es! Wir
wollen sein und bleiben — ein einig Volk von
Brüdern, wie wir im Kampfe geworden sind!"

Ein vieltausendstimmiges Hurrah folgte diesen Worten.
Es entwickelte sich nun vor den Augen des Fürsten der
überaus imposante Festzug, dessen Vorbeimarsch nahezu zwei
Stunden in Anspruch nahm. Ganz überwältigend war der
Jubel, welcher dem Fürsten und seiner Gattin entgegen=

gebracht wurde, und der Gefeierte wurde nicht müde, nach allen Seiten hin freundlich zu danken. Nachts elfeinhalb Uhr war die Huldigung beendet, und Fürst Bismarck zog sich zurück unter nochmaligen herzlichen Dankesworten für die ihm bereitete große Freude.

Der Sonntag Morgen versammelte schon frühzeitig eifrige Verehrer des Fürsten auf dem Platze vor Hotel Bellevue, die geduldig der Stunde der Abfahrt harrten. Zahllose Blumengewinde und Bouquets wurden in das Hotel gesandt. Namentlich auch aus den Kreisen der Dresdener Aristokratie waren zahllose Angebinde gesandt, die Zahl der abgegebenen Karten, Depeschen und Briefe war bedeutend. Bald nach halb elf Uhr verließ der Fürst seine Wohnräume und schritt zum Wagen hinab. Abermals die Huldigungen wie am Abend zuvor, wieder der Jubel, wieder dieselbe helle Begeisterung. Überall streckten sich Hände mit Blumensträußen entgegen.

Auch jetzt konnten die Wagen größtenteils nur im Schritt fahren. Eine besondere Huldigung bot sich dem greisen Kanzler in der prächtig geschmückten Wilsdrufferstraße. Vor dem Hotel de France ergoß sich über den Wagen des Fürsten ein förmlicher Blumenregen. Hier stand auch, sehr stark vertreten, um ihr Banner geschart, die Dresdener Liedertafel, welche den Fürsten mit einem brausenden Hoch begrüßte und Sr. Durchlaucht und der Fürstin glückliche Reise wünschte.

Vor dem Rathause begrüßten den Scheidenden noch einmal in corpore Rat und Stadtverordnete, dann ging es die See- und Pragerstraße hinab zum Böhmischen Bahnhof. Von den dichtbesetzten Balkons, aus allen Fenstern tönten jubelnde Hochs, zahllose Blumen flogen herab in den Wagen — auch hier war der Weg des Fürsten eine **via triumphalis**, auch hier war der Eindruck der Begeisterung überwältigend, unvergeßlich! Wohin der Wagen kam, drängte die Menge heran und strömte hinter dem Wagen her, dem Fürsten die Hand zu drücken oder noch einen Gruß zu empfangen. Als der Fürst auf dem böhmischen Bahnhofe seinem Wagen entstieg und sich im Aussteigen grüßend gegen die den Wagen umstauende Menge wendete, erhob sich erneuter Jubel, der seinesgleichen nicht leicht wieder finden wird. Der Fürst betrat hierauf mit seiner Gemahlin und seiner Begleitung den Königssalon, und ihm folgten Oberbürgermeister Dr. Stübel, Generalmajor v. Kufferow und Hofrat Dr. Osterloh, um ihm im Namen der Stadt und des Komitees das Geleite zu geben. Der Fürst äußerte, einen solchen überwältigenden Empfang habe er überhaupt noch nie und nirgends gesehen, und bei einer andern Gelegenheit zu einem der Herren Vertreter der Presse meinte er, diese Massenbewegung erinnere ihn **mutatis mutandis** an 1848. Als endlich die Stunde der Abfahrt nahte, erhob sich der Fürst und betrat den Perron. Nur mit Mühe konnte er mit der Fürstin den Eisenbahnwagen erreichen, denn nun vermochte die Polizei die angesammelten Menschenmassen nicht mehr zurückzudrängen, man stürzte ihm entgegen, küßte ihm die Hände und umjubelte ihn mit ununterbrochenen Hochrufen. Endlich gelang es dem Fürsten, sein Kupee zu besteigen, das ganz zu einem Blumengarten ausgeschmückt war, und von hier aus überschaute er nun die wild durcheinander wogende Menge, die die Hände erhob, um ihm die Hände zu drücken. Man ließ den Fürsten, die Fürstin, Graf

Herbert Bismarck und seine Braut leben, man stimmte von neuem patriotische Lieder an, und als man auf Wunsch des Fürsten Stille hergestellt hatte, sprach dieser noch einige letzte Abschiedsworte, mit denen er versicherte, er würde gern allen die Hand geben, aber die Hand thäte ihm schon weh; er danke allen und werde bis an sein Lebensende diesen Empfang nicht vergessen. Langsam setzte sich der Zug in Bewegung, man rief „auf Wiedersehen!" von allen Seiten. Und auch nachdem der Eisenbahnzug sich in Bewegung gesetzt hatte, hielt die Begeisterung an. Dem Geleise entlang, welches bei dem böhmischen Bahnhof über die Reichsstraße führt, standen die Menschen zu Tausenden in dichtem Spalier und riefen dem allgeliebten Manne noch Glück= und Segenswünsche nach. Endlich entführte der schnell eilende Zug das Bild des geliebtesten Volkshelden, den jemals ein Volk verherrlicht hat.

„Niemand, der ihn gesehen hat", — schreibt ein Dresdener Berichterstatter jener Tage — „wird die Züge dieses monumentalen Antlitzes mit dem wahrhaft historischen Gesichtsausdrucke vergessen, der auch im harmlosen Verkehr immer wieder wie ein Schatten über die Mienen des großen Mannes geht. Bis spät in die Nacht blieb der gestrige Tag ein Fest= und Jubeltag, dessen Begeisterung nur mit den heutigen Morgenstunden nach und nach verklang. Alles in Allem aber ist dies die grandioseste Volkskundgebung gewesen, welche Dresden seit Jahrzehnten gesehen hat, und sie wird nicht nur dem Fürsten, sondern auch den Abertausenden, die sie miterlebt haben, eine unvergeßliche Erinnerung bleiben."

2. Wien.

Bei Tetschen überschritt Fürst Bismarck die österreichische Grenze. Es war nicht sicher, wie die Angehörigen des verbündeten Kaiserstaates den entlassenen Reichskanzler aufnehmen würden. Waren doch seit seiner Entfernung von den Geschäften Äußerungen in die Öffentlichkeit gedrungen, die den Fürsten, dem man dieselben zuschrieb, plötzlich als einen Verächter Österreichs zu entlarven schienen, als jemanden, der auf die Erhaltung seines eigenen Werkes, des Bündnisses der beiden Reiche, nur noch mäßigen Wert lege. Besonders hatten angebliche Bemerkungen über den Abschluß der Handelsverträge sowie eine zur Schau getragene Zurücksetzung der österreichischen Freundschaft hinter die erstrebte Gunst des Zaren weite Kreise der cis- und transleithanischen Gesellschaft verstimmt. Die Presse Wiens machte aus diesen Verstimmungen kein Hehl und sah der Ankunft des großen Staatsmannes mit kühler Gelassenheit entgegen. Um so bedeutsamer war die Haltung der Bevölkerung in den berührten Ortschaften. Sie war von einer Wärme und unmittelbaren Herzlichkeit, die alle Zeitungsweisheit zu schanden machte und mehr als kluges Für und Wider Kunde gab von der Stärke des Bewußtseins, daß der Mann, der hier ankam, trotz der Wunden, die er früher dem Lande geschlagen hatte, doch in Wahrheit sein größter und treuster Freund sei. Man dachte des Vertrags von Nikolsburg und der durch Bismarck verhinderten Schwächung Österreichs; man erinnerte sich des Gewaltigen, der auf dem Gipfel seiner Macht, nach der Krönung im Spiegelsaale von Versailles, dem grollenden Nachbarn die Hand bot, des großen

Werks von 1879, das Europa und nicht am wenigsten dem
viel befeindeten Donaureiche den Frieden gesichert hatte.
Und es war noch Eines, was alle deutschen Herzen em=
pfanden, die sich mit einem bunten Gemisch von andern
Völkern in die staatliche Gemeinschaft teilen mußten: der
Mann, der hier durchreiste, war die höchste Verkörperung
des Deutschtums, sein Schild und Schwert! Die Siege von
Sedan und Paris hatten doch auch ihr Blut in stolze Wal=
lung gebracht, und alle Grenzpfähle konnten nicht verhin=
dern, daß sie sich eins fühlten mit den Brüdern draußen
und Dem zujauchzten, der den deutschen Namen mit un=
vergänglichem Ruhme bekränzt hatte. — Für den Gefeierten
andrerseits ergab sich aber gerade aus dieser inneren Über=
einstimmung die Notwendigkeit, mit peinlicher Rücksicht alles
zu vermeiden, was die ohnehin mit eifersüchtiger Sorge
für die gute Laune ihrer anderssprachigen Völkerschaften
bedachten österreichischen Behörden dem hohen Gaste als
Aufmunterung der deutsch=nationalen Bestrebungen gewisser
Heißsporne hätten auslegen können. Trotz seiner Zurück=
haltung konnte der Fürst nicht gänzlich ein anzügliches Über=
maß von Verehrungs=Beweisen von sich abwehren, was be=
sonders in Wien zu bedauerlichen Vorfällen führte und dem
gesamten Chor der Bismarck=feindlichen Presse den willkom=
menen Anlaß gab, den Verhaßten in bewußten Zusammen=
hang zu bringen mit taktlosen Ausbrüchen der Volks=
Leidenschaft.

Die Reise durch Österreich vollzog sich im Einzelnen
in nachstehender Weise.

In Tetschen erwarteten mehrere Hundert Personen
den fürstlichen Zug. Als dieser einfuhr, stürzten sie sich

dem letzten Wagen entgegen, an dessen Fenster sofort der charakteristische Kopf des großen Kanzlers erschien. Der Jubel war betäubend. Damen warfen ihm Rosen zu, alle wollten seine Hand erhaschen. Dem Redakteur einer in Tetschen erscheinenden Zeitung sagte der Fürst: „Die Freund= schaftsbezeugungen der Deutsch=Österreicher freuen mich sehr, und ich finde sie auch begreiflich, da wir alle ja eigentlich demselben schönen Ziele zustreben!" Inzwischen wurde auf dem Bahnsteige die „Wacht am Rhein" angestimmt und der Kanzler ans Fenster gerufen. Sobald er erschien, trat Ruhe ein. Der Fürst entblößte sein Haupt und sprach dann laut folgende Worte:

„Ich freue mich von ganzem Herzen und danke Ihnen sehr, daß ich hier an der Grenze Österreichs so warme Aufnahme gefunden habe. Es ist stets mein Bestreben gewesen, mit diesem engverbündeten Staate die freundschaftlichsten Beziehungen zu pflegen, und ich freue mich, daß mein Sohn bei seiner Verheiratung in privater Beziehung vollständig denselben Weg einschlägt, den ich in der Politik angestrebt habe. Die Freundschaft mit dem blutsverwandten und geschichtlich verbündeten Nachbarreiche, mit dem wir eine lange Grenze teilen, wird auch weiterhin auf die beiderseitigen Beziehun· gen Einfluß nehmen, und ich hoffe, daß sich diese Be= ziehungen weiter pflegen und daß Sie immer, in alle Ewig= keit, unsere Freunde bleiben oder wenigstens so lange, als wir hier Anwesenden auf dieser Welt leben und wirksam sein werden! Wenigstens so lange ich lebe, werde ich das Werk, das ich im Jahre 1879 persönlich in Wien nicht ohne Mühe durchgesetzt habe, nicht im Stiche lassen!"

Jubelnde Zustimmung folgte dieser Rede. „Ich werde mein Werk nicht im Stiche lassen." — Das Wort, das alle Zweifel löste, war gesprochen an der Schwelle des verbündeten Reichs. Es flog dem großen Reisenden voraus und weckte in Millionen begeisterten Widerhall.

Der Empfang in der ersten Stadt des Kaiserstaates hatte den Greis tief gerührt. Er sprach es wiederholt denen aus, die ihn im Wagen besuchten, und mancher sah die Thränen von seinen Wangen rollen. In Iglau drängten sich Tausende auf den Bahnhof, darunter der Bürgermeister, Gemeinderäte, Offiziere, schöne Mädchen und Frauen. Der Fürst grüßte und drückte den Erschienenen seinen Dank aus. Dann warf Dr. Schwenninger in seinem Auftrage Blumen unter die Menge, was stürmische Freude veranlaßte. „Hoch Bismarck! Bismarck Heil! Glückliche Reise! Adieu!" scholl es ihm nach, als der Zug nach sechs Minuten weiterfuhr. Ähnlich war die Begrüßung in Lissa und Znaim.

Um halb elf Uhr nachts erfolgte die Ankunft in Wien. Der Bahnhof war abgesperrt und nur die Angehörigen der Familien des Bräutigams und der Braut umgaben den einfahrenden Zug. Aber plötzlich entstand in der dichtgekeilten Menge eine wilde Bewegung. Mit Macht wurde die Kette der Wachtleute durchbrochen, der Fürst umringt und von den Seinigen abgedrängt. Nur dem Grafen Herbert gelang es, dem Vater zur Seite zu bleiben und ihn vor dem gar zu stürmischen Anprall der begeisterten Scharen zu schützen. Kaum gelangten beide bis an ihren Wagen; neben und hinter ihnen schob sich der Knäuel einher, und bevor der Fürst sein Gefährt besteigen konnte, waren von der andern Seite schon junge Leute hineingesprungen, die sich vor Freude wie Trunkene geberdeten. Der eine von ihnen mußte gewaltsam aus dem Wagen gehoben werden. Bismarck verlor währenddem nicht seinen Humor, grüßte lächelnd in die Runde, und ließ sich geduldig die Hände zerdrücken. Lärmende Ovationen geleiteten ihn durch die Straßen. Studenten und Turner, mit Eichenlaub und Kornblumen geschmückt, hatten sich durch die Menschenmassen verteilt, so daß die von jenen angestimmten Lieder weithin von der Menge aufgenommen wurden. Als schon der alte Kanzler längst hinter den Mauern des Palffy'schen Palastes der Ruhe genoß, suchten übereifrige Verehrer noch den Zugang zu der Straße, wo das Haus liegt, zu erzwingen, und es kam dabei zu unliebsamen Zusammenstößen mit den Beamten der öffentlichen Sicherheit. Die im Pschorrbräu versammelten „deutsch-nationalen“ Studenten aber sandten ein Huldigungs-Telegramm an Bismarck, worin sie ihn ihrer Ergebenheit und Liebe versicherten und bedauerten, dieselbe nicht anders zum Ausdruck bringen zu können.

Am nächsten Tage blieb der Fürst bis drei Uhr in seinem Quartier. Um Mittag fand vor diesem eine Auffahrt von Studenten statt, die ihre mit schwarz-rot-goldenem Rande verzierten Karten bei dem Pförtner abgaben. Bismarck machte dann zu Wagen an der Seite seines Sohnes einige Besuche bei hochstehenden Persönlichkeiten, überall, wo er sich zeigte, jubelnd begrüßt.

Des Abends gab Graf Palffy, der so liebenswürdig seinen Palast den Hochzeitsgästen seiner Verwandten eingeräumt hatte, eine glänzende „Soiree“, zu der der höchste Adel Österreich-Ungarns geladen war. Es geht über den

Rahmen dieser Schrift hinaus, das Fest sowie die Vermäh=
lungsfeierlichkeiten des folgenden Tages zu schildern, ob=
gleich es der Feder schwer wird, auf die Wiedergabe der
Bilder zu verzichten, die in berauschender Farbenglut und
einzigartigen Reizen am Beschauer dort vorüberzogen. Der
Riese, der die Welt erschüttert, als „Privatmann", als
glücklicher Vater im Kreise einer Gesellschaft, die alle Blüten
der Abstammung, des Reichtums und der Schönheit um
den Greis versammelt; der unbeugsame Streiter, der von
seinem Recht und seinem Ruhm auch nicht ein Tüpfelchen
sich nehmen läßt, das weiße, ritterliche Haupt auf die Hände
jugendlicher Komtessen neigend; der Mann, von dem da=
heim die Standesgenossen sich zurückgezogen haben, mit zarter
Ehrfurcht von den Magnaten des Nachbarreiches behandelt,
von stolzen schönen Frauen mit begeisterten Huldigungen
überschüttet; Gast bei den Festen, die seinem Sohne gelten,
und dennoch dieser Feste strahlender Mittelpunkt; die sinnige
Dankbarkeit der Geschichte, die, wie einer der Festredner sich
ausdrückte, dem Schöpfer des Bundes der mächtigen Kaiser=
reiche ein deutsch=österreichisch=ungarisches Familienbündnis
beschert — das alles in dem unbeschreiblich prunkvollen
Rahmen sich entrollend, wie nur Geschmack und Vornehm=
heit und der uralte Hausschatz berühmter Geschlechter ihn
bieten können, das wäre wohl des Aufzeichnens und Auf=
bewahrens wert! — Uns ist es nur vergönnt, den deutschen
Helden zu zeigen, wo er in Berührung kommt mit den
deutschen Stammesbrüdern, und das waren in Wien nur
flüchtige Augenblicke.

Mitten in dem Rausch des Festes, das oben die feen=
haft erstrahlenden Säle des Palffy'schen Palastes durch=

wogte, verfammelten fich unten im Schloßhof bei Fackel=
schein die Mitglieder des Akademischen Gesangvereins, um
dem Fürsten ein Ständchen zu bringen. Von der Galerie
herab hörte dieser mit seinen Söhnen dem Vortrage der
Lieder zu; dann begab er sich unter die Sänger, von un=
beschreiblichem Jubel umbrauſt, und sprach zu ihnen fol=
gendes:

„Ich danke Ihnen herzlich für die schöne melodiöse
Begrüßung, die aus Freundesherzen kommt und zum Herzen
dringt. Wir werden die alte Stammesgenossen·
schaft immer, zu allen Zeiten, pflegen. Kommen
einmal wieder Irrungen vor, sie werden vorübergehen,
und wir werden dann um so fester zusammenleben. So
fasse ich auch unsere Beziehungen auf. Wenn auch als
Privatmann hier weilend, so freue ich mich doch, eine
solche Vertiefung unserer Beziehungen zu finden, und ich
hoffe, dieselben werden von Ihnen ebenso gut wie von
uns mit Erfolg gepflegt werden, so lange wir leben und
auf Erden wandeln. Von meiner Seite wird es jeden·
falls geschehen ebenso wie zu jener Zeit, als wir die An·
knüpfung dieses Verhältnisses als notwendig erkannt haben.
Hoffentlich wird uns Gott die Gnade gewähren, daß unſre
Freundschaft dauernd erhalten bleibe. Das walte Gott!
Gott schütze unsere Freundschaft!“

Stürmische Profit=Rufe erklangen durch den Flur.
Dann trat ein Mitglied des akademischen Gesangvereins vor
und sagte: „Gestatten Durchlaucht, daß ich im Namen des
Akademischen Gesangvereins unsern herzlichsten Dank aus=
spreche und den Ausbruck unserer Gefühle, welche uns in
diesem Momente beseelen. Wir bilden hier die Vertretung

der deutschen Studentenschaft Österreichs und aller jener,
welche sich als Deutsche in Österreich fühlen. Mit Stolz
sage ich es, daß die Akademische Jugend Österreichs in Liebe
und Anhänglichkeit zum bedeutendsten Mann unseres Volks
hält und daß die deutsche Jugend Österreichs in kräftigem
nationalem Bewußtsein aufwächst.“ Fürst Bismarck begleitete diese Rede mit freundlichem Kopfnicken, trat dann
vor und fragte: „Sind die Herren ausschließlich aus der
Studentenschaft?“ Mehrstimmige „Ja“ tönten ihm als
Antwort entgegen, worauf Fürst Bismarck wieder das
Wort nahm:

„Es ist eine um so höhere Ehre für Sie, daß Sie
neben der Wissenschaft auch die Kunst in dem Maße
pflegen, wie Sie es gezeigt haben. Gerade die Kunst
und die Wissenschaft sind das, was uns Deutsche
verschiedener Länder zusammenhält. Wir haben
immer eine gemeinsame deutsche Kunst gehabt. Wien hat
Großes in der Musik geleistet. Am Himmel seiner Kunst leuchten Sterne wie Mozart und Haydn. Schon damals war
die Kunst ein Bindemittel zwischen den Deutschen. Deutsche
Musik und deutsche Poesie sind es, welche ein geistiges
Band zwischen allen Deutschen bilden, welche alle Gefahren
und Kämpfe der Vergangenheit überdauert haben, und
auch in Zukunft wird es so bleiben — ein Bindemittel
unserer gegenseitigen nationalen und geschichtlichen Beziehungen. Sollte je eine Verdunkelung wieder
zwischen uns eintreten, wir werden uns immer
wieder zusammenfinden.“

Stürmische Prosit-Rufe begleiteten diese Worte bei
mehreren Stellen und zumal am Schluß. Nun trat der

ins Palais befohlene Nährvater, ein Restaurateur, vor und bot dem Fürsten in einem großen silbernen Becher schäumendes Bier. Der Fürst fragte die Studenten: „Soll ich das wirklich trinken?“ „Ja, ja,“ scholl es ihm brausend entgegen. Der Fürst nahm den Becher in die Hand, hob ihn hoch empor und rief: „Der deutschen Kunst, in deren Vertretung Sie hier sind, und der deutschen Wissenschaft! Gott schütze sie!“ Die Studenten umringten hierauf den Fürsten unter stürmischen Hochrufen; aus ihrer Mitte erscholl laut der Ruf: „Der Baumeister des deutschen Reiches, er lebe hoch!“ Mit Biergläsern in der Hand gruppierten sie sich um den Fürsten, und fröhlich stieß Bismarck mit einzelnen von ihnen an.

Am 21. Juni hatten von früh an Gruppen von Neugierigen und Verehrern des Fürsten Bismarck Einlaß in die Wallnerstraße gefunden, in der der Palffy’sche Palast sich befindet, obgleich jene gänzlich für den Verkehr gesperrt worden war. Aber erst nach elf Uhr ward ihnen die Freude, des Gewaltigen ansichtig zu werden, freilich reich belohnt für das lange Harren; denn er erschien heute in der glänzenden Tracht seiner Kürassiere, so, wie die Geschichte sein Äußeres verewigt hat, wie er dem tapfern deutschen Herzen am nächsten steht. Hoch- und Heilrufe erschollen und begleiteten ihn auf seiner Fahrt zur Kirche, wo der Ehebund des Sohnes eingesegnet wurde. Dichte Spaliere von begeisterten Menschen standen in allen Straßen, die der Wagenzug durchfuhr. Donnernd rollte der Jubel der Erzgestalt des herrlichen Greises entgegen, als er sich dem Gotteshause näherte — und als er in sichtbar bewegter Stimmung nach der Feier heimfuhr, grüßte ihn wiederum lauter, tief aus

der Brust hervorbrechender Freudenruf. So war es über=
all, wo er sich zeigte. Nachmittags in der fünften Stunde,
als er aus dem Hause trat, in der Hand eine Orangen=
blüte, um die Kinder davonfahren zu sehen, die nun ein
Paar geworden; des andern Tags in Penzing und im
Prater, als er sich unter das Volk mischte, und an dessen
Belustigungen teilnahm; im Bierhause des Münchener Bürger=
bräus, wo er den Klängen der Zigeuner lauschte. An letz=
terem Orte sprach er seine Freude aus, daß er im schönen,
gemütlichen Wien eine so glückliche, zufriedene Bevölkerung
gefunden habe, und als darauf ein junger Mann sich erhob
und mit lauter Stimme rief: „Es lebe der größte Mann
des Jahrhunderts!“ — da erbrauste der Saal von der
stürmischen Zustimmung der Anwesenden. Der Fürst lüftete
den Hut und sprach: „Ich danke Ihnen herzlich für den
freundlichen Empfang; da mich jetzt verwandtschaftliche Be=
ziehungen an Österreich knüpfen und ich ein freier Mann
bin, hoffe ich, Sie noch oft wiederzusehen.“

Am Donnerstag den 23. Juni sollte die Abreise des
fürstlichen Paares nach München erfolgen. Im Palffy'schen
Palaste ging es lebhaft zu. Mitglieder der hohen Gesell=
schaft fuhren vor, um ihre Karten abzugeben. Aber auch
Personen mit anderen Anliegen stellten sich im Hause ein.
Ein Photograph hatte den sehnlichsten Wunsch, den Fürsten
aufnehmen zu dürfen. Ein Phonograph=Besitzer gar ließ
diesen dringend um einige Worte ersuchen, die er auf seiner
Walze aufbewahren könnte. — Der letzte Ausflug des hohen
Gastes galt dem Wiener Rathause, welches er um zwölf Uhr
betrat, vom Bürgermeister Dr. Prix an der Schwelle er=
wartet und von tausendstimmigem Jauchzen des herzueilenden

Volkes begrüßt. Die hundertachtundfünfzig Stufen bis zum Festsaal klomm der rüstige Greis empor, wiederholt seine Bewunderung des schönen Gebäudes aussprechend. Im Ausblick vor den Fenstern liegt der von Quadrigen gekrönte Parlamentspalast. Der Fürst glaubte Engelsflügel zu sehen und meinte: „Die Engel sollte man füglich bei einem Parlamentsbau außer Diskussion lassen." Über den wahren Sinn der Figuren belehrt, scherzte er: „Ich hätte für ein Parlament ein ruhigeres Ornament gewählt als ein Gespann!" — Nachdem Bismarck noch sein Autogramm auf ein für das Museum der Stadt Wien bestimmtes Blatt gesetzt hatte, verabschiedete er sich mit freundlichen Dankesworten von dem Bürgermeister, indem er hinzusetzte, er nehme den besten Eindruck von Wien mit und hoffe, bald wieder dahin zurückzukehren. Von stürmischen Zurufen umbraust, verließ der Fürst das Rathaus.

Um halb vier Uhr nachmittags erfolgte die Weiterreise nach München. Obwohl die Stunde der Abfahrt nicht bekannt gegeben war, umstand doch eine zahlreiche Menge den Westbahnhof, um dem berühmten Gast noch einen Gruß mit auf den Weg zu geben. Durch alle Gassen, die der fürstliche Wagen nahm, setzten sich die Hochrufe fort; Blumen und Sträuße wurden hineingereicht. Zwei mächtige Kränze übergab der Vertreter des Vereins „Niederwald" als „Abschiedsgrüße von den deutschen Landsleuten in Wien zum Zeichen dankbarer und treuer Verehrung des deutschen Volkes" und mit dem Hinzufügen, daß der Fürst noch lange dem deutschen Vaterlande erhalten bleiben möge! Bei der letzten Tafel im Palffy'schen Hause hatten die Damen, jede einzeln, dem großen Helden des Nachbarreiches zugetrunken;

jetzt gaben ihm Parlamentsmitglieder, Studenten und Ver=
ehrer aus dem Volke das Geleit bis St. Pölten, und mit
allen Zeichen einer tiefen Ergriffenheit grüßte ihn das Lebe=
wohl der Zurückbleibenden.

Am gleichen Tage verkündete die „Neue Freie Presse"
der gesamten Einwohnerschaft Wiens den herzlichen Dank
des Fürsten Bismarck für die ihm gewordene Aufnahme,
die ihn mit inniger Freude erfüllt habe. „Fürst Bismarck
ist von seinem Wiener Aufenthalte im höchsten Maße be=
friedigt, er hat sich in unserer Mitte sehr wohl gefühlt, ist
von den freundlichen Gesinnungen, die ihm überall entgegen=
gebracht wurden, aufs angenehmste berührt und wünscht,
daß sein Dank öffentlich bekannt werde." —

Eine kurze Schilderung der letzten Stunden auf öster=
reichischem Boden gab folgender Zeitungsbericht:

Auf der Reise von Wien nach Salzburg brachten in
St. Pölten Vertreter der Wiener Burschenschaft dem Fürsten
Bismarck eine Ovation dar. Der Sprecher der Studenten
überreichte dem Fürsten einen Rosenstrauß mit schwarz=rot=
goldenen Bändern und sagte: „Nehmen Euer Durchlaucht
diesen Strauß als letzten Gruß der deutschen Wiener Burschen=
schaften, Fürst Bismarck lebe hoch!" Der Fürst nahm den
Strauß entgegen und sagte ungefähr: „Ich danke, meine
Herren, für dieses Zeichen des Wohlwollens, ich bitte, mir
dasselbe zu bewahren, bis ich wieder komme; ich hoffe, das
wird jetzt nicht mehr so lange dauern, wie zuletzt, da ich ja
Verwandte in diesem schönen Lande gefunden. Meinen Gruß
und Dank der Stadt Wien, welche mich so freundlich em=
pfangen; ich will gewiß wieder kommen." Die Studenten

drückten und küßten die Hand des Fürsten. Reichstags=
abgeordneter Barreuther, welcher mitgefahren war, sagte:
„Wir wünschen, daß Eure Durchlaucht sich erholen möge.“
Der Fürst erwiderte: „Das hoffe ich auch, ich bin ja ein
alter Kissinger Stammgast.“

In Linz fuhr der Zug unter brausenden Hochrufen
des außerordentlich zahlreich erschienenen Publikums ein. Ein
mächtiger Strauß wurde dem Fürsten überreicht. Der Fürst
dankte und gedachte seiner Durchreise nach Wien vor drei=
zehn Jahren, wobei er ebenfalls warm begrüßt worden sei.
Jetzt erschollen die Rufe: „Hoch der Begründer des deut=
schen Reichs! Hoch Fürst Bismarck!“ Der Führer der
Deutschnationalen brachte ein Hoch aus auf den „Begründer
des deutschen Reichs“; worauf der Fürst entgegnete: „Sagen
Sie: dem Begründer des deutsch=österreichischen Bündnisses“.
Der Waggon des Fürsten wurde mit Blumen beworfen, und
von neuem ertönten Hochrufe und „Auf Wiedersehen!“ Eine
Anzahl Studenten sang die „Wacht am Rhein“.

3. München.

Die Stimmung, die den Fürsten Bismarck in München
erwartete, gaben die daselbst erscheinenden Tagesblätter in
bedeutsamen Begrüßungs=Aufsätzen wieder. Ich wähle aus
der Zahl derselben den Artikel der „Münchener Neuesten
Nachrichten“, einer Zeitung, die dem Verdachte urteilsloser
Bismarck=Schwärmerei gänzlich entrückt ist, die sogar vor
wie nach den Münchener Bismarck=Tagen den Männern des
neuen Kurses auf Kosten des ersten Kanzlers ein auffälliges
und oft betontes Vertrauen entgegenbrachte. Die „Neuesten
Nachrichten“ also schrieben:

Zum Gruße dem Fürsten Bismarck!

Es war in den ersten Frühlingstagen des Jahres 1885, als sich ganz München rüstete, die Feier des 70. Geburtstages des „eisernen Kanzlers" auf das Festlichste zu begehen. Heute, wenig mehr als sieben Jahre später, hat wieder die ganze, inzwischen bedeutend größer gewordene Stadt, ihre Vorbereitungen zu einer Huldigung getroffen, die dieses Mal dem Fürsten persönlich dargebracht werden kann, da er jetzt, wenn auch nur für wenige Stunden, mitten unter uns weilt. Da ist es nun für uns doppelt erfreulich und für alle die, welche uns seitdem geänderter Gesinnung zeihen, sehr lehrreich, daß wir die Worte, welche wir damals zu Münchens Bismarckfeier niederschrieben, auch heute Zeile für Zeile ungeändert wiederholen können. Wahre Größe und aufrichtige Verehrung derselben ändern sich nicht im Wechsel der Zeiten. Wir stehen daher zum Beweise dessen nicht an, unseren Festgruß vom Jahre 1885 heute dem vollen Inhalte nach zu wiederholen. Er lautete:

„Mitternacht ist vorüber — München schläft; kein Laut ringsum; draußen ragen in tiefe, tiefe Schatten gehüllt König Ludwigs Tempelbauten. Und verhüllt noch steht unter dem Säulenwall der Propyläen in riesengroßem Abbild Deutschlands Säule, der eiserne Kanzler.

Ist es kein Traum, daß am Abend dieses Tages NeuMünchen seinen begeisterten Dank dem Manne darbringen will, der den deutschen Namen zu höchsten Ehren gebracht — der auch dem bayerischen Namen unversieglichen Glanz verliehen hat? Nein, es ist Wirklichkeit — freut Euch, Ihr Lebenden und hört es, Ihr Toten! Hört es, Ihr Könige und Ihr ungezählten Patrioten, die Ihr, die deutsche Wunde im Herzen, zu Grabe gestiegen seid, hört es: Eure Sehnsucht ist That geworden!

Was sagt uns das leuchtende Bild auf dem Königsplatze? Es sagt uns zunächst, daß die Zeiten vorüber — für immer vorüber sind, in denen das Volk der Bayern der Spielball fremder Interessen und fremder Habgier war. Denn mehr als einmal war dieses schönen deutschen Landes Fortbestand ernstlich in Gefahr, und die Geschichte meldet uns nichts davon, daß gerade jene Mächte im Süden und Osten, die uns so oft als Schutzpatrone empfohlen wurden, auch nur einen Finger gerührt hätten zur Rettung unseres Staates. Bayern hat sich selbst gefunden. Einem Ludwig von

Bayern verdanken die Bismarcke ihre erste Erhebung in den Marken; ein Bismarck hat, in Treue fest gegen festes Vertrauen, unserem weisen König Ludwig gewährleistet, was in schweren Zeiten so oft gefährdet war: Bayern steht fester denn je im Rate der Völker! Darum Dank und Ehre unserem König, Dank und Ehre dem deutschen Kanzler!

Das ernste Bild auf dem Königsplatze mahnt uns aber auch an die Wahrheit, daß Bayern und Deutschland für immer unzertrennlich vereinigt sind. Wehe den Thoren, die in wahnwitziger Verblendung jemals das Band der ewigen Blutbrüderschaft zu zerreißen wagen sollten! Denn die Kraft des Reiches ist auch die Kraft seiner Teile, und mit dem Verrat an der großen Gemeinschaft sinkt der mächtige Zauber, der auch dem einzelnen Achtung und Ansehen verleiht. Möge uns deshalb die Erscheinung des großen Mannes, den wir heute zu unserer eigenen Ehre feiern, eine Mahnung sein, daß wir über die Kämpfe der kleinen Tagesmeinungen und im Getriebe des Erwerbslebens keinen Augenblick des deutschen Vaterlandes vergessen. Reißen wir der Lüge, die für gute Ueberzeugung ausgibt, was nur aus unlauterer Herrschsucht entsprungen ist, die Larve vom Gesicht; verabscheuen wir die politische Rechthaberei, die, den Deutschen so sehr gefährlich, leichten Herzens das Große dem Kleinen opfert; treiben wir mehr Geschichte als Parteipolitik! Mit solchem Gelöbnis der Pflichttreue und Entsagung nahen wir uns dem Bilde des Gefeierten: Ehre und Dank dem Kaiser, der ihn uns gegeben, Ehre und Dank dem Kanzler!"

Und heller noch, begeisterter klingen die Worte desselben Blattes, nachdem der greise Fürst die Isarstadt betreten und der ungeheure Jubel der Bevölkerung ihn zu dem gastlichen Hause geleitet hatte, wo er nach den Anstrengungen der Reise und des Festgetümmels sein Haupt zur Ruhe legen sollte. Die Worte lauten:

Eine Demonstration der edelsten Art war der enthusiastische Empfang, welchen die Bevölkerung Münchens in den allerersten Morgenstunden des heutigen Tages dem Fürsten Bismarck bereitet hat, eine Demonstration des Dankes und der Treue. Wir begegnen wohl nirgends in echt deutschen Kreisen einem Widerspruche, wenn wir sagen, an dieser Demonstration habe wenigstens im Geiste der ganze deutsche Süden teilgenommen; denn in Stuttgart, in Karls-

ruhe oder Darmstadt würde die Einwohnerschaft nicht minder ge-
wetteifert haben, dem Fürsten den Jubelgruß so festlich und herz-
erquickend darzubringen, als dies von uns Münchnern geschehen ist.
Eine Demonstration des Dankes und der Treue! Ja, des Dankes
für die Großthat der Einigung aller deutschen Stämme zu einem
mächtigen Bundesganzen; des Dankes für die Hinwegtilgung des
Spottes, der Geringschätzung, selbst der Verachtung, womit der
deutsche Name Jahrhunderte lang im Auslande wie mit einem
Fluche belastet war; des Dankes dafür, daß von dem Haupte der
Germania wieder der Edelglanz der deutschen Kaiserkrone strahlt,
und ihr zu Seiten Austria und Italia als liebwerte Bundesschwestern
Schild und Schwert zu Schutz und Trutz erheben. Aber auch ein
Treugelöbniß ist unser Willkommgruß. Was Fürst Bismarck, getragen von dem Vertrauen der deutschen Herrscher und von der
Begeisterung des Volkes, geschaffen hat, das darf nicht mehr unter-
gehen. Einig wollen wir bleiben, bewußt unserer Stärke und auf
sie bauend in den Stunden der Gefahr; nicht ruhen und nicht
rasten wollen wir in der Arbeit, unserem Reiche auf friedlichem
Wege alles das zu verschaffen, was dessen Bevölkerung zu wahrem
Heile, zum echten und dauernden Glücke dient. Treu wollen wir
zu dem stehen, der berufen ist, die höchste Stelle im Reiche einzu-
nehmen, und auf dessen Blühen und Gedeihen nach allen Richtungen
fördernd einzuwirken.

„Heil Dir, Du Deutsches Vaterland!" rufen wir Veteranen
der großen Zeiten von 1870/71 mit heller Begeisterung und mit
Thränen des Glückes in den Augen; denn die Bereitwilligkeit, der
Eifer, die Hingabe, mit welchen gerade jene, denen das Leben noch
kaum erblüht war, als wir Alten die Schlachten in Frankreich
schlugen, sich an den festlichen Veranstaltungen zu Ehren unseres
fürstlichen Gastes beteiligen, ist ein sicheres, untrügliches Zeichen,
daß der Sinn für wahre Größe, für hohe Ideale im deutschen
Volke noch lange nicht ausgestorben ist. Als uns betagten Männern
die Jugendkraft noch in den Muskeln strotzte, da begeisterten wir
uns an den Großthaten der Griechen und Römer, von ihrer Vater-
lands- und Freiheitsliebe schwärmten wir und blickten zornmütigen
Herzens auf den Jammer und auf die Zerrissenheit unseres eigenen
Heimatlandes. Die Jugend dieser Tage aber besitzt, was wir
ersehnten, wofür wir bluteten: einig, groß, frei und mächtig ist
das Deutsche Reich, und das alles wird so bleiben, so lange die
nachwachsenden Geschlechter im reinen Patriotismus erglühen, sowie

denen dankbare Verehrung entgegenbringen, welchen es gelungen ist, das Reich zu schaffen. Der Zauber, der mit dem Namen Bismarck verbunden ist und so mächtig auf die Herzen der Deutschen wirkt, ist der Zauber einer gewaltigen Zeit= und Völkergeschichte, als deren ureigenste Verkörperung Bismarck vor uns allen erscheint. Wem bei seinem Anblicke das Auge heller leuchtet, und wer dem Ueberschwange seiner Brust in einem jubelnden „Heil Bismarck!" Worte giebt, der jauchzt zugleich dem deutschen Kaiserreiche zu, und daß dies überall, wo Fürst Bismarcks edle Greisengestalt jetzt erscheint, in wahrhaft elementarer Gewalt zum Durchbruche kommt, ist das beste, glückverheißende Zeichen für die Zukunft unseres großen, unseres freien, unseres geeinten und mächtigen deutschen Vaterlandes.

Wir müssen, wenn wir solches lesen und auf den folgenden Seiten die Fülle dessen erfahren haben werden, was den alten, aus Macht und Gnade gefallenen Kanzler an stürmischen Beweisen der Liebe, Verehrung und Bewun= derung geboten wurde, den Ort in Betracht ziehen, wo diese Huldigungen geschahen. Der Münchener gerät nicht leicht in Wallung; er hat nicht des Wieners entzündbares Gemüt. Gelassen, mit äußerlicher Ruhe, selbst ein wenig träge, steht er den Ereignissen gegenüber, die der wechselnde Tag ihm schnell entrollend zeigt. Spötter haben ihm vorgeworfen, daß eigentlich nur die Güte und der Preis des Bieres ihn aus dem angestammten Phlegma aufrütteln. Und da kam es wie ein Taumel, wie eine alles fortreißende Naturgewalt in diese nüchterne Bevölkerung, und lauter als jemals einem Andern und aus vollem freien Herzen jauchzte sie dem Einen zu, der als schlichter Bürger in ihre Stadt kam! Es ist nützlich, gerade den Münchener Teil der Bismarck=Reise in allen Einzelheiten und der frischen Anschaulichkeit zu schil= dern, wie sie Augenzeugen in den Spalten der heimatlichen Presse niedergelegt haben. Darum enthalte ich mich der eignen Worte und reihe die Berichte aneinander, die jenes vorerwähnte meistgelesene Münchener Blatt von den denk= würdigen Tagen des 24., 25. und 26. Juni gegeben hat.

Der 24. Juni.

Fürst Bismarck mit Gemahlin und Gefolge ist heute nachts zwei Uhr zehn Minuten mit Extrazug aus Wien hier eingetroffen. Trotz der frühen Morgenstunde hatte sich zum Empfang des Fürsten ein tausendköpfiges Publikum vor dem Bahnhofe und längs der Luisenstraße bis zum Wohn= hause Lenbachs eingefunden. Die Menschenmassen füllten die Trottoire zu beiden Seiten der Straßen und nahmen noch einen großen Teil der Fahrbahn ein. An vielen Stellen hatten sich acht bis zehn Reihen hintereinander aufgestellt. Gegen ein Uhr rückten die Studentenschaft, die Turner, Feuer= wehr und die übrigen Vereine zur Spalierbildung ein und zündeten kurz vor Eintreffen des Zuges ihre Fackeln an. Ein Gewitterregen, der in den ersten Abendstunden nieder= ging, erfrischte die vorher schwüle Nachtluft. Gegen Mitter= nacht hellte es sich auf, so daß der Empfang bei gutem Wetter stattfinden konnte.

In der nördlichen Halle des Zentralbahnhofes, welcher aus Verkehrsrücksichten für das große Publikum abgesperrt werden mußte, hatten sich Hunderte von Herren und Damen zur Begrüßung des Fürsten eingefunden. Die Damen trugen fast alle prachtvolle Blumenspenden. Der ganze Perron war gedrängt voll. Als die Stunde der Ankunft heran= nahte, drängte sich alles zu den Geleisen vor, um den Fürsten möglichst nahe zu Gesicht zu bekommen.

Unter den Klängen eines flotten Marsches fuhr der

Extrazug unter unbeschreiblichem Jubel, Hüte= und Tücher=
schwenken in die hellerleuchtete Halle ein. Die erste Gestalt,
die man erblickte und auf die aller Augen sich richteten,
war der Fürst, der auf der Plattform des Salonwagens in
strammer Haltung entblößten Hauptes erschien und elastischen
leichten Schrittes fast ohne Hilfe den Perron betrat. Freund=
lich dankend schwenkte er den bekannten Schlapphut. Der
Fürst war dunkel gekleidet und trug die große weiße Hals=
binde. Das Aussehen war vorzüglich. Die hohe, imposante
Gestalt, die vom Alter ganz unberührt und ungebrochen zu
sein scheint, machte auf alle einen unvergeßlichen Eindruck.
So, sagte man, wird er einst in der Erinnerung unserer
Generation fortleben. Das Antlitz zeigt die abgeklärte Ruhe
und Leidenschaftslosigkeit des Alters und erhält durch die
kräftigen Brauen und den schneeweißen Schnurrbart etwas
Ehrwürdiges. Das große Auge spiegelt jetzt Bonhomie und
humorvolle Gutmütigkeit wieder.

Die geradezu stürmischen, minutenlang andauernden
Ovationen machten es unmöglich, daß einer der Herren vom
Komitee den Fürsten mit einer Ansprache begrüßen konnte.
Ebensowenig gelang es den Damen, welche ihre Blumen=
spenden dem Fürsten überreichen wollten, an denselben
heranzukommen.

Erst dem freundlichen Eingreifen einiger Polizeiorgane
war es möglich, den Fürsten durch die jubelnde Menge hin=
durchzuführen. Mehreren Damen und Herren, welche an
den Fürsten herankommen konnten, reichte er die Hand.
Unter Fackelbegleitung von jungen Künstlern und dem brau=
senden Wiederhall der „Wacht am Rhein" durchschritt Fürst
Bismarck mit Gemahlin den kleinen Fürstensalon und be=

4*

gab sich zu den Wagen, welche im Posthofe aufgestellt waren. Dort und im Bahnhofgang erscholl stürmischer Jubel. Die meisten Damen konnten erst hier ihre prachtvollen Blumen- sträuße in den Wagen legen. Eine Kundgebung von ähnlicher patriotischer Begeisterung haben diese Räume wohl noch nie erlebt — am wenigsten in so früher Morgenstunde.

Unter großartigen Ovationen des Publikums fuhren die Wagen langsam durch die von Fackeln eingesäumte Straße bis zur Villa Lenbach — gegenüber den Propyläen —, wo für die fürstlichen Gäste das Quartier bereitet war.

Schon vor dem Eintreffen des Wagens bei der Villa ertönten fernher brausende Hochrufe, die das Nahen des Fürsten verkündeten. In einem Augenblick waren sämtliche Fackeln entzündet und warfen ihre flammende Lohe weit in die Nacht hinaus. Herrlich präsentierten sich die Propyläen, deren prächtige Säulen aus dem roten Qualm in blenden- dem Weiß majestätisch in die Luft hineinragten. Auf der Estrade der Villa intonierte ein Musikkorps, bestehend aus zwanzig Hornbläsern, großenteils Mitgliedern der Künstler- gesellschaft „Allotria", eine schmetternde altertümliche Fan- fare. Langsam nahten sich die Wagen der Villa, deren Räume im elektrischen Lichte erstrahlten. Immer und immer wieder dankte der Fürst, der im Fond des ersten Wagens saß, für die nicht endenwollenden Huldigungen, die ihm die dichtgedrängte Menge darbrachte.

Entblößten Hauptes, das Gesicht freudig gerötet, fuhr der Fürst in den Garten der Villa ein. Während vor dieser die Ovationen der an das Gitter sich drängenden zahllosen Masse ununterbrochen fortdauerten, entstieg der Fürst elasti- schen Schrittes dem Wagen und begab sich, von Lenbach geführt, in den ersten Stock des Haupttraktes der Villa, wo seine Gemächer sich befinden. Im Mittelsaale angekommen, trat nach kurzer Zeit der Fürst, indem er den Schlapphut abnahm, auf den Balkon und dankte, nach allen Seiten sich tief verbeugend, für die brausenden Hochs, die ihm entgegenschallten.

Noch zweimal mußte der Fürst, den geradezu stürmischen Ovationen Folge leistend, auf dem Balkon erscheinen; das letzte Mal zeigte er sich barhäuptig, mit einem mit Bier gefüllten Glase in der Hand, das er, zum Gruße hoch erhebend, in einem Zuge leerte. In diesem Augenblicke erreichte der Jubel und Enthusiasmus der auf der Straße Stehenden den Höhepunkt. Alles stimmte begeistert das Lied „Deutschland, Deutschland über Alles“ an, dem nach einer mit Hurrahrufen ausgefüllten Pause die „Wacht am Rhein“ folgte.

Nach halb 3 Uhr erlosch die Bogenlichtlampe in dem Mittelsaale, und unter fortwährenden Ovationen rüsteten die spalierbildenden Korporationen sich zum Abzuge. Noch lange aber währte es, bis sich der Zug in Bewegung setzte. Stets von neuem erschollen donnernde Hochrufe der nicht weichen wollenden Menge. Endlich zogen die fackeltragenden Korporationen unter den Klängen von patriotischen und Studentenliedern nach der Arnulf-Straße ab, wo die Fackeln zusammengelegt wurden. Vor der Villa herrschte vor und nach der Ankunft des Fürsten trotz der riesigen Menschenmassen, die hier Aufstellung genommen hatten, musterhafte Ordnung. Die zahlreich anwesenden Sicherheitsorgane hatten kaum etwas zur Aufrechterhaltung der Ruhe zu thun. — Allgemein wurde mit lautester Freude das vorzügliche Aussehen des greisen

Fürsten wahrgenommen, deſſen Bewegungen nicht die ge=
ringſte Ermüdung verrieten.

* * *

Während noch rotfarbige Vorhänge die Fenſter der
Wohnräume des Fürſten heute vormittag verdeckten, hatten
ſich vor der Lenbach'ſchen Villa bereits große Menſchen=
maſſen eingefunden, welche ſtundenlang auf die erſehnte Ge=
legenheit harrten, den Altreichskanzler zu Geſicht zu bekom=
men. Nach Schluß der vormittägigen Gottesdienſte am
heutigen Johannisfeiertage wuchs die Menſchenmenge noch
mehr an. Die Tauſende, die hier in der herrlichen, friſchen
Morgenluft ſich ergingen, ſollten auch nicht unbelohnt bleiben!

Der Fürſt hatte ſich aus einem ſtärkenden Schlaf nach
10 Uhr erhoben und wollte gerade frühſtücken, als der
akademiſche Geſangverein im Garten erſchien, um dem Fürſten
ein Morgenſtändchen darzubringen. Der Verein war,
von Philiſtern desſelben verſtärkt, mit der Vereinsfahne er=
ſchienen und ſtellte ſich unterhalb des Balkons auf. Eine
Kornblume im Knopfloch war der gemeinſame Schmuck.
Unter Leitung des Herrn Profeſſors Kellermann ließ der
Verein zunächſt ſeinen Sängerſpruch erſchallen, worauf der
Fürſt alsbald mit Gemahlin auf dem Balkon erſchien, von
nicht endenwollendem Jubel des Publikums und der Sänger
begrüßt. Immer und immer wieder erneuerten ſich die
enthuſiaſtiſchen Kundgebungen, für welche der Fürſt, der
friſch und heiter ausſah, durch Verbeugen und Schwenken
ſeines Schlapphutes fortwährend dankte. Die Ovationen
wurden nur durch die Geſangsvorträge unterbrochen. Zu=
erſt kam unter Begleitung einer Muſikkapelle das Bundes=
lied von Franz Lachner, dem Ehrenmitglied des Vereines,

mit einem von dem Vereinsmitgliede cand. phil. Herbig
gedichteten neuen Texte schwungvoll zum Vortrage. Das
Lied, welches dem Fürsten in einer Mappe als Andenken
überreicht wurde, lautete:

> Sei gegrüßt im Sturm der Lieder,
> Teutscher Größe treue Wacht!
> Der zu eines Volkes Brüder
> Uns vereint im Sturm der Schlacht,
> Der, was alt und morsch geworden,
> Kühn zerschlug mit starker Hand,
> Der den Süden und den Norden
> Fest in Einigkeit verband.
>
> Selig, wer im Herbst des Lebens
> Ernten kann, was er gesät,
> Wer am Ziel gewalt'gen Strebens
> Seines Ruhmes Garben mäht.
> Dir ist dieses Lob beschieden,
> Sieh mit gläubigem Vertrau'n,
> Wie Dein Volk Dir schon hienieden
> Seines Dankes Dom will bau'n.
>
> Sei noch lang auf dieser Erde
> Schwert und Schild dem Vaterland!
> Spät erst in Walhalla werde
> Dir die Palme zuerkannt.
> Laß die Stürme brausend wehen,
> Feinde toben, nah und fern:
> Wenn wir treu zusammen stehen,
> Sinket nimmer unser Stern!

Nach den Klängen dieses Liedes ertönten wieder brausende Hochrufe. Professor Kellermann, der I. Vorsitzende
des Vereines, sowie der II. Vorsitzende und der I. Schrift-
führer wurden hierauf zum Fürsten gebeten. Der Fürst
sagte zu den Herren: „Ich freue mich, daß mir hier in
München ein solcher Empfang zu teil geworden ist. Um die
frühe Morgenstunde, in der ich angekommen bin, hätte ich

bloß noch Nachtwächter auf der Straße vermutet." Dann erkundigte sich der Fürst des näheren nach dem Akademischen Gesangvereine und fragte, da er auch einzelne „alte Häuser" unter den Sängern gewahrte, ob alle Anwesenden Studenten seien. Professor Kellermann entgegnete „gewesen". „Das ist auch bei mir der Fall", antwortete der Fürst lächelnd. Der Fürstin wurde ein prächtiges Bouquet aus Kornblumen und Rosen überreicht, für welches sie herzlichst dankte. Sie freue sich sehr über den schönen Gesang.

Dann trat das Fürstenpaar wieder auf den Balkon, abermals stürmisch begrüßt. Die Sänger stimmten das Lied ihres Ehrenmitgliedes Max Zenger „Deutsch überall" an und schlossen das Ständchen nach einem Hoch auf den Fürsten und die Fürstin mit dem zuerst gesungenen Sängerspruch. Als der Verein mit Fahne den Garten verließ, stimmte die Menge das Lied „Deutschland, Deutschland über alles" an. Der Fürst war von dieser spontanen Kundgebung aufs tiefste gerührt und deutete durch eine Handbewegung die Unmöglichkeit an, hiefür danken zu können.

* * *

Im Laufe des Vormittags erschien eine Deputation aus Augsburg, um den Fürsten namens vieler Tausender national gesinnter Männer Augsburgs einzuladen, der Stadt einen Besuch abzustatten. Die Deputation erhielt sofort eine Zusage. Es war daselbst bereits ein Komitee zusammengetreten, um über einen würdigen und festlichen Empfang des Fürsten Beschlüsse zu fassen.

* * *

Um zwölf dreiviertel Uhr folgte der Fürst einer Einladung zu einem kleinen Frühstück bei dem Oberststall-

meister Grafen Holnstein in dessen Wohnung an der
Marstallstraße. Daran nahmen teil Fürst und Fürstin Bis=
marck, Graf und Gräfin Holnstein, Herr von Löweneck,
Franz von Lenbach mit Gemahlin, Professor Schwenninger
und der Sekretär des Fürsten, Dr. Chrysander. Das Früh=
stück, welches einen rein familiären Charakter hatte, war
auf Wunsch des Fürsten auf bayerische Art zubereitet; es
wurde Hofbräuhausbier getrunken, das sich der Fürst treff=
lich schmecken ließ. Als er nach dem Mahl seine lange
Pfeife ansteckte, wurde er am Fenster von dem Publikum
erkannt, das in stürmische Hochrufe ausbrach. Der Fürst
mußte mehrmals an das Fenster treten, um zu danken.
In lebhafter, ungezwungener Unterhaltung weilte er bis
gegen halb drei Uhr im Hause des Grafen.

*　　*　　*

Um halb vier Uhr fuhr eine städtische Deputation
vor der Lenbach'schen Behausung vor, um den Fürsten
namens der Stadt zu grüßen. Die Deputation wurde als=
bald vom Fürsten empfangen. Bürgermeister Dr. v. Widen=
mayer hielt folgende Ansprache an das Fürstenpaar:

„Durchlauchtigster Fürst! Durchlauchtigste, gnädigste Fürstin!
Wie unvorbereitet München war, die hohen Gäste würdig zu
empfangen, davon ist unser großer Mitbürger, dessen Heim Durch=
laucht mit ihrem Besuch beehrt haben, ein unverdächtiger Zeuge.
Aber das Herz ist zu festlichem Gruße immer bereit, da, wo es
mit Verehrung, Dank und Liebe beteiligt ist. So bittet die Stadt
München, ihren Willkommgruß zu würdigen. Wir haben mit
warmer Teilnahme und innigen Segenswünschen Euer Durchlaucht
auf Ihrer Reise nach der schönen Kaiserstadt begleitet, als Sie in
den gewaltigen Baum des Bismarckstammes ein neues, holdes Reis
aufnahmen. Der Jubel, mit dem München Euer Durchlaucht

empfing, ist nicht mit dem Winde verweht, denn er wurzelt in dem
Dank einer gut deutschen Stadt für die unvergänglichen Verdienste
Eurer Durchlaucht um Deutschlands Einigung, um Kaiser und
Reich, und in dem besonderen Dank der bayerischen Hauptstadt für
die Bayern alle Zeit bewiesene Freundschaft. Mögen viele frohe
Stunden in diesem Künstlerheim Ihr und der Fürstin Herz erfreuen!
Der Bürgerschaft Münchens aber bitten wir, die besondere Ehre
zu erweisen, das Haus der Stadt zu besuchen."

Fürst Bismarck erwiderte hierauf folgendes:

„Meine Herren, ich bin sehr dankbar für die hohe
Ehre Ihres Besuchs. Als ich diese Reise antrat, that ich
es mit dem hoffnungsfrohen Herzen eines Vaters, der für
seinen Erstgeborenen eine Lebensgefährtin findet, die allem
entspricht, was ein Vater seinem Sohn wünschen kann.
Aber ich habe nicht erwarten können, daß meine Befriedigung durch eine so glänzende Aufnahme überall und durch
politische Erfahrungen — anders kann ich es auch als Privatmann nicht bezeichnen — erhöht werden sollte, wie ich sie,
besonders in Dresden und hier, gemacht habe. Die wohlwollenden Begrüßungen, welche mir zu teil wurden, sind
eine Genugthuung für mich, besonders weil niemand, der
sich mir nähert, Grund hat, von mir irgend etwas zu erwarten oder zu fürchten, während in Amt und Würden
ein gewisser Abzug geboten ist. Ich bin tief gerührt
davon und in hohem Maße erfreut. Es ist mir, ich
möchte sagen als wenn ich Absolution von meinen
politischen Sünden erhielte, die ich ja begangen
habe wie jeder Andere, der so lange wie ich am
Ruder geblieben ist. Es ist das ein Zeugnis, daß die
besseren Eindrücke meiner Amtsführung die überwiegenden
geblieben sind, und ich habe das Gefühl eines Pri-

maners, der mit einem guten Abiturientenzeugniffe abgeht.

Zugleich geben mir diefe Kundgebungen Grund zu fefter Hoffnung für unfere deutfche Zukunft. Das ift keine Überhebung, denn die Äußerungen des Wohlwollens für mich perfönlich find ein Ausdruck der Befriedigung mit den Zuftänden wie fie find, und da ift Ausficht, daß die 50 Millionen unferer Landsleute fich das Errungene nicht werden rauben laffen.

Es ift eine befonders gnädige Fügung Gottes ge-wefen, daß er unfere lange von der Vorfehung fcheinbar vergeffene Nation Wege geleitet hat, die zu einer dauern-den Einigung zu führen geeignet waren. Nehmen Sie an, die Einigung wäre durch kriegerifche Macht von irgend einer Seite erzwungen worden; da wäre in den Vergewaltigten das Gefühl der Gegnerfchaft fchwer er-lofchen und die Dauer des Werkes zweifelhaft. Aber Gott hat uns fo geführt, daß in jenem Werde-gange — wie man im Norden fagt — alle Volks-ftämme mit deutfchen Armes Kraft mit auf den Ambos zugefchlagen haben, auf dem die Einheit gefchmiedet ward. Die Sachfen bei St. Privat, die Württemberger vor Paris, die Bayern bei Wörth, Bazeilles und im Schnee von Orleans, fie alle haben freudige und ftolze Erinnerungen an die Tage unferer Einigung. Das ift Gottes Gnade, daß es fo gekommen ift.

Wenn nach 1866 das Deutfche Reich fchon hergeftellt wäre, fo hätte es auf viele unferer Landsleute doch den Eindruck einer Gewaltthat gemacht, und der Bürgerkrieg als einziges Mittel zur Lösung des gordischen Knotens unserer geschichtlich überkommenen Uneinigkeit würde trübe Ausblicke in die Zukunft verstattet haben. Aber, daß wir alle vereint haben mithelfen können, ist die Bürgschaft der Dauer.

Vollkommen ist ja nichts auf dieser Welt, und wir werden immer noch Zwirnsfäden zu lösen haben, aber doch nur Zwirns-Fäden. Im ganzen ist die Einigung von allen Stämmen gebilligt, und die Eintracht der Stämme, die ich als Vorbedingung inneren Friedens und äußerer Geltung und Sicherheit stets betrachtet habe, ist vorhanden. Nach engeren Formen der Einheit zu streben ist unnötig: Das Beste ist des Guten Feind, ohne daß ich deswegen in allem contenti estote sagen möchte.

Der deutsche Sinn wird uns nicht verlassen, und ich glaube nicht, daß äußere Gewalt uns etwas thun kann. Ich gehe noch weiter, ich glaube nicht, daß die große Ge= fahr, welche im teutonischen Selbständigkeitsgefühle liegt, uns auseinandersprengen könnte. Trotz aller Utopien bleibt herrschendes Prinzip in Deutschland doch immer die öffent= liche Meinung des großen Durchschnitts der gebildeten Stände. Und was meine Aufnahme in großen Städten wie Dresden und hier betrifft, so ist sie mir deswegen so wohl= thuend, weil sie von dem eben bezeichneten ausschlag= gebenden Teile der Bevölkerung ausgeht. Ich werde in den heimischen Wald befriedigter zurückkehren, als ich ihn verließ."

Die Rede des Fürsten war in allen Teilen milb, warmherzig und vom edelsten Patriotismus erfüllt.

*   *   *

In den Abendstunden machte der Fürst mit seiner Begleitung eine Ausfahrt, vom Publikum überall enthusiastisch begrüßt. Zuerst fuhr er in die Georgenstraße, wo er bei dem jungen Prinzen von Edinburgh, der ihm mit seinem Lehrer, Professor Rholfs, den ersten Besuch abgestattet, Besuch machte. Auf der Weiterfahrt kam er auch gegen sieben Uhr zum Hofbräuhause, wo er jubelnd empfangen wurde. Dies bestimmte den Fürsten, einen „Stein“ zu leeren. Ein Korpsstudent brachte unter tosendem Beifall der zahlreichen Gäste einen Toast auf Bismarck aus, indem er sagte: „Wir wollen die Gelegenheit nicht vorübergehen lassen, auf Seine Durchlaucht zu den zahlreichen noch ein Hoch auszubringen.“ — Mit sonorer Stimme antwortete der Fürst: „Ich trinke alle Tage Münchener Bier, aber das im Hofbräuhaus nur alle fünfzig Jahre einmal; das letzte Mal 1842.“ Hierauf stieß er mit den Studenten an und that einen kräftigen Schluck. In der Runde erklang ein allgemeines „Smollis“. In heiterster Laune setzte der Fürst die Weiterfahrt fort.

*　*　*

In der Villa Lenbach wurde im Laufe des Tages eine große Anzahl der herrlichsten Blumenspenden für den Fürsten Bismarck abgeliefert. Im Empfangszimmer war schon Donnerstag abend ein äußerst geschmackvolles und aus den kostbarsten Blumen bestehendes Blumenarrangement aufgestellt worden; dasselbe trug folgende Widmung: „Dem großen Kanzler ein herzliches Willkommen von dem Zentralkomitee des Verbandes alter Korpsstudenten.“

Freitag abend überreichte die Vorstandschaft des Turnvereins München einen prächtigen von Vereinsmitgliedern eigens zu diesem Zwecke gepflückten Alpenrosenstrauß. Der hochgewölbte Strauß trug das aus Kornblumen dargestellte Turnerzeichen zweimal eingebunden, während auf den den Strauß umfassenden grünseidenen Schleifen mit Goldschrift die Worte zu lesen waren: „Dem frischen Altreichskanzler, dem freien Warte deutscher Einheit, Ein frohes, frommes Gut Heil!" Der Fürst dankte mit herzlichem Händedrucke, auch die Frau Fürstin äußerte ihre Freude über den Strauß. Im Verlaufe der Unterhaltung bemerkte der Fürst lächelnd, er sei erstaunt, daß die Herren als Turner im — Frack gekommen seien, und fügte, wohl mit Bezug auf die jüngsten gesellschaftlichen Strapazen in Wien, vergnügt hinzu, sein Frack sei gut verpackt.

*　　*　　*

Am Abend des 24. Juni brachte die gesamte Studentenschaft Münchens dem Fürsten Bismarck einen Fackelzug. Zweiundzwanzig Musikkapellen befanden sich in dem Zuge, welcher gegen sechzehnhundert Fackeln zählte. Mitglieder von den Korps aller Hochschulen beteiligten sich an der Ovation. Der Jubel der Studentenschaft wetteiferte mit dem des Publikums, welches musterhafte Ordnung beobachtete. Als der Fürst nach dem Vorbeizug, dem Drängen des Publikums nachgebend, noch einmal auf der Treppe erschien, dankte dieses mit nicht endenwollendem Jubel und donnerndem Applaus. Die Antwort des Fürsten auf das offizielle, von dem Senior des präsidierenden Korps Palatia ausgebrachte Hoch hatte folgenden Wortlaut:

„Ich sage Ihnen herzlichsten Dank für die Begrüßung, die Sie mir hier darbringen. Ich kann Sie nur bitten, das heutige Fest zu beenden, indem Sie meinem

Worte sich anschließen, daß wir das deutsche Reich, welches unter dem alten deutschen Kaiser in Verbindung mit Ihrem erhabenen Prinz-Regenten, unserem erlauchten Kriegskameraden, vor 22 Jahren begründet wurde, daß wir dieses Reich mit eisernen Klammern festhalten."

*   *   *

Nach dem Fackelzug fand in dem an die Terrasse anstoßenden Saal der Lenbach'schen Villa eine ungezwungene Unterhaltung, an der eine illustre Gesellschaft teilnahm, statt. Der Fürst war auf das tiefste gerührt über die ihm bereiteten Ovationen, trug aber mit seltener Frische und jugendlicher Kraft bis zu später Stunde die Kosten der Unterhaltung, wobei er von Zeit zu Zeit wieder seine lange Pfeife anzündete und gemütlich schmauchte. Der Fürst mit seiner imposanten Gestalt hatte, wie ein Gast treffend bemerkte, „etwas von dem alten Göttervater Zeus". Die historische Größe, der man sich hier in ungezwungener Unterhaltung näherte, machte auf alle einen unauslöschlichen, unvergeßlichen Eindruck. Der Hauch unverwelklichen Ruhmes und menschlicher Größe erfüllte alle. Die Mischung von Würde, Menschlichkeit und Anspruchslosigkeit war einzig. Unsere deutschen großen Männer zeichnen sich ja immer durch den Mangel jeglicher Pose aus. Der Fürst nahm jedem sofort den beklemmenden Eindruck, den eine solche Persönlichkeit unwiderstehlich auf alle macht. Durch alle seine Gespräche, in welcher der höchste politische Ernst mit dem herzlichsten Plauderton über gleichgültige Dinge abwechselt, zieht sich wie ein roter Faden immer wieder der einzige Gedanke, dem er seine Lebenskraft gewidmet, der Gedanke an das deutsche Vaterland und die wiedererrungene Einheit.

In längerem Gespräch weilte der Fürst mit Dr. Paul
Heyse. Man sprach von den Verdiensten König Ludwigs II.
um die Errichtung des neuen Deutschen Reiches. Der König,
so sagte der Altreichskanzler, hat damals zuerst an den Kaiser
geschrieben, daß es ihm schwer sein würde, sich in die Neuordnung der Dinge zu finden, wenn der König von Preußen
nicht der primus inter pares bliebe. Wenn der König von
Preußen aber den Kaisertitel annähme, werde sich die gesamte Neuordnung leichter vollziehen. Bismarck hat damals
zum alten Kaiser gesagt, Majestät komme nur auf diesem Wege
dahin, nicht länger ein Neutrum zu sein. Der Kaiser fragte
„wie so?“ Majestät würden dann ewig nur „das Präsidium“
sein. — Paul Heyse kam auch auf König Max zu sprechen
und meinte, dieser würde sich schwerer in die Neuordnung der
Dinge gefügt haben als sein Sohn, zumal er ein ernster Ver-
teidiger der Triasidee gewesen. Der romantische, hochideale
Zug König Ludwigs habe gewiß viel dazu beigetragen, den
Kaisergedanken zu verwirklichen. „Das ist sehr richtig“, antwortete Fürst Bismarck. Kaiser Wilhelm habe ebenfalls noch
sehr an den Überlieferungen des vorigen Jahrhunderts fest-
gehangen, und nur unter Schonung aller bestehenden Verhältnisse, wenn auch nicht gerade auf Grundlage des alten
Bundes, so doch noch weniger in ganz neuen Formen habe
er die Einigung des deutschen Vaterlandes suchen wollen.
Ebenso sei König Max noch in den alten Traditionen aufgewachsen, während das junge Geschlecht den neuen Ideen
sich naturgemäß leichter erschlossen habe. — Die Unterredung gab auch Gelegenheit, Geibels zu gedenken. Gei-
bel, so meinte Paul Heyse, hat sich von Anfang an mit
der Kaiseridee getragen. Wir jungen Leute hatten dies

noch als Utopie betrachtet, sind aber bald in die neuen Ideen hineingewachsen. Es sei eine Genugthuung für den alten „Sänger des Reiches" gewesen, daß er die Verwirk= lichung seines Traumes noch erlebte. Bismarck entgegnete: Diese Wünsche sind ja gewiß im deutschen Volke sehr verbreitet gewesen, aber ohne daß Deutschland sich aufs ernsteste bedroht gefühlt, würde es dennoch niemals da= hingekommen sein, daß dessen Stämme sich zusammen= schlossen. Nur der Not und der Begeisterung über unsere Siege verdanken wir das Reich. „Durchlaucht kennen die Weltgeschichte besser als ich", fuhr Heyse fort, „aber darin müssen Sie mir recht geben, daß niemals ein Mann, der soviel geleistet und so sehr im öffentlichen Leben gewirkt, eine so unmittelbare Liebe und Verehrung im Volke genossen hat, wie Ew. Durchlaucht. Friedrich der Große z. B. war in seinen alten Tagen im Volke nicht beliebt." „Je länger man lebt, desto mehr ist man genötigt, Menschen gegenüber zu treten und sich Feinde zu machen. Die Dank= barkeit zieht sich zurück, wenn man seine Pflicht gethan hat. Ich bin von der Anhänglichkeit und Liebe so gerührt, daß ich nicht immer gleich die Worte finde, um so zu danken, wie ich möchte", entgegnete der Fürst.

Als Chronisten müssen wir auch noch eine Äußerung erwähnen, die der Fürst anläßlich der großen Ovationen, die ihm dargebracht worden, gethan. Er sagte:

„Früher war mein ganzes Bestreben dahin gerichtet, das monarchische Gefühl im Volke zu heben. An den Höfen und in der offiziellen Welt wurde ich gefeiert und mit Dankbarkeit überhäuft. Das Volk wollte mich steinigen. Heute jubelt mir das Volk dafür zu, während die anderen

Kreise mich ängstlich meiden. Ich glaube, das nennt man
Ironie des Schicksals."

Am 25. Juni

fand in der Mittagsstunde der angekündigte Besuch im
Rathause statt. Auf die Nachricht, daß Fürst Bismarck
dem Rathause einen Besuch abstatten werde, hatte sich eine
nach Tausenden zählende Menschenmenge auf dem Marien=
platze eingefunden. Alle Fenster der angrenzenden Häuser
waren dicht besetzt; bis auf die Dächer sogar waren die
Menschen gestiegen, um den Fürsten zu sehen. Punkt 12 Uhr
verkündeten brausende Hochrufe, die sich über den Platz
weithin verbreiteten, daß der Fürst nahe. Der Fürst, mit
einem grauen Überrocke angethan, fuhr entblößten Hauptes
beim Rathause vor. Als der Wagen hielt, erhob er sich
und blieb einige Minuten gegen das Publikum gewendet,
nach allen Seiten hin grüßend, stehen. Der Enthusiasmus
war unbeschreiblich und steigerte sich noch, als der Fürst,
ohne die Hilfe des vorher ausgestiegenen Dr. Schwenninger
in Anspruch zu nehmen, den Wagen verließ und sich festen
Schrittes, in strammer, militärischer Haltung, den Hut in
der Hand haltend, gegen das Rathaus wendete. Das Publi=
kum schwenkte Hüte und Tücher, und von den Fenstern ju=
belten die Bewohner dem Fürsten zu. Inzwischen war das
Empfangskomitee, an der Spitze Bürgermeister Dr. v. Wi=
denmayer, vor dem Rathause erschienen. Der Fürst be=
grüßte lebhaft den ersten Bürgermeister, dem er die Hände
schüttelte. Dann begab er sich zum Eingange, und nachdem
die Ovationen der draußen harrenden Menge nicht enden
wollten, wendete sich der Fürst unter dem Thorbogen noch
einmal gegen das Publikum zurück, für die ihm dargebrach=

ten Huldigungen dankend. Sodann begab sich der Fürst, vom Bürgermeister geleitet, in das Innere des Rathauses.

Im Saal der Gemeindebevollmächtigten waren die städtischen Kollegien, einige Schul-Inspektoren, Stiftsprobst v. Türk und die städtischen Oberbeamten versammelt, welche den Fürsten und die Fürstin, als er mit Dr. Schwenninger und Professor v. Lenbach eintrat, mit dreifachem Hoch begrüßten. Der Fürst betrachtete den Saal und die mit Damen dicht gefüllte Gallerie und begab sich darauf in den Magistratssaal, woselbst Bürgermeister Dr. v. Widenmayer folgende Ansprache hielt:

„Ich reiche Euer Durchlaucht den Becher zum Ehrentrunk. Gepriesen sei die Stunde, in der Euer Durchlaucht das Haus der Stadt betraten. Sie wird im Herzen derer, die sie miterlebt, wie im Buche der Stadt fortdauern als eine Stunde des Glücks. Wir denken in diesem weihevollen Augenblicke an die gewaltigen Dinge, die im deutschen Volke seit 22 Jahren geschehen sind, an die geheiligten Gestalten, denen das deutsche Volk seine nationale Wiedergeburt verdankt, vor allem an des großen Reichskanzlers eigene Thaten. Jeder Tag dieses Lebens stand im Dienste deutscher Einheit und Größe. Nehmen Euer Durchlaucht den Dank und Segen der Stadt München aus dem Munde seiner Vertreter entgegen und die wärmsten Wünsche für Ihr und der fürstlichen Familie Wohl und Glück. Stimmen Sie mit mir ein, meine Herren Kollegen, in den Ruf: ,Se. Durchlaucht, Fürst Bismarck, er lebe hoch!‘"

Auf diesen Toast des ersten Bürgermeisters erwiderte Fürst Bismarck folgendes:

„Ich bin aus meiner Heimat ausgefahren, um meinem Hause eine neue Tochter zu werben. Daß ich bei dieser Gelegenheit tausend und aber tausend von Freunden und, nachdem ich nicht in Amt und Würden, darf ich

5*

wohl sagen, persönlichen Freunden begegnet und begrüßt
habe, erhöht ja im besonderen Maße die Genugthuung
und Freude, mit der ich von meiner Sommerreise wieder
in die Heimat zurückkehren werde.

Es wird die Anerkennung, die ich bei dieser Gelegenheit von einer so großen Anzahl meiner Landsleute
erfahren, um so erhebender für mich, als sie mir entgegen-
tritt an den hervorragenden Sitzen deutscher Intelligenz
und Bildung. Denn man darf diese doch in den größten
unserer Städte suchen und die größten, wenn ich das mir
benachbarte und befreundete Hamburg abrechne, sind eben
Dresden und München. Ich bin dabei nicht blind für die
amtlichen Zentralsitze unserer Bildung an den Universitäten,
die ich ja hier auch zu begrüßen Gelegenheit habe, aber
wenn ich nach den kleineren deutschen Universitäten hinkäme,
so habe ich wohl die Überzeugung und ich darf wohl sagen
die Bürgschaft, daß ich dort mit demselben Wohlwollen
aufgenommen werden würde, wie hier von der studierten
und nicht studierten Münchner Welt. Wenn ich die Anerkennung der Jugend und die Anerkennung der gebildeten
Bürgerschaft unter meinen Landsleuten vereinige, dann bin
ich auch dessen sicher, was ich allein in meinem Privatleben noch erstrebe, ein gewisses und gerechtes Maß der
Anerkennung von seiten derer, die nach mir und nach uns
leben werden.

Ich bin ja in der Lage, mich mit dem, was nach
mir kommen wird, schon mehr zu beschäftigen als mit der
Gegenwart; denn in meinem Alter habe ich so sehr viel
nicht mehr vor mir und die paar Jahre kann ich es schon
aushalten. Aber es mag kommen, wie es will, ich wünsche

auch denen, die lange nach mir leben werden, nicht nur
ein langes, sondern auch angenehmes Leben. Dazu gehört vor allen Dingen Friede im Innern und
Äußern im Vaterland, Friede und Eintracht
unter den deutschen Stämmen, die lange Jahrhunderte ohne landsmannschaftliches Wohlwollen einander
gegenüberstanden und oft mit gezogenem Schwerte einander
gegenübertraten. Also Friede nach innen, Friede nach außen!
Ihn gestört zu sehen, können doch nur böse oder gewissen-
lose Leute wünschen.

Wir sind ja gerade durch die große Macht, die uns
die Einigkeit und gewonnene Eintracht giebt, ziemlich sicher,
daß wir nicht mit demselben Mutwillen angegriffen werden,
wie noch vor einigen zwanzig Jahren und früher öfter.
Man hat ja doch gesehen, daß sich das ge-
einigte Deutschland nicht so behandeln läßt,
wie das zerrissene; wir haben die volle Ebenbürtig-
keit im Ansehen vor dem Auslande mit den anderen großen
Nationen, die früher als wir einig geworden waren, ganz
zweifellos erlangt. Man respektiert uns und man wird
uns nicht mutwillig angreifen, namentlich, wenn fortbestehen bleibt die südliche und südöstliche Deckung unserer
Grenze, die wir durch das gute Verhältnis mit Österreich-
Ungarn gewonnen haben und bei der Bayern beteiligt ist
mit einer sehr langen Strecke von Hof bis Lindau herunter.
Die Sicherheit, auf dieser langen südöstlichen Strecke Friede
und Freundschaft zu haben, ist namentlich auch für Bayern
wohl von hohem Wert, aber auch für ganz Deutschland,
und die Pflege dieser zwar internationalen aber doch auf
alten nationalen Traditionen beruhenden Freundschaft ist

meines Erachtens die Pflicht einer jeden deutschen Reichs-
regierung, und ich hoffe, daß diese Pflicht erfüllt wird.

Am sichersten wird sie erfüllt werden von einem
Teilnehmer an dem Kriege, durch den wir sie erkämpft
haben. Se. k. Hoheit der Regent von Bayern ist einer
der erlauchten Kriegskameraden meines damaligen Königs
und aller derer, die mitgefochten haben, und die bayerischen Truppen, deren Blut zum Kitt unserer damals
gewonnenen Einigkeit gehört, wissen, daß er in jeder
Gefahr in ihrer Mitte geblieben ist, ebenso wie die Prinzen
aus dessen Hause, die nicht im Hauptquartier, sondern bei
ihrer Batterie den Krieg mitmachten. Also erlauben Sie
mir — obwohl ich schon nicht mehr berechtigt bin, von den
hohen Herren zu sprechen —, nachdem Sie mich mit meiner
Gesundheit überrascht haben, daß ich ein Glas auf das
Wohl Ihres für mich immer sehr gnädig gewesenen Herrn
und Regenten leere.

Se. Königl. Hoheit der Prinz und Regent Luitpold
von Bayern lebe hoch, hoch, hoch!

Ein Toast, der in das Rathaus vor allem hinein-
gehört und den ich mit vollem Herzen ausbringe."

Nach dem sich daran schließenden Frühstück stellte der
erste Bürgermeister dem Fürsten die Herren des Gemeinde-
rates vor, die entzückt von der Frische und Leutseligkeit des
hohen Gastes waren. Gegen 1 Uhr erhob sich der Fürst
und zeichnete sich mit dem allbekannten kräftigen Zuge im
Stadtbuche ein „Fürst Bismarck, München 25. Juni 1892."
Die Fürstin ebenfalls in großen Zügen schrieb darunter
„Fürstin Bismarck." Die am Marienplatz angesammelte
kolossale Menge konnte das Erscheinen des Fürsten nicht

erwarten und sang unausgesetzt die „Wacht am Rhein". Als sich aber Fürst und Fürstin am Balkon zeigten, war des Jubels und der Hochrufe kein Ende.

Während der Fürst im Rathause weilte, mehrte sich das Publikum auf dem Marienplatze noch zusehends, so daß die Menge buchstäblich Kopf an Kopf stand. Geduldig und in musterhaftester Ordnung harrte sie der Wiederkehr des Fürsten. Währenddem wurden zwei Strophen der „Wacht am Rhein" gesungen und erschollen begeisterte Hochrufe zum Fürsten empor, der sich bei der Ankunft wie bei der Abfahrt auf dem Balkon zeigte. Eine kleine Episode ereignete sich noch, die bezeichnend genug für die im Publikum herrschende Begeisterung ist, um hier wiedergegeben zu werden. In einem Wagen befand sich eine amerikanische Familie, die das Sternenbanner mit sich führte, das sie des Öfteren schwang. Als auf dem Platze einige Ruhe eingetreten war, erhob sich aus der Familie ein älterer Herr, der die Menge mit folgenden Worten apostrophierte: Leute! Leute! Fürst Bismarck lebe hoch! Ungeheuren Jubel entfesselten diese Worte, und begeistert stimmte das Publikum in das Hoch ein.

Nach beinahe einstündigem Aufenthalte im Rathause verließ es der Fürst wieder. Der Wagen war in das Innere des Rathauses gefahren und der Fürst bestieg ihn gleich von der Treppe aus, wo er sich auf das Herzlichste von dem I. Bürgermeister und den übrigen Herren verabschiedete. Als der Wagen auf den Platz herausfuhr, brachen donnernde Hochrufe los, die sich auch bei dem Erscheinen der Fürstin im zweiten Wagen fortsetzten. Durch die Theatinerstraße fuhr der Fürst dann nach der Villa zurück.

*   *   *

Das bekannte Kneipzimmer der „Allotria“ in der
Barerstraße hatte heute einen denkwürdigen Tag. Fürst
und Fürstin Bismarck gaben heute nachmittag der Künstler=
gesellschaft die Ehre ihres Besuches, indem sie der freund=
lichen Einladung Folge leistend gegen 5 Uhr in der gemüt=
lichen Kneipe erschienen, wo schon alles fröhlicher Dinge
beisammen saß. Auf der Galerie hatten zahlreiche Damen
und sonstige Angehörige von Mitgliedern Platz genommen.

Als der Fürst eintrat, brauste ihm ein donnerndes
Hoch entgegen, während das originelle Hornensemble mit
Paukenbegleitung Fanfaren ertönen ließ. Der alte Reichs=
kanzler war von dieser Huldigung auf das freudigste über=
rascht und dankte nach allen Seiten hin.

Der Fürst nahm nach der Vorstellung einiger Herren
in einem Lehnstuhl an einem der vorderen Tische Platz.
Vor ihm stand die große „Bismarck=Kanne“, welche zu
Ehren des Festtages mit einem Blumengewinde geschmückt
war. Die Kanne trägt bekanntlich die Inschrift: „Aus mir
trank Otto Fürst von Bismarck, der große Kanzler des
Deutschen Reiches, den ihm von der Künstlergesellschaft
Allotria dargebotenen Willkommtrunk zu München am
31. Juli 1886.“

Ein Mitglied begrüßte den Fürsten mit folgenden
Willkommspruch:

> Unseres Vaterlandes Vater
> Weilet heut in unsrer Mitte,
> Soll „Allotria“ ihn begrüßen,
> Hymnen singend, wie's so Sitte?
> Nein, sie schweige still und lausche
> Jenem eisernen Gedichte,
> Das der Heros eingemeißelt
> In die Tafeln der Geschichte.

Doch mit dankerfülltem Herzen
Naht „Allotria" sich dem Manne,
Dem sie wieder darf kredenzen
Ihr Juwel, die Bismarckkanne.

Prosit!

Diesen Worten folgte ein unbeschreiblicher Enthusiasmus. Fürst Bismarck erhob sich und meinte in seinen Dankesworten, man habe ihn über Verdienst gelobt. Auf die vor ihm stehende „Bismarckkanne" blickend fuhr er fort: „Ultra posse nemo obligatur. Ich möchte Ihnen gern darin ordentlich Bescheid thun, aber ich habe nicht das Talent jenes Bürgermeisters von Rothenburg, der durch einen Trunk seine Vaterstadt rettete. Trotz der Güte des Bieres kann ich das nicht nachmachen." Mit einem lauten „Prosit" nahm der Fürst einen kräftigen Schluck aus der Kanne. Die ganze Gesellschaft brach in stürmische Hochrufe aus und hob die Bierkrügeln in die Höhe, um dem Fürsten zuzutrinken.

Hierauf wurde dem Fürsten und der Fürstin ein Halbeglas mit Franziskanerbräu vorgesetzt. Nach einem donnernden Hoch auf die hohen Gäste erhob sich der Fürst nochmals und sagte: „Ich danke Ihnen allen herzlich für den freundlichen Empfang, den ich hier gefunden und zugleich dafür, daß Sie einst meinen Sohn Herbert so freundlich in Ihrem Kreise aufgenommen. Es ist mir dies einer der eindruckreichsten Momente, den ich mit nach Hause nehme. Ich werde mich stets an den Pokal und die Gesellschaft erinnern. Wir haben im Norden auch ein Bier, es ist zwar naß, aber nicht das. Ich trinke auf das Wohl des Vereines, Sie müssen aber mit mir einstimmen, sonst ist mein Hoch zu dünn." Ein unbeschreiblicher Jubel folgte

diesen Worten. Unter erneuten Ovationen verließ der Fürst
die Gesellschaft, um sich in den Glaspalast zu begeben.

Auf stürmisches Verlangen sang dann noch Herr Brucks
„Das Herz am Rhein" von W. Hill, das Lieblingslied
Bismarcks, das ihm Skaria so oft vorgesungen.

Das Blumengewinde der Bismarck-Kanne wurde unter
die Anwesenden als Andenken verteilt.

*   *   *

Nachdem bekannt geworden, daß Fürst Bismarck im
Laufe des Nachmittags die Kunstausstellung besuchen
werde, hatte sich schon gegen zwei Uhr vor dem Glaspalaste
eine große Menschenmenge angesammelt, die immer mehr
und mehr anschwoll. Auch der Glaspalast selbst konnte die
Menge der Einlaßbegehrenden kaum fassen; es mögen wohl
an achttausend Personen gewesen sein, die im Innern der
Ausstellung dichtgedrängt in den verschiedenen Sälen standen,
durch die Bismarck kommen sollte. Nie wohl hat die Kunstausstellung so viele Menschen auf einmal in einer so kurzen
Spanne Zeit beherbergt wie am heutigen Nachmittag. Endlich um fünf einhalb Uhr fuhren die Equipagen am Glaspalast vor, und es ertönten nicht endenwollende Hochrufe
beim Erscheinen des Fürsten.

Unter Führung des Präsidenten v. Stieler und mehrerer
Herren des Komitees betrat der Fürst mit seiner Gemahlin
das Vestibül. Da erschollen brausende Hochrufe durch den
Palast, die kein Ende nahmen und den Fürsten, der nur
mit Mühe durch eine enge freie Gasse sich bewegen konnte,
bis zum Verlassen des Palastes kurz nach sechs Uhr auf dem
ganzen Wege begleiteten. Es war unmöglich, die Bilder
besehen zu können. Nur im Saal 23 hielt er sich einige

kurze Augenblicke vor dem großen Bilde Rocholls=Düsseldorf „König Wilhelms Ritt um Sedan" auf, das er mit offenbarem Interesse und tiefer Rührung betrachtete.

Für die ihm dargebrachte Ovation dankte der Fürst hocherfreut, freundlich lächelnd und den Hut schwenkend, auf dem ganzen Wege. Im Plastik=Saale angekommen, hielt der Fürst seine Schritte inne, und als man bemerkte, daß er sprechen wollte, trat plötzlich lautlose Stille ein. Fürst Bismarck sprach mit wohlvernehmbarer Stimme ungefähr folgendes:

„Ich bin nicht gekommen, um mein Kunstbedürfnis zu befriedigen, da ich meinen Besuch leider nicht so lange ausdehnen kann, ich bin an diese Stätte nur gekommen, um der Münchner Kunst und den Münchner Künstlern meine Hochachtung zu bezeugen. Es ist eine Art Staats-visite, die ich mache, und doch kann ich wieder nicht Staats-visite sagen, da ich mit dem Staate nichts mehr zu thun habe. Es freut mich, durch den Pinsel Lenbachs hier mich so verewigt zu sehen, wie ich der Nach-welt gerne erhalten bleiben möchte."

Er schloß mit Dankesworten für die ihm gebrachte Huldigung und schritt dann, abermals von brausenden Hochrufen geleitet, dem Ausgang zu. Auch die immer noch vor dem Portal harrende Menge brach, als der Fürst den Wagen bestieg, wiederholt in Hochrufe aus, und noch lange, als die Wagen schon in der Ferne waren, tönte es fort: „Hoch Bismarck! Es lebe Bismarck!"

*   *

Im Laufe des späteren Nachmittages machte Fürst Bismarck mehrfache Besuche, so unter andern im Schloß

zu Bieberstein bei dem gerade daselbst weilenden Fürsten
Ferdinand von Bulgarien, den der Altreichskanzler vorher
bei sich empfangen hatte. Dann begab sich Fürst Bismarck
zum Ministerpräsidenten Freiherrn v. Crailsheim, wo er
längere Zeit verweilte. Überall, wo er sich zeigte, wurde
der Gefeierte mit stürmischen Hochrufen begrüßt.

* * *

Die dem Fürsten Bismarck zugedachte Serenade
nahm heute Samstag abend einen durch keinen Unfall ge=
störten Verlauf. Die Straßen, welche der aus etwa fünf=
tausend Personen bestehende Zug nahm, waren von Neu=
gierigen dicht besetzt. Geradezu kolossal war der Andrang
zu den Propyläen und zur Villa Lenbach von der Gabels=
berger= und Briennerstraße her. Der Raum vor der Villa
war auf eine ziemliche Ausdehnung von der Feuerwehr und
der Gendarmerie abgesperrt, um der Bewegung des Zuges
freien Lauf lassen zu können. In der Villa selbst hatte sich
eine Gesellschaft von Damen und Herren aus den höchsten
Kreisen eingefunden, auch Vertreter der hiesigen und aus=
wärtigen Presse waren im Garten der Villa anwesend.

Kurz nach halb acht Uhr ertönte von der Höhe der
Luisenstraße Trommelwirbel, der das Nahen des Zuges ver=
kündete, und als nach kurzer Zeit die Spitze vor der Villa
anlangte, erschien der Fürst mit einem grauen Überrock be=
kleidet auf der Terrasse, wo er, umgeben von der Fürstin,
Dr. Schwenninger, v. Lenbach und Gemahlin und einer
großen Anzahl anderer Damen und Herren in einem Lehn=
sessel Platz nahm. Inzwischen ging der Zug in voller Ent=
wickelung vorüber. Voran marschierte eine Abteilung Feuer=

wehr, der ein Trommlerkorps, aus jugendlichen Turnern zusammengesetzt, folgte. Hieran schloß sich, mit Eichenlaub= geschmückten Hüten der „Turnverein München". Als dieser sich vor der Villa befand, ertönte das Kommando: „Halt", worauf der Vorstand des Vereins folgende Worte sprach: „Sr. Durchlaucht, dem Fürsten Bismarck, dem Herkules der deutschen Einheit, ein dreifaches Gut Heil!" Die Turner= schaft brach in ein donnerndes „Gut Heil" aus, Kränze und Blumen flogen über die Mauer auf die Terrasse, und mit freundlichem Lächeln dankte der Fürst für die stürmi= schen Ovationen. Hierauf setzte sich der Zug wieder in Bewegung. Es folgten nun der S. C. der Universität, der S. C. des Polytechnikums, die tierärztliche Hochschule, der D. C. und L. C. Fast alle Studenten sowie auch die Fahnen waren mit Eichenlaub und Kränzen geschmückt. Nachdem sämtliche Fahnen vor der Villa angelangt waren, ergriff der Sprecher des S. C. der Universität das Wort; er bringe im Auftrage des S. C. den allerschuldigsten Tribut dankbarer Begeisterung der Studentenschaft. Der Fürst habe mit eiserner Energie in siegreichem Kampfe den patriotischen Traum Deutschlands erfüllt: die Einigung Deutschlands. Jubelnd sei der Entschluß begrüßt worden, dem Fürsten einen Fackelzug zu bringen, und auch heute sei die ganze Stu= dentenschaft freudig gefolgt, dem Fürsten ihre Huldigung mit darzubringen, der die Studenten stets gefördert und ge= schützt und der das Vaterland groß gemacht habe. In das von dem Sprecher ausgebrachte Hoch stimmte die gesamte Studentenschaft sowie das dichtgedrängte Publikum begeistert ein. Als die Hochrufe verklungen waren, ergriff Fürst Bis= marck sich erhebend unter tiefster Stille das Wort, indem

er mit weithin vernehmbarer Stimme etwa folgendes entgegnete:

„Ich freue mich, meine Herren, neben den Vertretern der Musik auch die der Wissenschaft heute hier sehen
und begrüßen zu können. Kunst und Wissenschaft — lange
Zeit hindurch die Träger der deutschen Einheit — in Ihnen
hier vertreten zu sehen, bleibt für mich eine freudige Erinnerung. Meine Erinnerung wird zwar nicht mehr lange
dauern. Denn ich bin alt. Sie aber sind noch jung! Erinnern Sie sich stets der nationalen Gelübde, wie
sie heute hier in gebundener Rede und Musik ausgesprochen
wurden. Erinnern Sie sich daran: darum bitte ich
Sie nur. Ich sage Ihnen nochmals meinen herzlichen
Dank!"

Nachdem der Fürst geendet, brach ein unbeschreiblicher
Jubel los; die einzelnen Korporationen brachten riesige, mit
Couleurschleifen geschmückte Kränze aus Lorbeer und Eichenlaub in den Garten der Villa, und Hunderte von Blumen-
sträußchen flogen zu dem Fürsten empor, wo sich die Herrschaften bemühten, sie dem Gefeierten zu überreichen. Unaufhörlich ertönten Hochrufe auf den Fürsten und auch auf
die Fürstin. Unterdessen hatte sich der Zug wieder in Bewegung gesetzt und brachte als nächste Korporation in der
schönen kleidsamen Schützentracht, mit Eichenlaub und Gems-
bart geschmückt, die kgl. privilegierte Hauptschützengesellschaft.
Dieser folgte sodann der hier in München stark vertretene
bayerische Sängerbund. Der Bund marschierte, sechsund-
zwanzig Vereine mit etwa achthundert Sängern stark, vor
der Villa unter den Klängen eines Marsches auf und bildete
um das Dirigentenpodium herum einen gewaltigen Halbkreis.

Es trat eine tiefe Pause ein. Auf der Terrasse über=
reichte Frau v. Lenbach in blausammetner Mappe dem
Fürsten das Programm zur Serenade, während der Chor=
direktor und Bundeschormeister das Dirigentenpodium be=
stieg, um nun mit hinreißender Energie den herrlichen „Früh=
lingsgruß“ von B. Lachner zu dirigieren. Der gewaltige
Chor wurde mit bewundernswerter Präzision und außer=
ordentlicher Stimmenfülle wiedergegeben. Nach Beendigung
des Liedes klatschte der Fürst Beifall und erhob sich, die
Deputation des Sängerbundes zu empfangen, die der Fürstin
ein Bouquet überreichte. Hierauf brachte Oberregierungsrat
Ruß mit den Worten: „Se. Durchlaucht, unser unsterblicher
Altreichskanzler, lebe hoch!“ ein brausend aufgenommenes
Hoch auf den Fürsten aus. Herr Dr. Dürck gab dann in
begeisterten Worten der Freude Ausdruck, die München er=
fülle, Bismarck in seinen Mauern beherbergen zu dürfen.
Die Reise des Fürsten sei ein Triumphzug gewesen, wie ihn
die Geschichte nicht kennt. Der Fürst habe das Wort
„Lied wird That“ zur Wahrheit gemacht. Der Dank ist
tief in aller Herzen eingegraben. Nie lassen wir von
Bismarck! Gott schütze unseren Bismarck und sein Haus!
Der Enthusiasmus nach diesen Worten war geradezu kolossal.
Alles jubelte dem Fürsten zu, der sich erhoben hatte, und
barhäuptig eine Zeitlang sinnend und sichtlich gerührt auf
die wogende Menge zu seinen Füßen schaute. Dann sprach
Fürst Bismarck unter tiefer Stille Folgendes:

„Ich erkenne mit dem Herrn Vorredner die Macht
und die Gewalt des deutschen Liedes in seinem vollen
Werte an. Im Kriege wie im Frieden hat es sich bewährt.
Unsere deutschen Bürger wie unsere Soldaten sind em-

pfänglich für die Macht der Töne, sie haben die Soldaten fortreißen helfen zu großen Thaten. Für mich ist es eine große Gnade von Gott, daß die Arbeit meiner Vergangenheit in der Richtung gelegen hat, die das deutsche Lied den deutschen Geist seit langem hat fortschreiten lassen.

Es ist für mich ein hohes Glück und eine hohe Ehre, daß mein Name und meine Vergangenheit identifiziert worden ist mit den nationalen Gefühlen meiner Landsleute. Es ist mir vergönnt gewesen, meinen Namen in die Rinde der deutschen Eiche einzuschneiden zu dauernder Erinnerung. Daß dem so ist, dafür danke ich Gott und darauf bin ich auf Erden, so lange ich lebe, stolz.

Daß Sie diese Gefühle teilen, macht mir den Abschied von München noch schwerer, als er mir schon jetzt wird. Aber ich gebe die Hoffnung nicht auf, daß ich in meinem jetzigen unabhängigen Zustande auch in einem anderen Jahre als in dem laufenden Sie noch sehen werde, um die freundlichen Beziehungen zu erneuern, die ich hier geknüpft habe. Von ganzem Herzen danke ich Ihnen für Ihre künstlerischen Leistungen und für die Beweise des Wohlwollens für mich und die Meinigen. Ich danke Ihnen nochmals!"

Wieder brausten nicht endenwollende Hochrufe in die Luft; dann folgte der Sängerwahlspruch und hierauf von den sämtlichen Sängern sowie dem Publikum gesungen die „Wacht am Rhein". Trotzdem ein ziemlich starker Regen fiel, hatte der greise Fürst sein Haupt entblößt, und lauschte den feierlichen Klängen der gewaltigen deutschen National=

hymne, die auch die Damen und Herren in nächster Nähe
des Fürsten begeistert mitsangen.

Damit war die eigentliche Serenade zu Ende. Die
Sänger marschierten unter den Klängen eines Marsches und
unter stürmischen Hochrufen ab. Ihnen schlossen sich an
der Künstlerverein, der Kunstgewerbeverein mit seinen Gilden,
die ihre Wappen, Standarten und Embleme trugen, dann
der Kolonialverein, der Ruderklub und endlich die Künstler=
genossenschaft. Der Künstler=Sängerverein warf eine An=
zahl Blumenkränze, für welche Ovation der Fürst mit Kuß=
händen dankte. Die Künstlergenossenschaft brachte einen
riesigen Eichenlaubkranz mit dem Künstlerwappen in der
Mitte in den Garten der Villa. Den Schluß des Zuges
bildete die „Allotria" mit vierundzwanzig Hornbläsern an
der Spitze. Kunstmaler Pixis begrüßte im Namen der ge=
selligen Vereinigung der Münchener Künstler den Fürsten
und brachte ein Hoch auf ihn aus, das weithin donnernd
widerhallte. Dann zogen die Letzten ab und hundertfach
erschollen die Rufe: Wiedersehen! Wiederkommen! — Da=
mit war der Festabend, der zu einem so herrlichen, groß=
artigen Huldigungsakte für den Fürsten sich gestaltet hatte,
vorüber. Noch lange aber stand eine unabsehbare Menschen=
menge vor der Villa und brachte stürmische Hochrufe auf
den greisen Altreichskanzler aus, den ganz München be=
geistert in sein Herz geschlossen hat, denn eine deutliche
Sprache redete die heutige Serenade.

*   *   *

Am Sonntag den 26. Juni

erfolgte die Abreise des Fürsten Bismarck aus Mün=
chen. Wie der ganze Aufenthalt des Fürsten Anlaß zu

fortgeſetzten großartigen Huldigungen gab, ſo ließ es ſich
München auch beim Abſchied des Fürſten nicht nehmen,
noch einmal ihm alle die Sympathieen, alle die Verehrung
und Anhänglichkeit, die Münchens Einwohnerſchaft an den
Fürſten knüpften, in eine letzte großartige Ovation zuſammen-
zufaſſen, ſo impoſant und ſo gewaltig, daß die Feder zu
ſchwach iſt, ſie auch nur annähernd zu ſchildern.

Die Abfahrt des Extrazuges war auf zwölf Uhr
angeſetzt. Die Lokomotive war auf das ſinnigſte mit
mächtigen Eichenlaubkränzen, die von breiten Goldſchleifen
zuſammengehalten wurden, geſchmückt. Der Südbau des
Bahnhofes, in dem der Zug ſtand, war für das größere
Publikum bis kurz vor der Abfahrt geſperrt. Vor dem
Königsſalon, durch welchen der Fürſt den Bahnſteig betreten ſollte, war eine Barriere errichtet, hinter welcher
ſich eine zahlreiche Geſellſchaft eingefunden hatte. In der
Mittelhalle ſtand dann wieder dichtgedrängt, Kopf an Kopf,
das Publikum; ebenſo war eine ungeheure Menſchenmenge
vor dem Königsſalon in der Bayerſtraße, die ſich, oft vier-
bis fünfreihig, bis zur Villa Lenbach fortpflanzte.

Um dreiviertel zwölf Uhr verkündeten endloſe Hochrufe, daß der Fürſt am Bahnhofe angelangt war. Draußen
waren alle Fenſter dicht beſetzt; mit Hüten und Tüchern
wurde dem Fürſten jubelnd zugewinkt, der ſich, freundlich
grüßend und dankend, nach allen Seiten hin verneigte. Im
Königsſalon angekommen, ließ ſich der Fürſt noch ver-
ſchiedene Herren vorſtellen und betrat dann den Bahnſteig,
gefolgt von der Fürſtin und den ihn begleitenden und zum
Abſchiede erſchienenen Herren. Als das Publikum des Fürſten
anſichtig wurde, brach es in begeiſterte Hochrufe aus. Jetzt

hielten es weder Barrieren noch Spalier ab. Zu Tausenden strömte es von allen Seiten über die Schienen und umringte den Zug. Der Fürst, barhäuptig, im grauen Überrock, begab sich zunächst den Zug entlang zur Maschine und drückte seine Freude über deren schönen Schmuck aus. Auch ließ er sich den Zugführer vorstellen, dem er die Hand schüttelte. Das Publikum drängte sich währenddem an den Fürsten heran und manch eine Dame und mancher Herr war so glücklich, dem greisen Altreichskanzler die Hand zu drücken. Eine Menge herrlichster Rosen war von Damen auf den Bahnsteig gestreut worden, und als der Fürst in den Wagen stieg, wurden ihm unzählige Bouquets hineingereicht. Besonders freundlich begrüßte er Bürgermeister Dr. v. Widenmeyer. Während die Hochrufe immer und immer wieder durch die hohen Bahnhofhallen erbrausten, begab sich der Fürst auf die andere Seite des Wagens und beugte sich zum Fenster hinaus. Da erscholl auch von drüben donnernder Jubel aus den Kehlen von mehr als achttausend Personen. Hüte und Tücher wurden geschwenkt, die Nächsten reichten dem Fürsten die Hände zum Abschied empor — der Enthusiasmus war unbeschreiblich. Stürmisch verlangte das Publikum, daß der Fürst reden solle, und als endlich tiefe Stille herrschte, dankte der Fürst mit Thränen in den Augen für den Empfang wie für die Begrüßung beim Abschied. Er habe seit seiner vierzigjährigen Dienstzeit viele Dienstreisen machen müssen; mehr aber und großartiger sei er nicht geehrt worden als jetzt, da er als Privatmann auf seiner Reise München berührt habe. Das freue ihn sehr und er sage allen seinen tiefgefühltesten Dank. Er ermahnte das Publikum, die Ordnung im Bahnhofe aufrecht

6*

zu erhalten, und schloß mit der Hoffnung auf ein fröh=
liches Wiederfehen. „Ja! Auf Wiederfehen! Wiederkommen!
Fürst Bismarck, unser Bismarck, lebe hoch!" So
tönte es begeistert von tausend und wieder tausend Lippen
zurück, und wie auf Kommando stimmte plötzlich die ganze
unabsehbare Menschenmenge die „Wacht am Rhein" an.
Es war ein tief ergreifender Moment. Der Fürst stand
sichtlich ergriffen am Fenster, Kußhände werfend; vieler Augen
waren mit Thränen gefüllt. Dann wieder endlose Hoch=
und Hurrahrufe, dann „Deutschland, Deutschland über alles"
und endlich ertönte aus der Menge der Ruf: „Wir Deutsche
fürchten Gott und sonst niemand auf der Welt! Fürst Bis=
marck hoch! hoch! hoch!" Jetzt ertönte ein Pfiff, der Zug
setzte sich langsam in Bewegung und fuhr zur Halle hinaus.
Endlose Hochrufe wurden ihm nachgesandt, noch einmal
grüßte der Fürst zum Fenster heraus —: So feierte München
den Abschied des großen Altreichskanzlers. Der Münchener
Bahnhof hat eine solche Abschiedsfeier noch nie
gesehen!

4. Schwaben und Franken.

Die alte Reichsstadt Augsburg jubelte ihrem be=
rühmten Ehrenbürger entgegen. Über den Aufenthalt des
Fürsten Bismarck daselbst erzählen die Zeitungen folgendes:

Nachdem bereits seit gestern in allen Straßen, durch
welche Fürst Bismarck während seines einstündigen Aufent=
haltes die Rundfahrt zu unternehmen beabsichtigte, sich eine
fieberhafte Thätigkeit in der Schmückung der Häuser ent=
wickelte, wurde heute in frühester Morgenstunde schon die
Stadt mit reichstem Flaggenschmuck trotz strömenden Regens

bekleidet. Gegen zwölf Uhr mittag nahm das Publikum in den Straßen Stellung, und gegen ein Uhr war es beinahe unmöglich, nach dem Bahnhof zu gelangen, da in der Bahnhofstraße und am Bahnhofe selbst sich schon eine viele Tausende zählende Menge eingefunden hatte. Während die Herren Schleifen und Kornblumen trugen, hatten die Damen größtenteils kleine gebundene Sträußchen von Kornblumen und Vergißmeinnicht. Die städtischen Kollegien waren vertreten durch eine größere Anzahl Mitglieder und den Festausschuß. Unter den Klängen des „Bismarckmarschs" von Fuchs fuhr der Extrazug langsam in den Bahnhof, die tausendköpfige Menge brach unter Hüteschwenken in einen Jubel aus, der kaum zu beschreiben ist. Der Fürst entstieg in strammer Haltung, nach allen Seiten grüßend, seinem Salonwagen und begrüßte zunächst den Bürgermeister von Fischer mit mehrmaligem Händedruck. Dieser bewillkommnete den Fürsten als Ehrenbürger der Stadt und als größten Staatsmann, dem die Huldigungen nur ein kleines Zeichen des Dankes sein möchten. Er schloß mit einem mit stürmischer Begeisterung aufgenommenen Hoch „auf den Fürsten und seine treubesorgte Lebensgefährtin und sein ganzes Haus".

Auf dem kurzen Weg zum Königssalon war es dem Fürsten, der nach allen Seiten hin grüßte und die Hände reichte, fast unmöglich durchzukommen. Nach ganz kurzem Aufenthalt und wenigen Vorstellungen verließen die Herrschaften den Fürstensalon, und nun erfolgte eine so begeisterte Ovation mit „Hoch Bismarck", „Hurrah Bismarck", wie sie hier noch schwerlich je erlebt wurde. Die Rundfahrt durch die Stadt eröffnete der Wagen mit dem Fürsten und dem

Bürgermeister von Fischer, dann folgten die Herren der verschiedenen Komitees in etwa fünfzehn Privat-Equipagen. Unbeschreiblicher Jubel begegnete dem Fürsten auf der ganzen Rundfahrt, und mehrmals kam er unter einen wahren Blumenregen. Der Fürst dankte fortwährend freundlichst nach allen Seiten. Am Rathaus verließ der hohe Ehrengast in strammer Haltung die Equipage und wurde in die untere Halle des prächtig geschmückten Rathauses geleitet. Es folgte zunächst der Empfang der Ankommenden durch die städtischen Kollegien in Amtstracht, den Armenpflegschaftsrat und die k. Lokalschulkommissionen. Bürgermeister v. Fischer richtete namens der Stadt an den Ehrenbürger Fürsten Bismarck eine kurze Ansprache, indem er seiner Freude Ausdruck verlieh, daß der Stadt Augsburg die hohe Ehre zu teil wurde, den Baumeister des großen Deutschen Reiches innerhalb ihrer Mauern als Gast begrüßen zu können, und reichte hierauf dem Fürsten und seiner Gemahlin in einem prächtigen silbernen Pokal den Ehrentrunk.

Sichtlich ergriffen erwiderte Fürst Bismarck:

„Mit meinem herzlichen Dank für diese Ihnen aus dem Herzen gekommene Begrüßung verbinde ich zunächst den Ausdruck meines Bedauerns darüber, daß die Umstände mich nötigen, nur so kurze Zeit in dieser weltberühmten Kaiserstadt, in welcher ich so viele und treue Freunde und einen so tapferen und langjährigen Kampfgenossen in der Herstellung des Reiches, Ihren Herrn Oberbürgermeister, begrüße, zu verweilen. Aber ich wußte überhaupt nicht, daß ich nach Augsburg, ja auch nur nach München kommen könnte, bevor die mir sehr wohlgewogene bayerische Verwaltung mir den Reiseplan festgelegt hatte. Nun, da

ich mit Hilfe meines bayerischen Pflegers, der mir gegenüber steht (Professor Dr. Schweninger), alle Anstrengungen
einer in meinen Jahren ungewohnten Reise so wohl über-
standen habe, wäre ich gerne länger hier geblieben, aber
es lag doch der Reiseplan so fest, daß ich ohne schwere
Belästigung der Eisenbahnverwaltung meine persönlichen
Wünsche nicht auszusprechen wagen durfte. Ich weilte
gern Tage da, wo ich früher mit meinem alten verstor-
benen Herrn im Fuggerhaus ebenfalls tagelang geweilt
habe. Im übrigen ist mir die freundliche Begrüßung, die
ich hier fand, ein neuer Beweis, daß Gottes Gnade
mich von dem Fluch des Alters, der Vereinsamung,
fern gehalten hat. Ich habe kaum glauben können,
als ich meinen heimatlichen Wald verließ, daß ich im
fernen Süden so viele und so warme Freunde finden würde,
wie in Dresden, wie in München, wie hier, ja wie auch
in Wien. Daß das der Fall ist, gibt mir für die Jahre,
die ich mit Gottes Hilfe noch zu leben habe, eine Stärkung
und eine Genugthuung im Rückblick auf mein Leben, denn
ich darf in Ihrem Wohlwollen eine Billigung und Anerkennung dessen sehen, was ich in meinem Leben gethan
habe. Dafür meinen herzlichen Dank!"

Nunmehr den silbernen, weingefüllten Krug, der ihm
im Namen der Stadt kredenzt wurde, ergreifend, sagte
der Fürst:

"Aus diesem Silber, einem Metall, dessen Verarbeitung
in Augsburg lange Zeit sprichwörtlich gewesen ist, bekräf-
tige ich meinen Dank, indem ich auf das Wohl der Stadt,
civitatis et qui illam regit, diesen Becher leere."

Und indem er den Pokal ansetzte, fügte er lächelnd hinzu: „Wenigstens will ichs versuchen.“ Als die letzten Worte verhallt waren, ertönte die überwältigend großartige Ovation einer am Augustusbrunnen, der Börse entlang aufgestellten vereinigten Sängerschar von etwa siebenhundert Mann. Mehrere Mädchen des Stetten'schen Instituts überreichten Blumenbouquets. Die Karl-Kapelle stimmte ein nationales Stück an, der Fürst und die Gäste bestiegen die Equipagen, und nun richtete sich der Fürst in strammer Haltung nochmals in der Equipage auf, eine wahrhaft imponierende Erscheinung. Der Jubel pflanzte sich überwältigend fort, und der Fürst dankte, nach allen Seiten winkend, während der ganzen Fahrt zum Bahnhof. Die Ordnung war dank der Spalierbildung von Feuerwehr, Turner- und Veteranenvereinen geradezu mustergültig. Brausende Hochs schallten auch bei der Ankunft des Fürsten am Bahnhof und zugleich ertönte das Nationallied „Deutschland, Deutschland über alles.“

Im Königssalon wurde den Gästen ein Imbiß gereicht. Bei gemütlicher Unterhaltung rückte die Zeit der Abreise nur zu rasch heran, und pünktlich um zwei Uhr verließ der Fürst den Königssalon; hierbei hatte er auch wieder Mühe, durch die ganz unbeschreiblich begeisterte Menge durchzukommen, wobei er vielen die Hände reichte. Unter den Klängen der Jubel-Ouverture von Bach bestieg er, sich nochmals herzlich verabschiedend, seinen Salonwagen, während die Damen ein wahres Blumen-Bombardement nach dem Fürsten eröffneten. Die „Wacht am Rhein“ wurde intoniert, und nun war der Enthusiasmus grenzenlos. Der Zug setzte sich in Bewegung, unter Hüte-

und Tücherschwenken. Man sah dem Fürsten bei der Abfahrt eine tiefe Ergriffenheit deutlich an.

*　　*　　*

Über die Fahrt durch Schwaben und Franken
liegen folgende Berichte vor.

Nördlingen, 26. Juni. Auf die freudige Kunde, daß
der Extrazug des Fürsten Bismarck auf der Durchfahrt von Augsburg nach Kiſſingen hier kurzen Aufenthalt machen werde, füllte
ſich der Bahnhof heute Nachmittag mit einer zahlloſen Menſchenmenge. Feuerwehr und Turner bildeten auf dem Bahnkörper
Spalier und hielten den vorderſten Platz frei für die ſtädtiſchen
Behörden, die Gemeindekollegien und den mit Fahne und Muſik
erſchienenen Veteranenverein. Gegen halb vier Uhr rollte langſam,
empfangen durch einen Tuſch, der Extrazug mit bekränzter Lokomotive in den Bahnhof, und die aufs höchſte geſteigerte Erwartung
der Kopf an Kopf gedrängten Menge wurde belohnt. Fürſt Bismarck erſchien am geöffneten Fenſter des Salonwagens und war
ſichtlich erfreut über den wohl unerwartet zahlreichen und herzlichen
Empfang. Das endloſe Hochrufen und Hüteſchwenken hörte erſt
auf, als Herr Bürgermeiſter Reiger den leider nur nach Minuten
zählenden allzu kurzen Aufenthalt benutzte, um in warm empfun-
denen Worten auszudrücken, was in dieſen denkwürdigen Augen-
blicken aller Herzen bewegte: die große Freude und der innige
Dank, den Einiger Deutſchlands auch bei uns zu begrüßen, und
die Verſicherung der aufrichtigen Verehrung, welche auch in Nördlingen dem Fürſten in den Herzen der Bevölkerung entgegenſchlägt.
Und nun geſchah das Unerwartete, Fürſt Bismarck antwortete ſo
eingehend, als es ihm die kurze Zeit erlaubte. Sichtlich gerührt
ſuchte er nach Worten, um ſodann mit einem allen Anweſenden
unvergeßlichen Ausdruck ſeinen Dank für die improviſierte Huldigung auszudrücken. Es habe ihn beſonders gefreut, hier in dem
ſchönen Schwaben, nicht allein in Augsburg und Nördlingen, ſon-
dern auf allen Stationen, welche er leider nur habe durchfliegen
können, einen ſolchen Empfang zu finden, beſonders wertvoll ſei
ihm, auch in dieſer ſeit früheſter Zeit geſchichtlich denkwürdigen
alten Reichsſtadt ſo freundliche Geſinnungen für ſeine Perſon an-
zutreffen. Es werde ihm dieſes immer eine ſeinem Herzen wohl-
thuende Erinnerung von ſeiner Reiſe bleiben, und er bitte, auch

ihm fernerhin das heute bewiesene Wohlwollen zu bewahren. Schon läutete es wieder zur Abfahrt, und der Fürst mußte seine Ansprache abkürzen. Noch einen dankbaren Blick auf die versammelte Menge, ein Verbeugen der mächtigen Gestalt, und der Zug sauste unter den brausenden Hochrufen der Anwesenden weiter.

Gunzenhausen, 26. Juni. Heute nachmittags 4 Uhr 14 Minuten kam mittels Extrazuges von Augsburg her Fürst Bismarck hier durch. Da hier Maschinenwechsel, so war ein Aufenthalt von ca. 5 Minuten vorgesehen. Eine kolossale Menschenmenge hatte sich eingefunden, um den Heros unseres Jahrhunderts zu schauen, zu begrüßen. Denselben sprechen zu hören, hatte man nicht vermutet. Alles sagte sich, „wenn er sich nur sehen läßt". Kaum war die mit Guirlanden reich geschmückte Lokomotive in Sicht, als aus tausend Kehlen Hochrufe ertönten, worauf noch während des Einfahrens Se. Durchlaucht Fürst Bismarck am Fenster erschien, sich nach allen Seiten verneigend. Als der Jubel kein Ende nehmen wollte, bedeutete der Fürst durch Handbewegung, daß er zu sprechen wünsche. „Silentium, Ruhe, er will sprechen", ertönte es aus der Menge, und sofort trat Ruhe ein. Bismarck, sichtlich gerührt und überrascht durch die Kundgebung, sprach nun mit kräftiger Stimme ungefähr folgendes: „Herzinnigsten Dank für die dargebrachte Ovation. Der herzliche Empfang, den mir die Einwohner Gunzenhausens sowohl als aller jener Städte dieses schönen Landstriches, den zu durchreisen ich das Vergnügen habe, bereiten, thut meinem Herzen wohl. Es freut mich namentlich, daß ich unter Ihnen viele meiner Standesgenossen sehe." — Hier deutete der Fürst auf einen vor ihm in seiner Sonntagstracht stehenden Altmühlbauern und sagte zu demselben: „Sie sind doch Landwirt, dem Habit nach zu schließen? und das bin ich nämlich auch. — Also nochmals allseits meinen verbindlichsten Dank und den Wunsch, daß es Ihnen allen wohl ergehen möge." — Stürmische Hochs folgten diesen Worten, und „Deutschland, Deutschland über alles" erklang im Chor. Während des Gesanges reichte der Fürst allen ihm zunächst Stehenden, Erwachsenen und Kindern die Hand. Die ihm reichlich dargebrachten Blumenspenden übergab derselbe der hinter ihm stehenden Frau Fürstin. — Ein hier sich seit einigen Tagen aufhaltender Deutsch-Amerikaner überbrachte dem Alt-Reichskanzler Grüße der Landsleute in St. Louis, welche der Fürst mit Dank in Wort und Händedruck entgegennahm. Auch der anwesende Reichstagsabgeordnete Lutz wurde mit einigen

Worten der verfügbaren Spanne Zeit entsprechend beehrt. Als der Zug sich nun langsam in Bewegung setzte, ertönte wiederum stürmisches „Hoch," „Hurrah," „Lebewohl!" und sich verneigend und winkend entfuhr der Einiger unseres deutschen Vaterlandes den Blicken des begeisterten Publikums. — Nach einigen Berichten gewisser, dem Alt-Reichskanzler nicht holden Zeitungen, mußte man glauben, der Fürst sei ein vom Alter gebeugter, gebrochener Greis. Aber das entspricht der Wahrheit nicht im geringsten. Außer dem Schnee des Hauptes deutet nichts auf ein Alter von 77 Jahren. In allen seinen Bewegungen ist er elastisch wie ein Mann in den besten Jahren. Sein Aussehen ist überraschend frisch, nichts von Abspannung bemerkbar, das Auge glänzend und lebhaft.

Ansbach, 27. Juni. Gestern nachmittags 4 Uhr 50 Minuten passierte der Extrazug, welcher den Fürsten Bismarck von Augsburg nach Kissingen brachte, den hiesigen Bahnhof. Schon eine Stunde vorher wogte eine dichte Menschenmenge auf dem Perron auf und ab, und je näher die Zeit der Ankunft heranrückte, desto dichter schwoll sie an. Als der Zug, dessen Lokomotive mit einem mächtigen Kranze geschmückt war, einfuhr, erschollen jubelnde Hochrufe der Menge, welche beim Erscheinen des Fürsten Bismarck am Wagenfenster in ungeheurem Enthusiasmus sich fort und fort wiederholten. Der Fürst, eine graue Reisemütze in der Hand, dankte gerührt, freundlich zuwinkend. Der Jubel steigerte sich aber ins Unbeschreibliche, als der Fürst nach der Begrüßung durch Herrn Bürgermeister Keller den Wagen verließ und sich mit den Anwesenden aus dem Beamten-, Offiziers- und Bürgerstande in freundlichster Weise unterhielt. Der Fürst dankte in bewegten Worten für die herzliche Ovation, die ihm auch in Franken zu Teil geworden sei. Die Menge stimmte die Wacht am Rhein an, als aber auch die Fürstin am Fenster erschien, wurde der Gesang durch vielhundertstimmige Jubelrufe abgelöst. Der Fürst stieg wieder ein und dankte stehend aus dem abfahrenden Zuge der dichtgedrängten jubelnden Menschenmenge.

Würzburg, 26. Juni. Der Extrazug mit dem Fürsten Bismarck hatte behufs Maschinenwechsels hier einen Aufenthalt von 5 Minuten. Eine dichtgedrängte Menge von Einheimischen und Sonntagsgästen brachte Hochrufe aus und Blumensträuße dar; der Ausschuß des nationalliberalen Vereins kredenzte einen Pokal voll „Leistwein" dem Fürsten, welcher dankend bemerkte: Sonnenschein und guter Wein sei das beste, was ein alter Mann brauche.

Unter erneuten Hurrahs und Absingen des Liedes „Deutschland, Deutschland über alles" seitens des Publikums fuhr der vom Wagenfenster aus dankende Fürst nach Kissingen weiter.

Schweinfurt, 26. Juni. Soeben — um halb 8 Uhr abends — fuhr hier Fürst Bismarck durch. Eine große Menge Menschen erwartete ihn auf dem Oberndorfer Bahnhof. Fürst Bismarck weinte vor Rührung, als ihm die Menge zujubelte. Er sprach zu den Anwesenden, daß er es dankbar empfinde, daß man in ihm nicht nur den Reichskanzler von ehedem, sondern auch sein deutsches Herz anerkenne. Nach etwa 10 Minuten Aufenthalt ging der Zug wieder fort, begleitet von den Hochrufen der Menge.

Kissingen, 26. Juni. Nach einer Reise durch Bayern, die einem Triumphzuge glich, kam Fürst Bismarck heute abends 8 Uhr hier an. Auf dem für das Publikum abgesperrten Bahnhof hatten sich die Spitzen der Behörden zur Begrüßung des hohen Kurgastes eingefunden. Badekommissär Bezirksamtmann Frhr. v. Bechtolsheim hatte den Fürsten bereits in Oberndorf begrüßt und befand sich mit im Zuge, dessen Lokomotive festlich bekränzt war. Zur Begrüßung des Fürsten waren am Bahnhof erschienen: die Offiziere des Landwehrbezirkskommandos in Uniform, als Vertreter der Stadt Bürgermeister Fuchs und der Vorstand des Gemeindekollegiums, ferner die Bezirksamtsassessoren, der hiesige Arzt des Fürsten, Postmeister und Bahnverwalter, Pfarrer Haußleiter und Baron Lochner-Heußlein, als Vorstand des hiesigen Veteranen- und Kriegervereins, dessen Ehrenmitglied Fürst Bismarck ist. Nachdem der Fürst die Anwesenden herzlich begrüßt und dabei geäußert hatte: „Wir haben eine sehr schöne Reise gehabt", begleitete Baron Bechtolsheim das Fürstenpaar zu den bereit stehenden Hofequipagen. Das auf dem Bahnhofplatz Kopf an Kopf stehende Publikum begrüßte den Fürsten mit enthusiastischen Hochrufen. Damen warfen Blumen in den Wagen, Tücher wurden geschwenkt, in einzelnen Gärten brachten kleinere Gesellschaften mit dem Weinglas in der Hand dem Fürsten Hochrufe aus. Obwohl die Kunde von der Ankunft des Fürsten, die sich ja sehr verzögert hatte, erst im Laufe des heutigen Vormittags definitiv bekannt geworden war, war doch ganz Kissingen auf den Beinen, seinen berühmtesten Kurgast festlich zu empfangen. Viele Häuser waren beflaggt. Das Café Neptun an der Straße zur oberen Saline trug eine Begrüßungsinschrift:

Nach ruhmbedeckter Siegesfahrt
Genieße unsern Frieden,
Gesundheit sei und Lebenskraft
Aufs neue Dir beschieden.

O möchten unsre Quellen doch
All ihre Wunder weisen
Dem Kanzler, der das Reich gebaut,
Dem „Mann aus Blut und Eisen"!

Auf dem ganzen langen Wege vom Bahnhof bis zur oberen Saline hatten sich Gruppen von Leuten aufgestellt, den Fürsten zu begrüßen. Auf der oberen Saline empfing Ökonomierat Streit mit Gemahlin den Altreichskanzler, der, wie immer, die altdeutsch-traulich eingerichteten Wohnräume bezogen hat. In der oberen Saline erwarteten prächtige Blumenspenden den Fürsten. Eine derselben hatte die Stadt ihrem Ehrenbürger geschickt.

*   *   *

Mit der Ankunft des Fürsten Bismarck in Kissingen schließt der erste Teil der denkwürdigen Reise. Der hohe Kurgast suchte in den Heilquellen, die ihn so oft verjüngend umrauscht hatten, Erholung, Ruhe und frische Kraft.

Die Ruhe aber wurde ihm bös gestört!

III.
Die Ächtung Bismarcks.

Noch zu der Zeit, als Fürst Bismarck in München weilte, wurde eine Unterredung bekannt, die der Alt-Reichskanzler einem Mitarbeiter der Wiener „Neuen Freien Presse" gewährt hatte. Da diese Unterredung durch die Folgen, die sie für den hohen Sprecher sowohl, wie für unser ganzes Vaterland gehabt hat, zu einer traurigen Berühmtheit gelangt ist, so ist es notwendig, den politischen Teil derselben, wie er sich in dem genannten Blatte aufgezeichnet findet, nachstehend wiederzugeben. Der Besucher erzählt:

Fürst Bismarck fuhr dann fort: Ich habe mich in Wien sehr wohl gefühlt. Es freut mich besonders, daß man in Oesterreich mehr Erinnerung hat für jene Thätigkeit, bei welcher es mir vergönnt war, m i t Oesterreich zu gehen und Oesterreich zu nützen, als für jene Thätigkeit, durch welche ich gezwungen war, g e g e n Oesterreich zu gehen. Ich habe eben als Staatsmann meines Landes gehandelt, die Politik m e i n e s Landes geführt, das Interesse m e i n e s Landes vertreten, und das war doch natürlich und selbstverständlich. Seither ist ein Umschwung eingetreten, das Bündnis wurde geschlossen, welches dem gemeinsamen Interesse dient.

‚Durchlaucht, wir betrachten heute das Vergangene im versöhnlichen Lichte der Geschichte, welche unabänderliche Thatsachen schafft, aber ich gestehe offen, daß sich die Deutschen in Oesterreich besonders hart getroffen fühlen, wenn Eure Durchlaucht . . .‘

Der Fürst fiel mir ins Wort: Wenn ich eine Phrase gebrauche, die für anti-österreichisch gilt. Nun sehen Sie, das ist so. Ich habe gewiß nichts gegen Oesterreich. Man darf mir auch nicht alles in die Schuhe schieben, was die Hamburger Nachrichten bringen. Dieses Blatt hat zu einer Zeit, wo sich alle Welt von mir zurückgezogen hat, den Mut gefunden, für mich einzutreten und sich mir anzuschließen. Das wäre ja doch undankbar, wenn ich das nicht anerkennen wollte. Aber Zeitungen zu schreiben oder zu redigieren, dazu habe ich weder die Zeit, da mich meine Korrespondenzen sehr stark in Anspruch nehmen, noch die Arbeitsfähigkeit, noch bei meinem hohen Alter die Lust. Ich empfange hie und da einen Herrn aus Hamburg, der sich mit mir über Politik unterhält, das ist aber auch alles. Man darf mir nicht alles in die Schuhe schieben, was in den Zeitungen steht unter der Formel: „Wie das Organ des Fürsten Bismarck sagt" oder „Wie von der Bismarck-Seite gemeldet wird," und was dergleichen mehr ist. Das gilt auch von der Münchener Allgemeinen Zeitung und von der Westdeutschen Zeitung. Mein Standpunkt war, daß ich den Handelsvertrag mit Oesterreich als unseren landwirtschaftlichen Interessen widersprechend gefunden habe. Dies gilt noch viel mehr von dem Vertrage mit der Schweiz, welcher übrigens auch für Sie, für Oesterreich, nicht besonders günstig ist, und außerdem von dem italienischen Vertrage, für welchen unser Weinbau die größten Opfer zu bringen hat. Beim österreichischen Vertrag beanstandete ich eben die landwirtschaftlichen Konzessionen und die Zugeständnisse fur einige Industrie-Produkte. Aber einen Vorwurf kann ich Ihren Staatsmännern daraus nicht machen, wenn sie mit Geschicklichkeit die Schwäche und Unzulänglichkeit unserer Unterhändler auszunutzen suchten. Da bin ich doch zu lange in der Politik, um dies nicht selbstverständlich zu finden. Ich habe es dem Grafen Kalnoky, den ich besuchte und nicht traf, und mit dem ich hierauf bei seinem Gegenbesuche längere Zeit gesprochen habe, ausdrücklich gesagt, daß ich es für ganz natürlich finde, wenn Oesterreich die Schwäche und Unzulänglichkeit unserer Unterhändler zu seinem Vorteile benützt hat. Das ist doch die Pflicht Ihrer Staatsmänner und Ihrer Regierung. Ich hätte es nicht anders gemacht, und auch die Schweiz hat darin Recht. Und wenn ich dagegen unseren Standpunkt verteidigte, so kann man daraus nicht schließen, daß ich eine gegen Oesterreich gerichtete Gesinnung hätte. Dieses Resultat ist dadurch eingetreten, daß bei uns Männer in den Vordergrund gekommen sind, welche ich früher im Dunklen hielt, weil eben alles geändert und gewendet werden mußte.

Das Gespräch nahm nun von selbst eine rein politische Wendung, und Fürst Bismarck sagte: Mein Standpunkt war, daß wir nach dem Jahre 1871 alles erreicht hatten, was wir zur Selbständigkeit und zu einer anständigen nationalen Existenz brauchten. Deutschland kann unmöglich die Vermehrung seines Gebietes anstreben, nach keiner Richtung, sei es nun an der französischen, holländischen, belgischen oder russischen Grenze. Was sollen wir denn auch wünschen? Wir sind gesättigt, und der Zustand Deutschlands erinnert mich an eine Äußerung des Grafen Andrassy, welcher sagte: Das Schiff Ungarns ist so voll, daß ein Pfund mehr, sei es nun Dreck oder Gold, es zum Scheitern bringen könnte. Wir haben ohnehin nichtdeutsche Elemente genug, und ein Krieg ist keine Kleinigkeit. Ich habe selbst Kriege mitgemacht. Der böhmische, der war weniger bedeutend, aber der französische, der war viel mehr. Ich schrecke vor einem notwendigen Kriege nicht zurück und selbst nicht vor einem anständigen Untergang. Aber was soll ein Krieg, der kein Ziel hat, und der, wenn uns Gott den Erfolg giebt, gar keinen Gewinn bringt? Sollen wir einen Raubzug nach Rußland unternehmen, um dort Geld zu holen? Das wäre schwer, sagte der Fürst lachend. Oder soll Rußland ähnliches in Deutschland thun? Auch Rußland kann keinen Wunsch haben, sein Gebiet auf unsere Kosten zu vermehren, denn es wird mit den Deutschen in den baltischen Provinzen ohnehin schwer fertig. Deshalb war mein Gedanke, bei der Schaffung des österreichischen Bündnisses gerade im österreichischen Interesse, und damit wir die österreichische Politik wirksamer unterstützen und fördern könnten, den Zusammenhang mit Rußland nicht zu verlieren und uns immer die Möglichkeit zu erhalten, mit der russischen Politik in Fühlung zu bleiben. Das liegt ja im österreichischen Interesse, denn was will Oesterreich? Oesterreich will den Frieden, und ich denke, Oesterreich hat Bosnier wohl genug. Nicht wahr, wiederholte der Fürst, Sie haben genug Bosnier und wünschen sich keine Vermehrung?

‚Und hat sich dieser Zustand seit der Demission Eurer Durchlaucht geändert?‘

Der Fürst antwortete mit einer raschen Wendung des Kopfes sehr energisch: Ja! Ja!

‚Wodurch?‘

Dadurch, daß wir keinen Einfluß mehr auf die russische Politik besitzen, daß wir nicht mehr in die Lage kommen, Rußland zu raten. Was kann denn ein Staatsmann thun? Er muß die Kriegsgefahr kommen sehen und sie verhüten. Es ist wie bei der Steeple-Chase. Man muß wissen, wie das Terrain ist, auf dem man sich bewegt, ob man auf Sumpf- oder auf festen Boden kommt. Man muß die Erfahrung haben, ob man die Kraft hat, ein Hindernis zu nehmen, und ob der Graben nicht zu breit ist, um über ihn hinwegzusetzen. Nicht wahr, Sie verstehen mein Gleichnis?

‚Gewiß, Durchlaucht; aber durch welche Thatsachen sind die Veränderungen in den Beziehungen zu Rußland nach der Demission Eurer Durchlaucht eingetreten?‘

Fürst Bismarck antwortete: Diese Thatsachen sind das Schwinden des persönlichen Vertrauens und somit des persönlichen Einflusses auf den Kaiser von Rußland. Ich hatte durch das Vertrauen, welches man mir schenkte, Einfluß auf den russischen Botschafter in Berlin. In der letzten Unterredung, die ich mit dem Kaiser von Rußland vor meiner Demission hatte, sagte er mir, nachdem ich ihm meine politischen Anschauungen dargelegt hatte: Ja, Ihnen glaube ich, und in Sie setze ich Vertrauen, aber sind Sie auch sicher, daß Sie im Amte bleiben? Ich sah den Kaiser von Rußland erstaunt an und sagte ihm: Gewiß Majestät, ich bin dessen ganz sicher, ich werde mein Lebenlang Minister bleiben; denn ich hatte keine Ahnung davon, daß eine Änderung bevorstehe, während der Zar selbst, wie die Frage zeigt, von der Wandlung, die sich vollziehen sollte, bereits unterrichtet sein mochte. Diese persönliche Autorität und das Vertrauen fehlen bisher meinem Nachfolger. Und daraus, daß ein solcher Faktor fehlt, welcher auf die russische Politik Einfluß zu nehmen vermag, erklärt sich die Veränderung, welche seit meiner Demission in der politischen Situation Europas eingetreten ist.

‚Und halten Eure Durchlaucht diese Veränderung für eine Verschlimmerung?‘

Fürst Bismarck sagte mit großer Entschiedenheit: Ja! Der Draht ist abgerissen, welcher uns mit Rußland verbunden hat. Ich betrachte als das Hauptziel der Politik die Erhaltung des

Friedens. Und wohin würde es kommen, wenn wir nach einem glücklichen Kriege mit Rußland zwei Nachbarn hätten, die uns mit ihren Revanche-Gedanken immer bedrohen würden, einer vom Westen und einer vom Osten? Der Krieg mit Frankreich mag unausweichlich sein. Es handelt sich da immer darum, daß der Mann sich dort finde, welcher das Pulver in das Wasser — der Fürst wies dabei auf sein Glas — schüttet, damit es aufschäumt. Das ist eine Frage, der wir im Laufe der Jahre kaum ausweichen werden. Anders ist es jedoch mit Rußland. Deutschland hat nicht das geringste Interesse daran, einen Krieg mit Rußland zu führen, und umgekehrt. Zwischen uns liegt nicht der geringste Gegensatz der Interessen. Wir haben von einander nichts zu wünschen und von einander nichts zu gewinnen. Auch Oesterreich ist ein fried-fertiger Staat, und gerade Oesterreich könnten wir dienen, wenn der Draht, der uns mit Rußland verband, nicht abgerissen wäre.

,Durchlaucht, hat sich die Lage auch durch politische That-sachen verschlimmert?‘

Wie gesagt, in erster Reihe durch die Schwächung des deutschen Einflusses auf die russische Politik. Der deutsche Bot-schafter in Petersburg hat jetzt viel weniger Einfluß als früher. Dazu treten noch andere Umstände, insbesondere die Wandlung in der polnischen Politik Preußens. Man hat einen Polen zum Erzbischof gemacht und ihm eine Stelle gegeben, welche im Interesse der deutschen Politik einem deutschen Katholiken gebührt hätte. Gewiß hat dieser polnische Bischof in Elbing eine staats-treue Rede gehalten, und er hat bezüglich der deutschen Nation besser gesprochen, als ein Pole es sonst thut, aber doch wieder den Gegensatz zu Rußland ziemlich deutlich hervorschimmern lassen. Die Politik gegenüber den Polen in Posen hat das Vertrauen, welches unsere Regierung früher in Rußland genoß, geschwächt und unseren Einfluß ebenfalls herabgemindert.

,Und ist angesichts dieser Bedenken, welche Eure Durchlaucht gegen die jetzige deutsche Politik hegen, nicht bei Ihnen das Be-dürfnis vorhanden, wieder die Leitung zu übernehmen?‘

Das ist ganz aussichtslos. Ich bin in diesem Jahre nicht in den Reichstag gegangen, nicht, weil ich mich körperlich nicht rüstig fühle, im Gegenteil. Ich war beinahe ein ganzes Jahr vor meiner Demission nicht in Berlin gewesen, habe mich sehr wohl gefühlt, was ich immer daran erkenne, wie es mir mit dem Reiten geht. Ich wäre sehr gut imstande gewesen, kraft meiner schon

früher gewonnenen Autorität im gleichen Geleise den Wagen fort-
zuziehen. Die Politik ist keine Wissenschaft, wohl aber eine Kunst,
zu deren Ausübung Erfahrung gehört. Aber jetzt — wer weiß,
ob ich in Rußland das alte Vertrauen, welches ich früher genossen,
wieder fände, und wer weiß, ob in Oesterreich? Das letztere
glaube ich wohl. Ich bin aber nicht in den Reichstag gegangen,
weil ich, wenn ich dort erscheinen würde, die Regierung en visière
ouverte angreifen müßte, gewissermaßen als Chef der Opposition.
Das würde mich in zahlreiche persönliche Gegensätze bringen. Allerdings habe ich gar keine persönlichen Verpflichtungen mehr gegen
die jetzigen Persönlichkeiten und gegen meinen Nachfolger. Alle
Brücken sind abgebrochen. Man hat davon gesprochen, mich zum
Präsidenten des Staatsrates zu machen. Warum nicht lieber zum
General-Adjutanten, da ich doch die Uniform trage? Dann könnte
ich die Minister gegen den Kaiser oder den Kaiser gegen die Minister stützen, und die Kamarilla wäre fertig. Auf solche Dinge
gehe ich nicht ein — und hier lachte der Fürst herzlich und sagte —
dazu fehlt mir doch die christliche Demut.

‚Und haben Eure Durchlaucht den Plan, in den Reichstag
zu gehen, aufgegeben?‘

Gewiß nicht, das hängt von den Umständen ab.

‚Und könnte nicht eine äußere Notwendigkeit Sie dazu ver-
anlassen, die politische Bühne wieder zu betreten?‘

Ich glaube nicht. Das ist vorüber. Der Fehler der jetzigen
Politik besteht darin, daß eben der Draht, welcher uns mit Rußland verknüpfte, abgerissen wurde. Und ob er wieder anzuknüpfen
ist, vermag ich nicht zu sagen. Wenn einmal ein falsches Geleise
eingeschlagen ist, dann ist die Lage schwierig. Fortwährend mich
auf Nebengeleisen zu bewegen und immer auszuweichen, ist überhaupt nicht meine Sache. Das ist wohl für immer vorüber.
Freilich eine Kritik des heimatlichen Zustandes kann
man einem so alten Politiker nicht verwehren. Dieses
Recht kann ich mir für die wenigen Jahre meines Lebens nicht
nehmen lassen, und ich habe nur unsere Regierung, welche unsere
handelspolitische Situation nicht genügend gewahrt hat, getadelt,
aber nicht die Ihre, welche von dieser Situation mit Recht Gebrauch
machte. Der Fürst kam dann wieder auf Wien zu sprechen und
sagte: Es klingt ein wenig wie Überhebung, wenn ich von meiner
Popularität in Wien spreche, aber ich finde kein anderes Wort,
und diese Popularität hat mich sehr gefreut. Ich war nie ein

grundsätzlicher Gegner Oesterreichs, sondern immer nur der Wahrer unserer eigenen Interessen, was man mir als vaterländischem Staatsmann nicht übel nehmen kann.

Fürst Bismarck drückte mir zweimal mit Herzlichkeit die Hand und verabschiedete mich. Ich habe in dem ganzen Gespräche kein Ausweichen wahrgenommen. Der Fürst sprach wie ein freier Privatmann, dem seine Vergangenheit den Anspruch giebt, ein Mahner und Rater seines Volkes zu sein. Fürst Bismarck zeigt nicht die Merkmale der Verbitterung, der heitere Untergrund seines Gemütes bricht stets im Gespräche hervor, welches sich wie mit einem Zaubermantel bis zu den steilsten Gipfeln der Politik erhob.

Ich verließ ihn mit dem Eindrucke, als hätte ich der Geschichte selbst ins Angesicht gesehen.

Kaum waren diese Auslassungen des Fürsten durch die Presse gegangen, als sich von den verschiedensten Seiten ein wahrer Sturm gegen den entlassenen Kanzler erhob.

Eine volle Woche schon hatten die unversöhnlichen Feinde desselben mit äußerster Beklemmung ihn auf seiner Reise verfolgt, die sich mehr und mehr zu einem Triumphzuge durch die deutschen Lande entwickelte. Von trüben Ahnungen beschlichen, die das böse Gewissen heraufbeschwor, hatte bereits vor Beginn der Hochzeitsfahrt ein freisinniges Blatt der Befürchtung Ausdruck verliehen, die Reise des Alt-Reichskanzlers könne, wenn auch nicht den Zweck, so doch zum mindesten das Resultat haben, die Verwendung fremder Fürsten für seine Rückkehr in das Amt oder doch für die Wiederherstellung seines Einflusses in irgend welcher Form herbeizuführen. Nun, die „fremden Fürsten" benahmen der tapfern Rotte, die schon vor dem Gespenst des wieder in Gnaden stehenden Kanzlers sich unter die durchlauchtigsten Flügel verkroch, alsbald selbst und gründlich ihre Furcht. Allein das Volk war bös und unlenksam. Kein Hinweis auf die früheren Gewaltthaten des reisenden Greises vermochte den Strom der Begeisterung einzudämmen, der ihn rings umwogte. Die Verlegenheit machte die Bismarckfeinde bereits kindisch. Der Enthusiasmus von Hunderttausenden sollte „künstlich“ erzeugt sein; „Pressionen“ sollten stattgefunden haben zugunsten des Alten, von dem kein einziges Ordensbändchen mehr zu erlangen war. Oder gar die Partikularisten waren es, die plötzlich vor dem Einiger der Deutschen im Staube lagen! So dumm macht blinder Zorn, daß, die solches behaupteten, gar nicht bedachten, daß es doch vielleicht Leute gäbe, die neugierig ihre Nasen in die „duftigen“ Spalten des Sigl'schen Vaterlands und anderer Sonderbündler=Blättchen steckten und den scheinheiligen Schützern des Deutschen Reichs sofort die schrecklichste Verleumbung der biederen Partikularisten nachweisen konnten! — Da endlich kam unverhoffte Hilfe. Der in Berlin noch schweigen durfte, hatte in Wien geredet und er hatte sich einen Strick an den Hals geredet. Nun war der Jubel groß. Er selbst mit seiner furchtlosen Offenheit war ihnen ins Garn gelaufen! Die Meute hatte ihn, er sollte nicht mehr entrinnen! Landes= und Hochverräter — diese Schlagworte trafen hinfort sein greises Haupt. Jedoch auch diese neuesten Wutanfälle des Bismarck=feindlichen Kartells wären an dem Kerne der Nation wirkungslos abgeglitten, wenn nicht eine unselige Verblendung die „neuen Männer“, die unsere Geschicke leiteten, veranlaßt hätte, in den Streit einzugreifen. Der Vorwurf der Felonie wurde von ihnen aufgenommen. Die „Norddeutsche Allgemeine Zeitung“, jenes Blatt, das dem Fürsten Bismarck Leben und Gedeihen verdankte und nun im Solde seiner Nachfolger stand, eröffnete den Kampf gegen den Gründer

des Deutschen Reichs. Der schärfste ihrer gegen diesen ge=
richteten Aufsätze lautete wörtlich:

„Fürst Bismarck hat auf der Reise zu den Vermählungs=
feierlichkeiten seines Sohnes, des Grafen Herbert Bismarck, in ver=
schiebenen Städten begeisterte Huldigungen erhalten. Die ganze
Nation hat darin den Dank für eine ruhmvolle Vergangenheit
gesehen. Abordnungen, die ihm huldigend nahten, hatte der Fürst
mit Vermeidung politischer Anspielungen geantwortet. Wer beschreibt
jedoch das schmerzliche Erstaunen der patriotischen Kreise über das
Gespräch, welches der Fürst am 23. Juni mit einem Mitarbeiter
der Neuen Freien Presse in Wien geführt hat, und welches von
dem genannten Blatt in seiner Morgenausgabe vom 24. Juni
veröffentlicht worden ist! Der wesentlichste Teil der Äußerungen,
die wir seit Jahren in Blättern gelesen, die sich in den persönlichen
Dienst des Fürsten Bismarck gestellt, wird nun durch den Mund
des Fürsten sein Eigentum. Vor dem Vertreter der Zeitung eines
Deutschland eng befreundeten, aber völkerrechtlich fremden Staates
tadelt der Fürst die Unfähigkeit der Unterhändler des deutsch=
österreichischen Handelsvertrages und wünscht dann dem Vertreter
des großen österreichischen Blattes Glück, weil Oesterreich die Schwäche
und Unzulänglichkeit der deutschen Unterhändler zu seinem Vorteile
benutzt habe. Von einem begründeten Urteil ist hier nicht die Rede;
was wir hören, ist nur eine Verurteilung, ausgesprochen vom ein=
seitigsten Gesichtspunkt anspruchsvoller Einzelvorteile. Eines Tages
hat Fürst Bismarck im Reichstag oder in einem der Häuser des
Landtags sich der Gewißheit vermessen, daß niemals er, der die
Aufgabe des Regierens mit ihren unendlichen Mühen durchgekostet,
einem Nachfolger Schwierigkeiten bereiten werde. Damals war es
nämlich des Fürsten Lieblingswort, das er auch immer wieder in
die Zeitungen brachte: es könne ihm nichts Willkommeneres ge=
schehen, als bald einen Nachfolger zu erhalten, er sei des Regierens
müde, könne die Last kaum noch tragen, nur die Rücksicht auf den
alten Kaiser halte ihn noch im Amt u. s. w. Hatte er etwa nicht
Grund, sich jener Worte jetzt zu erinnern? Niemand vermag in
dem Grade wie Fürst Bismarck zu erkennen, daß nicht durch das
Ungeschick der Unterhandlung Deutschland zu wirtschaftlichen Zu=
geständnissen an die Staaten geführt worden ist, mit denen es
neuerdings Verträge geschlossen hat; Deutschland war vielmehr in
der Zwangslage, bei dem Ablauf einer Reihe von Tarifverträgen,

bei deren Ausführung unserem Staat die Meistbegünstigung gesichert war, einem gefährlichen Verschluß seiner bisherigen Märkte zuvorzukommen. Wir wußten längst, daß der Fürst behauptet, durch seinen Rücktritt von der Staatsleitung sei eine Verschlechterung des Verhältnisses zwischen Deutschland und Rußland herbeigeführt worden. Als der Unterredner des Fürsten ihn fragt, durch welche besonderen Thatsachen denn nach des Fürsten Rücktritt die ungünstige Veränderung in den deutsch-russischen Beziehungen eingetreten, da antwortet der Fürst, daß mit seinem Rücktritt der persönliche Einfluß auf den Kaiser von Rußland geschwunden, dessen persönliches Vertrauen der Fürst besessen habe. Hier liegt eine der seltsamsten Selbsttäuschungen vor. Wer war genötigt, das Verteidigungsbündnis gegen Rußland im Jahre 1879 mit Oesterreich zu schließen? Fürst Bismarck! Wer hat im Jahre 1887 die Lombardierung der russischen Staatspapiere durch die deutsche Reichsbank verboten? Fürst Bismarck! Das mißliche Verhältnis zu Rußland ist die Erbschaft, die Fürst Bismarck seinem Nachfolger hinterlassen. Sollte aber hiergegen der Fürst behaupten, durch seine Unterredungen mit dem Kaiser von Rußland im Herbst 1887 und im Herbst 1889 habe er jedes Mißtrauen und jede Verstimmung auf russischer Seite beseitigt, so möge er sich doch die russischen Zeitungen vom Anfang des Jahres 1891 vorlegen lassen. Ohne Ausnahme haben diese Zeitungen das Jahr 1890 als ein glückliches für Rußland gepriesen, weil es die Entfernung des Fürsten Bismarck aus seinem hohen Amt gebracht habe. Einige Änderungen dieser Ansicht haben die seitdem ununterbrochen fortgesetzten Bemühungen des Fürsten, sich als den wärmsten Freund Rußlands hinzustellen, allerdings zuwege gebracht. Aber im Grashdanin, einem Blatt, das, wie uns oft versichert worden, jeden Tag auf dem Arbeitstisch des russischen Kaisers liegt und auch von der kaiserlichen Familie gelesen wird, in diesem Blatte lesen wir noch am 18. Juni (6. Juni a. St.) folgendes in einem Artikel, der die Ueberschrift trägt „Drei Etappen": Im gegenwärtigen Augenblick, wo Deutschland sich vielleicht am Vorabend einer entsetzlichen Katastrophe befindet, die es den direkten Folgen der Bismarck'schen Politik verdanken wird, ist es angezeigt, einen Rückblick auf diese Politik zu werfen . . . . Es war dem Fürsten nicht beschieden, heißt es am Schlusse, Rußland seine Dankbarkeit auf dieselbe Weise zu bezeigen, wie er sie 1866 Oesterreich — für seine Hilfe im dänischen Krieg — und 1870 Frankreich —

für seine Neutralität im österreichischen Krieg — bezeigt hatte, aber einige Vorbereitungsmaßregeln dazu hatte er bereits getroffen. Ein Zeugnis persönlichen Vertrauens angesehener Kreise Rußlands auf die ehrliche Russenfreundlichkeit des Fürsten Bismarck vermögen wir aus diesen Worten nicht herauszulesen. Aber vielleicht sagt der Fürst von solchen Äußerungen, sie haben lediglich den Wert der Druckerschwärze, und er verlasse sich auf sein persönliches Verhältnis zum Kaiser Alexander. Wie nun, wenn entgegengesetzte Zeugnisse, die mehr als den Wert von Druckerschwärze haben, von russischer Seite vorliegen sollten, allerdings nicht der Öffentlichkeit, die aber eines Tages an das Licht der Öffentlichkeit treten könnten! Welches würde dann das Urteil der Öffentlichkeit sein über den Scharfblick eines Staatsmannes, dessen sicherer Blick bisher den Völkern Europas für unübertroffen galt? Wenn dann aber des Fürsten Rat nach seiner eigenen Ansicht dem Deutschen Reich so unentbehrlich ist, so lag seinem österreichischen Unterredner in der That die Frage nahe, warum der Fürst nicht in den Reichstag gehe? Die seltsame Antwort lautet: weil er dann die jetzige Regierung en visière ouverte angreifen müsse. Wir sollten denken, wenn das Visier vor einem Vertreter des österreichischen Journalismus und durch diesen vor dem österreichischen Publikum und weiterhin vor aller Welt aufgezogen worden, so hat die Scheu vor dem offenen Visier an jedem anderen Orte keinen Sinn mehr. Ist der Fürst nicht bereits der „Chef der Opposition", oder wem ist diese Opposition noch Geheimnis? Weiterhin sagt der Fürst zur Rechtfertigung seiner Enthaltung, die ihm, soviel wir wissen, von maßgebender Stelle noch nicht schwer gemacht worden ist, der Wagen der deutschen Politik sei einmal auf ein falsches Geleise geführt, und diesen Wagen nunmehr, immer ausweichend, auf Nebengeleise zu lenken, sei nicht seine Sache. Dagegen scheint es die Sache des Fürsten zu sein, die schwierige Lenkung des Wagens durch gewaltsam erregtes Mißtrauen in die Führung bei Freund und Feind mit allen Kräften zu gefährden. Ob dies wohl patriotisch ist? Eine Äußerung des Fürsten Bismarck, welche den Kaiser mittelbar beschuldigt, bereits im Herbst 1889 von der Absicht, den Fürsten Bismarck zu entlassen, den Kaiser von Rußland unterrichtet zu haben, widerstrebt so sehr dem monarchischen Gefühl, daß wir dabei nicht verweilen mögen. Aber alles, was der Fürst in dem Wiener Gespräch gesagt, wird überboten durch einen Artikel der Westdeutschen Allg. Ztg. vom 26. Juni. Wiederum wird der Fürst hier redend eingeführt gegenüber einem seiner Gäste in Friedrichsruh, der weiter nicht bezeichnet wird. Die abfälligen Urteile über den gegenwärtigen Reichskanzler sind so wenig unerwartet, daß sie uns hier nicht zu beschäftigen brauchen. Aber wiederum wird die Ehrfurcht vor dem Kaiser durch die vollkommen willkürliche Behauptung verletzt, der verstorbene Windthorst könne seine vor der Entlassungskrise gethane Äußerung, daß General v. Caprivi der Nachfolger sein werde, nur aus dem Munde des Kaisers gehabt haben. Die Äußerung Windthorst's ist unbeglaubigt, und der verstorbene Zentrumsführer war andererseits ein Mann, der vieles vorauszusehen glaubte, was ihm aus keinem Munde verbürgt worden. Wenn dann sogar behauptet wird, der Kaiser habe den Fürsten unter Gründen der Gesundheitsschonung von Berlin und von dem lebendigen Zusammenhange der Dinge ferngehalten, so werden alle, die diesen Dingen nahe gestanden, mit Schrecken erkennen, daß die Erinnerungen des Fürsten bereits anfangen, sich völlig zu verwirren. Auf einmal behauptet der Fürst, es sei keineswegs sein Bedürfnis und sein Wunsch gewesen, daß er so oft und so lange von Berlin abwesend war. Wie oft hat er nicht öffentlich und vor aller Welt diese Abwesenheit mit seinem Gesundheitszustand begründet. Es ist ein Anblick ohne Beispiel, daß ein Staatsmann und Held den größten Beitrag leistet zur Erfüllung der teuersten, aber für unerreichbar gehaltenen Wünsche seines Volkes, daß er dann aber, weil er nicht der Führer seines Werkes geblieben, alles thut, um die Führung zu vereiteln und das Werk der Zerstörung auszusetzen. Ein Mann, der solches unternimmt, kann allerdings sich der gewaltigen Stärke seiner Stellung bewußt sein. Ihn angreifen in seinen Fehlern und seinem verderblichen Beginnen, heißt einen großen Nationalbesitz, den eine bis zum Ende bewährte Meisterschaft darstellen würde, antasten und vielleicht der Vernichtung preisgeben. Denn die Mehrheit der Völker, vor allem die uns nicht wohlwollenden Nationen, würden in dem Angriff auf den Thäter mit einem Schein von Recht auch die Preisgebung seiner Schöpfung sehen. So stehen die Männer, denen die ehrenvolle Berufung zu teil geworden, das Werk des Fürsten Bismarck fortzuführen, vor der Aufgabe, ihre Arbeit vor allem zu schützen vor dem Mann, dessen Schöpfung sie erhalten sollen. Es ist eine peinliche Wahl für einen Zugführer, entweder den Zug über die Hindernisse brausen zu lassen, die von dem früheren Führer auf die Schienen geworfen

werden, damit aber den Zug der Zerschellung auszusetzen, oder
die Hindernisse fortzuschleudern, und damit einen Mann zu treffen,
der die lenkbare Kraft erst geschaffen. Diese Wahl zu vermeiden,
ist der Selbstbeherrschung der leitenden Männer bis jetzt gelungen.
Es scheint, daß der Fürst durch eine immer weiter getriebene Rück-
sichtslosigkeit die leitenden Männer dazu zwingen will, den Kampf
gegen ihn aufzunehmen. Niemand kann den Umfang des Schadens
ermessen, den der Fürst dem eigenen Vaterlande zuzufügen willens
ist. Niemand kennt die Waffen, die er glauben mag, bereit zu
haben; aber die Pflicht, die höchsten Güter der deutschen
Nation auch gegen den Mann zu verteidigen, der diese
Güter einst am meisten gefördert, darf von den Führern
des Staates weder verkannt, noch zurückgewiesen werden."

„Wir haben den vorstehenden Ausführungen der „Norbb.
Allg. Ztg." von unserm Standpunkte aus nichts hinzuzufügen!" — so lautete das Urteil, welches die „Freisinnige Zeitung" unter die Leistung des offiziösen Blattes
setzte! — Was wollte man mehr? Der Standpunkt der
Regierung und derjenige Eugen Richter's der gleiche: wem
diese Eintracht nicht die Augen öffnete, dem war nicht zu
helfen!

Der Löwe, den man nun gemeinsam vernichten wollte,
hatte als erste Antwort auf das betrübte Kopfschütteln der
„Norddeutschen" nur das Wort: lächerlich! Lächerlich sei
es von dem langjährigen Untergebenen, seinem Herrn und
Meister Vorschriften über öffentliches Wohlverhalten machen
zu wollen! — Aber das deutsche Volk lachte nicht! Es ging
ein Schauer durch seine Glieder. Es sah mit hohlem Auge
dem Drama zu, das sich vor ihm zu unheilvollem Knoten
schürzte. „Ein einziger Mißgriff der derzeit Regierenden
kann diese Streitsache in die Bahnen der Tragödie leiten,
welche, wie immer man über den früheren Reichskanzler
denken mag, nicht allein eine „Tragödie Bismarck" sein

würde." So warnte selbst ein Blatt der demokratischen
Partei! —

Wir haben die Äußerungen des Fürsten Bismarck zu
seinem Wiener Interviewer bisher mit keinerlei Anmerkung
versehen. Wir sind auch nicht berufen, sie kritisch zu unter=
suchen. Die nationale Presse hat sich Mühe gegeben, den
Lesern klar zu machen, wie nur gänzliches Verranntsein in
blinden Haß dem entlassenen Minister ein Recht zu bestreiten
vermöge, das jedem Staatsbürger verfassungsmäßig gewähr=
leistet sei. Darüber braucht man im Ernst nicht zu ver=
handeln. Aber zwei Punkte sind es hauptsächlich, die in
jener Unterhaltung Anstoß erregt haben und die nicht bloß
den Feinden des Gestürzten die willkommenste Handhabe zu
ihrer Hetze gegen ihn geliefert, sondern für einige Zeit weite
Kreise von sonst ruhig und gerecht denkenden Bürgern an
dem Patriotismus des großen Mannes irre werden ließen.
Die Äußerungen über Rußland wurden als demütigend
und als nicht wahr bezeichnet, denn der Draht mit dem
nordischen Nachbarreiche sei noch von Bismarck selbst zer=
rissen worden. — Es ist allgemein bekannt, wie es gerade
nach dem Abschluß des Bündnisses mit Österreich das un=
ausgesetzte Bemühen des alten Kanzlers gewesen ist, trotz
dieser notwendig gewordenen Verteidigungsthat zwischen den
auseinandergehenden Interessen der beiden älteren Kaiser=
reiche eine vermittelnde Stellung zu behaupten und niemals
die fest gegründete Freundschaft mit Österreich=Ungarn von
unvorsichtigen Heißspornen zu Handlungen ausnutzen zu
lassen, die das Mißtrauen und eine daraus sich ergebende
Feindseligkeit des Zaren hervorrufen könnten. Daß aber
der Zar diese Thätigkeit des großen Staatsmannes kannte

und wohl zu würdigen wußte, hat er mehr als einmal be=
wiesen. Was hätte ihn anders bewogen, bei der jüngsten
Zusammenkunft mit unserm Kaiser in Kiel dem Grafen
Waldersee Grüße für den Einsiedler von Friedrichsruh auf=
zutragen? — Was bedeutete die sehr bemerkte Teilnahme
gerade des russischen Botschafters in Berlin an den Wiener
Hochzeitsfeierlichkeiten, die durch das Fernbleiben aller An=
gehörigen der deutschen und österreichischen Diplomatie so
traurig ausgezeichnet wurden? — Es war die einfache Be=
stätigung dessen, was Bismarck in die Worte übersetzte: der
Draht mit Rußland ist abgerissen seit dem Schwinden des
persönlichen Vertrauens und somit des persönlichen Ein=
flusses auf den Kaiser von Rußland! —

Noch mehr als des Fürsten Äußerungen über unsere
Beziehungen zu Rußland hat das herbe Urteil verstimmt,
das jener über die deutschen Unterhändler fällte, die den
Handelsvertrag mit Österreich zum Abschluß brachten.

Dazu ist zu bemerken, einmal, daß die Verleumder
des Altkanzlers selbst es waren, die ihn zu diesen Worten
nötigten. Sie hatten ausgesprengt, er unterwühle die öster=
reichische Freundschaft durch gehässige Kundgebungen gegen
den Bundesgenossen. Er habe gegen den Handelsvertrag
agitiert und polemisiert. Fürst Bismarck durfte den Ver=
dacht, daß er selbst an der Zerstörung seines großen Friedens=
werkes arbeite, nicht auf sich sitzen lassen. In Tetschen
hatte er die allgemeine Versicherung gegeben, daß ihm das
nicht einfalle. In Wien erklärte er seinem Besucher im
einzelnen: Ich halte den Handelsvertrag mit Österreich dem
Wohle meines Vaterlandes für zuwider. Aber ich mache
daraus Österreich keinen Vorwurf. Ich finde es im Gegenteile

selbstverständlich, daß das Nachbarreich mit Geschicklichkeit die
Schwäche und Unzulänglichkeit unsrer deutschen Unterhändler
auszunutzen suchte. Ich hätte und habe es in gleicher Lage
stets ebenso gemacht. — Die so übel vermerkte Äußerung
war also eine einfache Verteidigung des Fürsten gegen ent=
stellende Auslegung seiner Worte. Aber weiter! Sie war
auch der Ausdruck einer Überzeugung, die längst nicht mehr
Fürst Bismarck allein teilte, die vielmehr breite Schichten
des Volkes durchdrang und auch bereits mehrfach rückhalt=
los ausgesprochen war. Durfte Fürst Bismarck nicht sagen,
was andere gesagt hatten? Sollte er allein schweigen,
wenn er die Geschäfte seines Vaterlandes in ungeschickten
Händen sah? Oder sind wir soweit gekommen, daß wir uns
für die Schläge, die eine kurzsichtige Regierung uns ver=
setzt, höflichst zu bedanken haben? Wozu dann unsere Ver=
fassung? Wozu das Recht des freien Worts, wenn nur
das Wort frei ist, das gefällt? — Bitter hat der große
Menschenkenner von Friedrichsruh die Begriffsverwirrung
in unserm politisch teilweis noch so kindlich denkenden Volke
gegeißelt, als er in Jena sprach: „Mancher glaubt dem
lieben Gott zu gehorchen und er gehorcht nur dem
Geheimrat!" — Und wozu das Bemänteln offenbarer
Schäden?

Fürst Bismarck hat übrigens selbst auf die Vorwürfe
in einer späteren Unterredung geantwortet, die dem Mit=
arbeiter eines Münchener und zwar keines Bismarck=Blattes
in Kissingen gewährt wurde. Sie ist in vieler Hinsicht be=
merkenswert und möge hier folgen:

Die Besprechung fand in dem kleinen, einfach und bescheiden
eingerichteten Arbeitszimmer des Fürsten statt. Der Fürst hieß

mich nach einer herzlichen Begrüßung und nachdem ich ihm für die
Ehre des Empfanges gedankt, in einem Lehnstuhl am Fenster Platz
nehmen, rückte mit meiner Hilfe einen anderen Lehnstuhl für sich
heran und ließ sich darin nieder. Der Fürst kam zunächst auf die
Eindrücke der letzten Tage zu sprechen. Mit inniger Rührung wies
er auf die spontanen, so von Herzen kommenden Ovationen hin,
die ihm überall entgegengebracht worden. Er sei in seinem Leben
schon viel mit hohen und höchsten Persönlichkeiten auf Reisen gewesen, er habe aber eine ähnliche herzliche, unmittelbare Begrüßung
noch nicht erlebt. Am meisten freue ihn die Herzlichkeit und die
gemütvolle Art, mit der er im Süden Deutschlands empfangen
worden. Ueberall, wo er hinkam, streckten ihm die Leute die Hände
entgegen und wollten ihm die Hand drücken. Seine Hand thue
ihm oft recht weh, aber das mache nichts. Nur habe er gefürchtet,
es könnte einmal ein Unglück passieren. Wie leicht sei es möglich,
daß besonders Kinder unter die Eisenbahnräder kämen. Er sei
übrigens in der großen „Blumenschlacht" der letzten Tage etwas
verwundet worden. Die Drähte eines Blumenbouquets, welches
ihm gerade unterhalb des Auges in das Gesicht geworfen worden
sei, haben ihn verletzt, so daß er die ganze Nacht über Schmerzen
gehabt habe und kalte Umschläge machen mußte. Es sei ja dies
alles gewiß recht gut gemeint.

Dann nahm der Fürst mehrere Zeitungen in die Hand, in
welchen mit Blaustift einige Artikel gezeichnet waren, und las zuerst aus dem Begrüßungsartikel der „Münchener Neuesten Nachrichten" folgenden Passus vor: „Aber ein Mann von der historischen Größe Bismarcks sollte an denen, die ihm wehe gethan
haben, edlere Rache nehmen und nicht den blitzenden Strahlenkranz
seines Ruhmes selbsteigener Hand mit düsteren Schleiern umhüllen."
Der Fürst fügte mit überzeugungsvollem Ausdruck hinzu: „Rache
zu nehmen ist nicht mein Zweck und nicht meine Absicht, das liegt
mir ganz fern. Wozu sollte ich mich denn rächen und an wem?
Am allerwenigsten an meinem Nachfolger, der mir ja nie etwas
zu Leide gethan hat. Rachsüchtig bin ich durchaus nicht. Man
sagt zwar: „Der Prophet gilt nichts in seinem Vaterlande". Aber
wenn ich doch hie und da meine Stimme vernehmen lasse,
so thue ich das zum Besten des Vaterlandes. Ich will,
soweit meine Erfahrung reicht und meine Autorität noch Geltung
hat — und nach dem Lärm und dem Aufheben, das man in der
ganzen Welt über jede meiner Äußerungen macht, scheine ich sie

noch zu besitzen —, jene Handlungen der jetzigen Regierung, die ich für eine gedeihliche Entwickelung des Landes nicht zuträglich finde, beeinflussen und sie, der Ausdruck ist wohl nicht anmaßend, korrigieren. Dies allein ist meine Absicht."

Ueber die Handelsverträge äußerte der Fürst: „Ich bin überzeugt, daß die Handelsverträge unsern Interessen widersprechend sind. Sie sind nach Inhalt und Form nicht nach meinem Sinn. Ich erwähne nur," fuhr der Fürst fort, „das Allgäu mit den Vieh- und Käsezöllen und vor allem auch die durch die Zollgesetzgebung geschädigten Weingegenden. Dann hat man auch, um ein weiteres Beispiel anzuführen, die Papierfabrikation durch Konzessionen an Oesterreich preisgegeben. Die Gegenden in Oesterreich, wo große Holzbestände und billigere Arbeitskräfte als bei uns sind (Galizien), haben einen großen Teil unserer Papierindustrie brach gelegt. In Varzin befindet sich eine Papierfabrik, — sie gehört nicht mir," fügte der Fürst bei, — „die sehr unter den jetzigen Verhältnissen zu leiden hat, und wenn ich nicht irre, mußte sie sogar ihren Betrieb einstellen. Besonders aber die Art und Weise, wie die Handelsverträge durchgepeitscht worden sind, muß zu ernsten Bedenken Anlaß geben. Die ängstliche Geheimhaltung und die Vorenthaltung vor der öffentlichen Kritik habe ich für einen großen Fehler gehalten. Ich hätte den Entwurf, so wie ich ihn für gut befunden hätte, zuerst publiziert und die Stimmen der weitesten Kritik gesammelt und dann mir von Fachleuten, wie ich es immer that, nach sorgfältigen Informationen Gutachten verschafft und dann erst gehandelt."

„Man hat mir vielfach den Vorwurf gemacht, daß ich selbst der Autorität des Parlamentes am meisten gegenüber getreten sei. Ich habe, das kann ich wohl behaupten, wenigstens die äußere Form immer auf das Sorgfältigste dem Reichstag gegenüber gewahrt. In früheren Jahren, zur Zeit meines Kampfes mit dem Landtag, da war ich noch ein reaktionär-militärischer Junker, der in einer Zeit sich die Stärkung des Königstums und der Monarchie zur Aufgabe gestellt, als der König selbst nicht mehr weiter regieren wollte, die Abdikationsurkunde bereits unterzeichnet hatte und niemand das Ministerium übernehmen wollte. Ich glaube," meinte der Fürst mit humorvollem Lächeln, „das ist mir auch, vielleicht in zu starkem Maße, gelungen. Damals habe ich schwere Kämpfe mit dem Parlament geführt. Heutzutage ist das nicht mehr nötig, da die Verfassung in gerechter Würdigung die gegenseitigen Befugniffe austeilt, die von beiden Seiten geachtet werden sollten. Parlament und Presse halte ich aber für ein notwendiges Korrektiv für die Regierung."

Im weiteren Verlaufe der interessanten Unterhaltung wurde auch die Frage gestreift, ob der Partikularismus zunehme oder nicht. Der Fürst meinte, wenn das Vertrauen zu der Zentrale in Berlin abnehme, wende sich das Denken und Fühlen naturgemäß mehr engeren Verhältnissen zu. Er glaube aber, und zwar sei das seine vollste Überzeugung, daß der Partikularismus in Deutschland nie und nimmer eine Form annehmen werde, die dem Bestande des Reiches auch nur irgendwie gefährlich werden könne. Das sei ganz ausgeschlossen. Im Augenblick der Not und der Gefahr sei alles einig.

Der Fürst blätterte hierauf wieder unter den bereit gehaltenen Preßäußerungen über das Wiener Interview und kam auf die Beziehungen zwischen Rußland und Deutschland zu sprechen. „Ich bin", sagte er ungefähr, „vielfach irrig verstanden worden. Man wirft mir vor, daß ich mich in Wien als Schöpfer des deutsch-österreichischen Bündnisses habe feiern lassen, während ich anderseits beklage, daß der Draht zwischen Deutschland und Rußland abgeschnitten sei! Die Sache liegt doch sehr einfach. Das Bündnis verdanken wir zunächst dem äußeren Anlaß, daß von Petersburg äußerst ungeschickte kaiserliche Briefe nach Berlin gesandt worden waren. Man muß doch ins Auge fassen, daß das Bündnis mit Oesterreich nur ein Defensivbündnis ist. Es soll nur die Sicherheit dafür geben, daß Oesterreich und Deutschland nicht angegriffen werden können. Es war dies eine Sicherstellung, die auf Gegenseitigkeit beruht. Unsere guten Beziehungen zu Rußland konnten trotzdem fortbestehen bleiben, da ja in Petersburg genau bekannt war, daß das Bündnis nur einen defensiven Charakter trage. Man konnte doch Oesterreich nicht zumuten, wegen ein paar Hammeldieben an der Donau sich in einen Krieg zu verwickeln. Oesterreich und Rußland waren die gegnerischen Mächte und unsere guten Beziehungen zu Rußland hätten uns stets erlaubt, Mißverständnisse zu beseitigen und „für Oesterreich ein gutes Wort einzulegen". Ich muß nochmals versichern, daß ich das Vertrauen des Kaisers Alexander III. im höchsten Maße genossen habe, und es ist ganz falsch, was zum Beispiel der „Berliner Börsenkurier" in Nr. 316 schreibt; dort heißt es: „Es ist doch sattsam bekannt, daß Fürst Bismarck außerordentliche Mühe hatte, dem Zaren Ale-

rander die Beweise dafür zu erbringen, daß die Schriftstücke gefälscht waren, welche bei dem russischen Selbstherrscher die Meinung
an der Zweizüngigkeit der deutschen Politik in der bulgarischen
Angelegenheit hervorgerufen hatten." In jener Unterredung im
Jahre 1889 genügte allein meine mündliche Versicherung, daß die
Schriftstücke, welche sehr geschickt mit Stempel und Unterschriften
gefälscht waren, — sie waren angeblich zwischen dem Fürsten Ferdinand von Bulgarien und der Gräfin von Flandern gewechselt
worden — unecht waren. Fürst Ferdinand von Bulgarien hat
mich in München bei unserer Unterredung wieder an jene Dinge
erinnert. Meiner mündlichen Versicherung schenkte der
Zar sofort das vollste Vertrauen. Ich war darüber sehr
gerührt. Die guten Beziehungen zu Rußland beruhen
lediglich auf dem Vertrauen, das ich bei Sr. Majestät
dem Kaiser von Rußland hatte. Er sagte damals noch:
„Ihnen schenke ich mein vollstes Vertrauen, wenn ich nur die
Garantien hätte, daß Sie auch immer Minister blieben". Ich
sagte: „Ich denke wohl, Majestät, daß ich bis zum Ende meiner
Tage die Geschäfte führen werde", da ich keinen Grund hatte,
anderer Meinung zu sein."

Im weiteren Gange der Unterhaltung äußerte sich der Fürst
auf meine Anfrage auch über die vom ganzen deutschen Volk so
sehr gewünschte und jüngst wieder in Aussicht gestellte Versöhnung zwischen dem Alt-Reichskanzler und dem Kaiser.
Der Fürst entgegnete mit sichtlicher Rührung: „Ich bin bei dem
Kaiser in Ungnade gefallen und ich weiß heute noch nicht warum.
Von einer Versöhnung kann man doch nicht sprechen. Der Kaiser
ist ja nicht", meinte der Fürst lächelnd, „bei mir in Ungnade gefallen. Wenn Se. Majestät die Ungnade aufhebt, wäre das Verhältnis ja das alte. Ich glaube gewiß, daß Intriguen mit unter-
gelaufen sind. Der Kaiser hätte ja gewiß sein eigener Kanzler
sein können, das Ausscheiden aus meinem Amte hätte mich nicht
geschmerzt, aber tief schmerzt mich die Form, in der es geschehen
ist. Ich habe zwar immer gedacht", fuhr der Fürst gerührt fort,
„daß ich die Geschäfte erst niederlege, wenn mich Krankheit dazu
zwingen oder der letzte Seufzer dieser Brust sich entringen werde."

Nach einer kurzen Pause, während welcher der Fürst mit
mir anstieß und einen kräftigen Schluck aus seinem Glase nahm,
führte der Lauf des Gesprächs auch zum preußischen Volks-
schulgesetz. „Das Gesetz an sich", meinte der Fürst, „wäre nicht

so sehr gefährlich gewesen. Es kommt hierbei alles auf die Ausführung an. So wie die Dinge sich entwickelten, wäre es aber ein „Kulturkampf mit anderer Front" geworden, die Regierung mit dem Centrum auf der einen Seite. Das Gefährlichste an der Sache war der Rückzug. Es ist in der Politik immer besser und für das Ansehen der Regierung vorteilhafter, auf dem einmal beschrittenen Wege weiterzugehen."

Zum Schlusse äußerte der Fürst nochmals seine Genugthuung über den großartigen Empfang, den er auf seiner Reise gefunden. In Wien habe es ihm recht gut gefallen und er werde sich stets an den dortigen Aufenthalt erinnern. Lebhaft bedauere er, daß er den guten Kaiser Franz Josef nicht angetroffen habe, der ihm stets ein so gnädiger Herr gewesen.

Er fühle sich jetzt so frisch und behaglich, fern von den Geschäften, und er habe neuen Mut geschöpft, im Winter nach Berlin zu kommen und sich im Reichstage sehen zu lassen. Es seien zwar dort alle Beziehungen zwischen ihm und den aristokratischen und offiziellen Kreisen abgebrochen. Es sei eine große Erkältung eingetreten, seitdem er aus dem Amte geschieden. Man wolle eben nach oben nicht anstoßen.

Während des letzten Teiles der Unterredung hatte sich die große schwarze Dogge, ein prächtiges Tier, vom Boden erhoben und schmeichelte dem Fürsten. Der Fürst meinte, das Tier mache ein so gescheites Gesicht, als ob es verstehe, was gesprochen werde. „Sehen Sie, das ist noch ein Geschenk des jungen Kaisers", fügte der Fürst hinzu.

Mehrmals wurde der Fürst aufmerksam gemacht, daß der Wagen zur nachmittägigen Spazierfahrt bereit stehe, aber immer wieder folgte ein neuer Gedanke dem anderen.

Es ist rührend und giebt zugleich ein Bild von der geistigen Frische des Altkanzlers, mit welch jugendlicher Kraft er noch die einzelnen Phasen des öffentlichen Lebens verfolgt, wie sehr er noch mit seinem ganzen Fühlen und Denken an dem Gange der Ereignisse und des Staatslebens teilnimmt. Eine Unmasse Zeitungen aller Schattierungen bilden seine tägliche Lektüre.

Mit einer Einladung, wieder zu kommen, schüttelte mir der Fürst die Hand, indem er noch auf ein Zeitungsblatt hindeutete, dessen Ausführungen ihm Anlaß zur Darlegung seines Standpunktes in anderen Fragen zu geben schienen.

Diese Verteidigung des Fürsten blieb wie alle andern Vernunftgründe dem entfesselten Sturme gegenüber frucht= los: „Bismarck war der große Sündenbock!"

Es sei unerhört, vor dem Auslande das deutsche An= sehen derartig herabzusetzen; man sähe nun wohl, daß die Entlassung Bismarcks kein bloßer Willkürakt des Kaisers gewesen sei, sondern zum Heil des Vaterlandes im richtigen Zeitpunkt sich vollzogen habe: so schrieb ein sonst gut na= tionales Blatt — und wie eine ansteckende Seuche fraß die Bismarckhetze um sich. Verlassen schien der Mann von den Seinen, die er groß gemacht. In abenteuerlichen Ver= renkungen bemühten sich die Schwächlinge der Presse, beiden Gegnern gerecht zu werden; dem Alten, des Geistes Hauch doch gar zu merklich ihr trocknes Knochengerüst durchwehte, und dem Neuen, der die Macht besaß. Und knechtisch wieder warf sich die Menge vor dem „schneidigen General" auf die Kniee!

Den Eindruck, den „die Bismarck=Tragödie" auf die Deutschen in der Fremde machte, denen nicht der Weih= rauchdunst der Partei das Gehirn umnebelte, zeigt ein Ar= tikel der „New=Yorker Staatszeitung", der wegen seines lehrreichen Inhalts hier folgen möge:

„Ein tieftrauriges Schauspiel vollzieht sich in der alten Heimat. Es bewegt das Herz eines jeden guten Deutschen auf das schmerzlichste. Den Mann, welcher mit übermensch= licher Energie und Kraft die kühnsten Träume der deutschen Patrioten früherer Generationen verwirklichte, offiziös als Landesverräter gebrandmarkt zu sehen, ist wahrlich kein Ding, dessen irgend ein Deutscher froh werden könnte. Daß es gerade zu einer Zeit geschieht, in welcher die großartigsten

8*

Kundgebungen des Volksgeistes eine tiefempfundene Dankbarkeit für unvergängliches Verdienst bezeugten, verleiht der
ganzen, an sich höchst bedauernswerten Erscheinung einen
umso kläglicheren, niedrigeren Charakter. Es sieht thatsächlich wie eine jener erbärmlichen Alltagserfahrungen aus,
in welchen der Erfolg eines Einzelnen sofort alle kleinen,
niederen Geister zu hämisch-neidischer Begeiferung anreizt. —
Was hat denn eigentlich Bismarck gethan, um eine solche
Behandlung zu verdienen? Wie oft müßte schon ein Glad-
stone, ein Crispi oder ein Ferry des Landesverrats für
schuldig erkannt worden sein, wenn jede Kritik, die sie an
der Politik ihrer Nachfolger und Gegner übten, wirklich
Landesverrat wäre? Warum sollte gerade einem Bismarck
nicht gestattet sein, was jeder andere Deutsche in privater
Stellung, was jeder einzelne deutsche Journalist ohne wei-
ters thun darf, nämlich freimütig seine Ansicht über die
Politik der Regierung auszusprechen? Oder sind vielleicht
deshalb, weil Bismarck berufener ist als der Durchschnitts-
mensch, ein politisches Urteil abzugeben, die Regierungskreise
so wütend geworden? Wo ist dann überhaupt die Grenze
zu ziehen zwischen jener Intelligenz, die ein erlaubtes Urteil
zuläßt, und jener, die dasselbe Urteil zum Landesverrat
stempelt? — Wenn Bismarck genau dasselbe, was er den
Interviewern der N. Fr. Presse, der Münchener Allgemeinen und des neuen Kölner Blattes gesagt, einer Rede
im deutschen Reichstag eingefügt hätte, dann hätten die
Offiziösen zwar mehr oder minder heftig opponieren, doch
aber unmöglich die Befugnis des Redners zur Meinungs-
äußerung bestreiten können. Ist es in Deutschland wirklich schon so weit gekommen, daß selbst ein Bismarck sich

hinter der Abgeordneten-Immunität verstecken muß, sobald
er die Regierung kritisieren will? Solange er sich auf
anonyme oder inspirierte Polemik in den Zeitungen be=
schränkte, hieß es immer, um wie viel anständiger es wäre,
wenn er frei und frank mit seiner Person für seine Mein=
ungen eintreten würde. Und nun, wo er dies und nichts
anderes thut, jetzt ist es auf einmal Landesverrat! Zum
Überfluß wird doch niemand bestreiten wollen, daß der
grimme Alte ebenso ungerechtfertigt wie übermäßig gereizt
wurde. Er hat gegründete Ursachen, die schweren Beleidi=
gungen, denen er in Wien von Hof und Aristokratie aus=
gesetzt ward, einem von Berlin ausgegangenen Drucke zu=
zuschreiben. Hat etwa jemand in dieser Welt Bismarck
für so gutmütig und schwach angesehen, daß er auf einen
erhaltenen Backenstreich mit dem ergebenen Hinhalten der
anderen Backe antworten würde? — Der Staats=Zeitung
kann wahrlich das Zeugnis nicht versagt werden, daß sie
nicht an all den zahlreichen Sünden Bismarcks gegen die
freiheitliche Entwicklung redlich Kritik geübt hätte. Wir
haben auch nie verfehlt hervorzuheben, daß Bismarck in all
dem Bittern und Schweren, das er seit seiner Entlassung
erfahren, nur ernte, was er selbst gesäet. Es sind that=
sächlich seine eigenen Rezepte, die gegen ihn angewendet
werden, und nirgends tritt dies mit schärferer Ironie hervor,
als in dem gegenwärtigen Auftreten seines Pindter. Trotz=
dem verwerfen wir ganz entschieden die Haltung jener frei=
sinnigen Blätter, die nur aus diesem Grunde, wir möchten
sagen, lediglich von dem unritterlichen Gefühl der Schaden=
freude geleitet, bei der gegenwärtigen Regierung genau das=
selbe billigen, was sie mit Recht bei Bismarck nicht scharf

genug zu tadeln hatten. Wenn es ein Unrecht gewesen, was der eiserne Kanzler an seinen politischen Gegnern begangen, so wird es darum nicht weniger Unrecht, wenn dem gestürzten Kanzler von seinen politischen Gegnern mit gleicher Münze heimgezahlt wird. Darin liegt aber noch lange nicht das zuletzt und endgültig Entscheidende. Man mag über den Fürsten Bismarck und seine innere Politik welcher Ansicht immer huldigen, so ist und bleibt es unbestreitbar, daß er, wie seinerzeit Moltke, selbst nach seinem Rücktritte vom Amte ein nicht zu unterschätzender Machtfaktor für das Deutsche Reich dem ganzen Auslande gegenüber geblieben ist. Wer dazu beiträgt, diese Säule des deutschen Ansehens zu zerschmettern, schädigt dessen stolzen, mit so ungeheuren Opfern errichteten Bau. Aus diesem Grunde war die Einwirkung auf fremde Höfe zur Achtung Bismarcks ein schwerer, schwerer Fehler; die gegenwärtige von oben angefachte Bismarck-Hetze aber ist ein noch schwererer Fehler. Im Auslande schädigt er nur das Ansehen Deutschlands, im Innern aber erreicht er weit eher den entgegengesetzten, als den gewünschten Zweck. Wie groß auch die Fehler Bismarcks und seine tragische Schuld gewesen sein mögen, als leidender Held einer Tragödie wird der Recke dem Herzen seines Volkes nur noch teurer."

Es war ein ekles Schauspiel! Wer von den Kämpfenden das letzte Wort hatte, dem wandte sich der urteilslose Haufe zu. Als die Blätter, die als des Fürsten Sprachrohr galten, von der Einwirkung erzählten, die zu der bewußten Behandlung des Greises seitens der amtlichen Kreise Wiens geführt hatte; als die vereitelte Audienz bei

Kaiser Franz Josef, die Abreise der Kronprinzessin Stefanie, die bereits mit einer Karte zur Beiwohnung der Trauung versehen war, die Zurücknahme der kurz vorher dankbar gegebenen Zusage des deutschen Botschaftspersonals — als all diese befremdenden Vorgänge in ihren Wurzeln bloßgelegt wurden, da ging wohl ein Schrei der Entrüstung auch durch die schwankenden Seelen; als der beleibigte Fürst den Heuchlern von der „Nordd. Allg. Ztg." den stolzen Protest entgegenschleudern ließ: Ihr seid's mit nichten, die mein Werk fortsetzen, ihr thut alles, es zu zertrümmern — da stieg in die Brust des Feigsten wohl etwas wie Mitempfinden mit diesem ungebeugten Trotz. Aber schmählich verkrochen sich die Helden wieder vor dem Trumpf, den nunmehr der Leiter der kaiserlichen Regierung ausspielte, den Veröffentlichungen im Reichsanzeiger. Ja, es fand sich ein hochangesehenes Blatt, die Kreuzzeitung — das Lieblingsblatt des preußischen Adels und von dem Vervehmten einst mitbegründet —, welche den Mut hatte, dem Reichskanzler für diese That ihren Dank auszusprechen.

Die beiden, durch den Grafen Caprivi veröffentlichten Schriftstücke sowie die Antwort, die darauf unmittelbar die „Westdeutsche Allgemeine Zeitung" gab, brachten die Fehde zwischen dem ersten und dem zweiten Kanzler des Deutschen Reichs zum vorläufigen Abschluß. Sie sind von der größten Wichtigkeit für das spätere Urteil der Geschichte und sollen hiermit im Wortlaute folgen. Unterm 7. Juli schrieb der „Reichsanzeiger":

Folgende Schriftstücke sind uns zur Veröffentlichung zugegangen: 1. Erlaß vom 23. Mai 1890 an sämtliche kaiserlich deutsche und königlich preußische Missionen:

„Ew. wird nicht entgangen sein, daß die gegenwärtigen
Stimmungen und Anschauungen des Fürsten v. Bismarck, Her-
zogs von Lauenburg, mehrfach durch die Presse an die Öffentlichkeit gebracht worden sind. Wenn die Regierung Seiner Majestät
in vollster Anerkennung der unsterblichen Verdienste dieses großen
Staatsmanns hierzu unbedenklich schweigen konnte, so lange jene
Äußerungen sich auf persönliche Verhältnisse und die innere Politik
beschränkten, mußte sie sich, seit auch die auswärtige Politik davon
berührt wird, die Frage vorlegen, ob eine solche Zurückhaltung
auch ferner zu rechtfertigen sei, ob sie nicht im Auslande schäd-
lichen Mißdeutungen unterliegen könnte. Se. Maj. der Kaiser sind
indes der Ueberzeugung, daß entweder von selbst eine ruhigere
Stimmung eintreten oder aber der thatsächliche Wert des von der
Presse Wiedergegebenen mit der Zeit auch im Auslande immer
richtiger werde gewürdigt werden. Es sei nicht zu befürchten, daß
aus der Verbreitung subjektiver, mehr oder weniger richtig auf-
gefaßter, hie und da zweifellos absichtlich entstellter und zum Teil
zu Personen von anerkannter Feindschaft gegen Deutschland ge-
thaner Äußerungen ein dauernder Schaden entstehen könnte. Se.
Maj. unterscheiden zwischen dem Fürsten Bismarck früher und jetzt
und wollen seitens Allerhöchstihrer Regierung alles vermieden sehen,
was dazu beitragen könnte, der deutschen Nation das Bild ihres
größten Staatsmanns zu trüben. — Indem ich Ew. hiervon mit
der Ermächtigung, erforderlichen Falles demgemäß sich zu äußern,
in Kenntnis setze, füge ich ergebenst hinzu, daß ich mich der Hoffnung hingebe, es werde auch seitens der Regierung, bei welcher
Sie akkreditiert sind, den Äußerungen der Presse in Bezug auf
die Anschauungen des Fürsten Bismarck ein aktueller Wert nicht
beigelegt werden. v. Caprivi.“

2. Depesche vom 9. Juni 1892 an den kaiserlichen
Botschafter in Wien, Prinzen Reuß:

„Im Hinblick auf die bevorstehende Vermählung des Grafen
Herbert Bismarck in Wien teile ich nach Vortrag bei Sr. Majestät
folgendes ergebenst mit: Für die Gerüchte über eine Annäherung
des Fürsten Bismarck an Se. Majestät den Kaiser fehlt es vor
allem an der unentbehrlichen Voraussetzung eines ersten Schrittes
seitens des früheren Reichskanzlers. Die Annäherung würde aber,
selbst wenn ein solcher Schritt geschähe, niemals soweit gehen können,
daß die öffentliche Meinung das Recht zur Annahme erhielte, Fürst
Bismarck hätte wieder auf die Leitung der Geschäfte irgendwelchen

Einfluß gewonnen. Falls der Fürst oder seine Familie sich Eurer Durchlaucht Haus nähern sollte, ersuche ich Sie, sich auf die Erwiderung der konventionellen Formen zu beschränken, einer etwaigen Einladung zur Hochzeit jedoch auszuweichen. Diese Verhaltungsmaßregeln gelten auch für das Botschaftspersonal. Ich füge hinzu, daß Se. Majestät von der Hochzeit keine Notiz nehmen werden. Euer Durchlaucht sind beauftragt, in der Ihnen geeignet scheinenden Weise sofort hiervon dem Grafen Kalnoky Mitteilungen zu machen. Graf v. Caprivi."

Die „Westdeutsche Allgemeine Zeitung" schrieb darauf am 9. Juli:*)

Am 1. Januar 1890 schrieb Kaiser Wilhelm II. an den Fürsten Bismarck: „Ich bitte Gott, er möge Mir in Meinem schweren, verantwortungsvollen Herrscherberufe Ihren treuen erprobten Rat noch viele Jahre erhalten." Am 17. März schickte Kaiser Wilhelm morgens früh den General v. Hahnke zum Fürsten Bismarck mit dem Auftrag, der Kaiser erwarte das Entlassungsgesuch des Fürsten Bismarck. Letzterer erklärte dem General, der den Auftrag nicht als direkten ausgerichtet hatte, er würde aus rein politischen Erwägungen es für eine Gewissenlosigkeit gegenüber dem Kaiser wie dem Vaterlande halten, unter den gegebenen Verhältnissen fahnenflüchtig zu werden. Wolle der Kaiser ihn absetzen, so bedürfe es nicht des Abschiedsgesuchs. Der Kaiser habe dazu das uneingeschränkte Recht, aber er, Bismarck, könne nicht seine politische Laufbahn mit einem Akte beschließen, dessen Folgen er für das größte Unglück halten müßte, von welchem zur Zeit unser Volk betroffen werden könne.

Am selben Tage erschien, nachdem General v. Hahnke also beschieden worden, im Reichskanzleramt der Chef des Zivilkabinetts

---

*) Mag auch der hier wiedergegebene Artikel in Form und Ausdruck vielfach bedauerlich erscheinen — wobei übrigens der begreiflichen Erregung auf Bismarckfreundlicher Seite manches zu gute zu halten ist — so hat er doch durch die erste, ohne Zweifel authentische Schilderung der Vorgänge, welche die Entlassung des Fürsten Bismarck begleiteten, die höchste Bedeutung erlangt. Durch die in dem Aufsatz enthaltenen Enthüllungen ist erst das Bild vollständig geworden, welches eines der schmerzlichsten Ereignisse der neueren Geschichte zur Darstellung bringt.

v. Lucanus mit dem direkten Befehl des Kaisers an den Fürsten Bismarck, bis zu einer bestimmten Stunde dem Kaiser sein Entlassungsgesuch zu unterbreiten. Der Kaiser hatte dem Fürsten Bismarck antragen lassen, ihn zum Herzog von Lauenburg zu machen, worauf Fürst Bismarck erwiderte, das hätte er schon lange werden können, wenn sein Streben danach gestanden hätte. Der Abgesandte des Kaisers glaubte dem Fürsten die Versicherung geben zu können, der Kaiser mache sich verbindlich, daß dem Fürsten zur Ermöglichung einer standesgemäßen Führung des Herzogsrangs eine Dotation bewilligt werde. Der Fürst wies auch das in der bestimmtesten Form zurück, indem er meinte, er habe doch eine solche Laufbahn hinter sich, daß man ihm nicht zumuten könne, dieselbe dadurch zu beschließen, daß er einer Gratifikation nachlaufe. — Dem durch Herrn v. Lucanus bestimmt überbrachten Befehl des Kaisers konnte Fürst Bismarck nichts mehr entgegenhalten, als die Erklärung, in der ihm vorgeschriebenen, so kurz bemessenen Zeit ein Schriftstück von solcher Tragweite nicht abfertigen zu können. Er sei bereit, seine schlichte Absetzung sofort zu unterzeichnen. Zu einem Abschiedsgesuch, welches das letzte amtliche Schriftstück eines um die Krone von Preußen einigermaßen verdienten Ministers bilden müsse, bedürfe er längerer Zeit. Das sei er sich und der Geschichte schuldig.

Fürst Bismarck schrieb darauf vom 18. zum 19. März eine eigenhändige Eingabe an des Kaisers Majestät, worin er die politische Lage und die Gründe erörterte, welche ihm den Rücktritt trotz seiner Jahre und seiner Gesundheitsverhältnisse als im Staatsinteresse allein nicht erlaubt erscheinen ließen. Der Kaiser erhielt dies umfangreiche Schriftstück unseres Wissens erst gegen Mittag des 20. März zu Händen; wenige Stunden nachher überbrachten dem Fürsten die Herren v. Lucanus und v. Hahnke die Entlassung.

Dieselbe hat in ihrem wesentlichen Teile folgenden Wortlaut: „Mein lieber Fürst! Mit tiefer Bewegung habe Ich aus Ihrem Gesuche vom 18. d. Mts. ersehen, daß Sie entschlossen sind, von den Ämtern zurückzutreten, welche Sie seit langen Jahren mit unvergleichlichem Erfolge geführt haben. Ich hatte gehofft, dem Gedanken, Mich von Ihnen zu trennen, bei unsern Lebzeiten nicht näher treten zu müssen. Wenn Ich gleichwohl im vollen Bewußtsein der folgenschweren Tragweite Ihres Rücktritts jetzt genötigt bin, Mich mit diesem Gedanken vertraut zu machen, so thue Ich dies zwar betrübten Herzens, aber in der festen Zuversicht, daß die Gewährung Ihres Gesuches dazu beitragen werde, Ihr für das Vaterland unersetzliches Leben und Ihre Kräfte so lange als möglich zu schonen und zu erhalten. Die von Ihnen für Ihren Entschluß angeführten Gründe überzeugen Mich, daß weitere Versuche, Sie zur Zurücknahme Ihres Antrages zu bestimmen, keine Aussicht auf Erfolg haben. Ich entspreche daher Ihrem Wunsche, indem Ich Ihnen hierneben den erbetenen Abschied aus Ihren Ämtern als Reichskanzler, Präsident Meines Staatsministeriums und Minister der Auswärtigen Angelegenheiten in Gnaden und in der Zuversicht erteile, daß Ihr Rat und Ihre Thatkraft, Ihre Treue und Hingebung auch in Zukunft Mir und dem Vaterland nicht fehlen werden."

Zugleich wurde dem Fürsten die Ernennung zum Herzog von Lauenburg als Beweis eines besonderen königlichen Dankes zugefertigt.

Entgegen allem sonstigen Gebrauch wurde dem verabschiedeten Kanzler nicht die einstweilige Fortführung der Ämter bis zur Ernennung des Nachfolgers aufgetragen, sondern sein Nachfolger erschien alsbald im Hause und nahm Besitz von den Geschäftsräumen. Er nötigte so seinen Vorgänger, damit der Empfang der Botschafter nicht gewissermaßen auf den Treppenfluren nötig wurde, Hals über Kopf die Räume zu verlassen, denen er eine Weltberühmtheit verschafft, wie sie kein zweiter Raum in Deutschland besaß. Fürst Bismarck war buchstäblich nicht imstande, ordentlich einzupacken; er hat beim überstürzten Umzug eine Menge Eigentum verloren. Er kam sich und den Seinen vor etwa wie eine deutsche Familie, die 1870 aus Paris ausgewiesen wurde.

General v. Caprivi war Reichskanzler und preußischer Ministerpräsident, Fürst Bismarck existierte nur als Herzog von Lauenburg. Zwei Monate nachdem Kaiser Wilhelm II. die Hoffnung ausgesprochen, den bewährten Rat des Fürsten Bismarck sich und dem Reiche zu erhalten, schreibt Herr v. Caprivi an die deutschen Botschaften, die deutschen wie preußischen Gesandtschaften, Legationen, Konsulate und Missionen, sie möchten die Regierungsauffassung vertreten und verbreiten, daß den Anschauungen des Fürsten Bismarck ein aktueller Wert nicht beizumessen sei. Wir wissen, daß Fürst Bismarck von diesem Rundschreiben des Herrn v. Caprivi sofort nach Erlaß Kenntnis erhielt, und können ihm nachfühlen, welche Empfindungen in ihm rege wurden, wenn von Zeit zu Zeit, um die Sehnsucht der Nation nach dem verlorenen Reichskleinode zu dämpfen und abzulenken, in der Regierungspresse Andeutungen gemacht wurden, als werde auch von ihr die Nutzbarmachung der Staatsweisheit des Fürsten Bismarck für das Deutsche Reich ersehnt und erstrebt. Solche Äußerungen sollten den Fürsten Bismarck hinstellen, als habe er zum Bedauern seiner Nachfolger wegen irgend eines Verschuldens entlassen werden müssen, als seien die Gesundheitsrücksichten, die in der Verabschiedungsurkunde angeführt wurden, lediglich aus Schonung für den Fürsten Bismarck hineingekommen.

Als aus Anlaß der Wiener Reise des Fürsten Bismarck ganz Deutschland sich rüstete, seinem verdientesten Helden Huldigungen zu bereiten, erschienen abermals in den Blättern, welche zu der jetzigen Regierung Beziehungen unterhalten, Meldungen von Versöhnungsversuchen des Kaisers mit dem Kanzler. Dabei wurden die Verhältnisse abermals so dargestellt, als habe der Fürst irgend etwas gut zu machen oder gar abzubitten. Diese ganze Mache war nur auf eine Abschwächung der Volkskundgebungen zu Ehren Bismarcks berechnet und schlug gründlich fehl. Fürst Bismarck ließ auf dem ihm geeignet scheinenden Wege die Welt wissen, daß er sich keiner Verfehlung gegen den König, keines Versehens gegen das Reich bewußt sei, und nun erfolgt, was niemals hätte erfolgen, am allerwenigsten aber jemals hätte bekannt gegeben werden dürfen: die Depesche des Grafen v. Caprivi an den Prinzen Reuß vom 9. Juni 1892, worin letzterem aufgegeben wurde, der Meinung entgegenzutreten, als habe Fürst Bismarck auf die Leitung der Geschäfte wieder irgend welchen Einfluß gewonnen, und ihm befohlen wird, sich dem Fürsten Bismarck gegenüber auch in Bezug auf die persönlichen Beziehungen der Gesellschaftssitte zu entschlagen (denn es handelte sich um ein Familienfest), sich auf die konventionellen Formen zu beschränken und die Einladung zur Hochzeit abzulehnen, da auch der Kaiser von der Hochzeit des mehrjährigen preußischen Staatsministers und Staatssekretärs des auswärtigen deutschen Amtes keine Notiz nehmen werde.

Nachdem Graf Caprivi zu diesen Veröffentlichungen, über welche das deutsche Volk und die Geschichte richten werden, sich entschlossen hat, wird er nun wohl auch keinen Anstand nehmen, den Wortlaut des Entlassungsgesuchs des Fürsten vom 18. März 1890 bekannt zu geben, damit ein Urteil darüber möglich wird, eine wie zutreffende Antwort auf dasselbe die Kabinettsordre gewesen ist, durch welche Fürst Bismarck seiner Ämter entsetzt wurde, die

er gut oder schlecht so lange Jahre geführt hatte. Bis diese Veröffentlichung erfolgt sein wird, werden weite Volkskreise nicht davon
abzubringen sein, daß Graf v. Caprivi durch diese Veröffentlichungen
im Reichsanzeiger nicht nur sich selbst, sondern dem Ansehen der
Krone Preußen, das sein Amtsvorgänger mit Einsetzung von Ansehen und Leben aus der Verdunkelung zum strahlenden Licht
gehoben hat, einen schlechteren Dienst erwiesen habe, als irgend ein
Minister, von denen die Krone Preußen beraten gewesen seit den
Tagen Georg Wilhelms und des Grafen Adam Schwarzenberg.

*　*　*

Eine Besprechung und Beurteilung der Thatsachen,
die den vorstehenden Veröffentlichungen zu Grunde liegen,
dürfen wir uns ersparen. „Die Geschichte wird darüber
richten." Das deutsche Volk aber hat bereits sein
Urteil gesprochen.

IV.
Kissingen und Jena.

1. Kissingen.

Die ersten Schläge aus der offiziösen Preßfabrik hatten kaum das Ehrfurcht gebietende Haupt des Greises getroffen, der in den Heilquellen von Kissingen Stärkung und Ruhe suchte, als auch das deutsche Volksgemüt sich gegen diese Behandlung seines Helden auflehnte. Während die Zeitungen mit wenigen Ausnahmen ihn verließen, die weisen Politiker, die immer vorher wissen, wie alles kommen muß, die Achseln zuckten, und die losgelassene Meute das gestellte Edelwild sicher abzuthun glaubte, kamen im treuen Schwabenlande Männer zusammen, um zu beraten, wie man dem unglaublich widrigen Schauspiel, dem das Ausland mit höhnischem Beifall folgte, ein Ende bereiten könnte. — Gegen die Demütigung des deutschen Namens seitens derer, die ihn schützen sollten, waren sie freilich machtlos. Aber sie konnten dem Geächteten beweisen, daß er doch nicht allein im Kampfe stände, sie konnten und wollten zeigen, daß noch Herzen für ihn schlagen, in deren Liebe er Trost gegen allen Unglimpf finden würde. Und so zogen sie ihm entgegen, an siebenhundert Männer und Frauen, die ersten nach dem

Degenstoß des neuen Grafen, — und es war eine eigene
Fügung, daß an demselben Tage, an welchem Deutschland
unter den Hieben dieser in Druckerschwärze getauchten Klinge
erwachte, dort an der fränkischen Saale schon die Vergeltung geboren ward.

Es folge nun der Einzelbericht eines Teilnehmers an
der Bismarck=Fahrt der Schwaben, der wörtlich wie
folgt lautet:

Es war ein gewaltiger Zug, der am 10. Juli
Scharen von schwäbischen Verehrern des Fürsten Bismarck,
vor allem aus Stuttgart, Ulm, Heilbronn und Tü-
bingen, nach Kissingen brachte. Schon in der Größe dieser
Beteiligung sprach sich — zunächst dem Tiefsten natürlich,
der unverrückbaren Dankbarkeit für den vornehmsten Begründer deutscher Einheit — eine Rückwirkung der Lage aus,
wie sie durch die Ereignisse der letzten Zeit geschaffen wurde.
Als das letztemal von Stuttgart her ein Besuch des Alt-
reichskanzlers ausgeführt wurde, mehr gelegentlich allerdings,
da waren es einige Dutzende gewesen, die teilnahmen. Nun
sind unter der Hand aus den Dutzenden Hunderte geworden
— ein lebendiger Protest gegen die immer wieder aufge-
tischte, in ihrer Absichtlichkeit so thörichte Legende dieser neuesten Tage, darum nicht weniger thöricht, weil sie nicht nur
ultramontan und deutschfreisinnig, sondern auch offiziös
ist: daß der Fürst nur noch eine Reliquie der Vergangenheit
sei, überwunden von einer Gegenwart, die andere Größen
ins Goldene Buch des Volkes einzuzeichnen habe. Diesmal
fanden sich so manche ein auch von jenen „stillen" Verehrern, die ihre Gefühle nur ungern über den engsten Kreis
hinaustragen, und deren es in Schwaben mehr geben mag

als anderswo. Und wen unter den Erfahrungen der letzten
Jahre und zumal der letzten Wochen über der Wandelbar=
keit an Fürstenthronen ein müder Pessimismus ankam, der
konnte der Zukunft wieder froher werden, im Vertrauen auf
solche Begeisterung, wie sie sich auf dieser Fahrt nach Kis=
singen kundgab. Die Stimmung war nicht die gereizte der
Demonstration — wozu auch? —, aber jene nachhaltige und
ernste, die sich das beste Erbe eines Volkes, die sich die
Dankbarkeit gegen die Schöpfer nationaler Macht und Sicher=
heit nicht nehmen lassen und sie auch in der Zeit verwirrter
Begriffe gegen Angriffe jeder Art behaupten will. Die ver=
schiedentlichen Grenzpfähle, an denen die Wagen vorüber=
brausten, konnten dabei einem nachdenklicheren Beschauer den
Gegensatz von Einst und Jetzt deutlich genug ins Gedächtnis
rufen und damit zugleich das, was Bismarck gethan, um
diese mannigfaltigen Farben in dem einheitlichen „Schwarz=
weiß=rot" zu beschließen. . . .

Nach 12 Uhr mittags lief der Zug in Kissingen ein
— für 2 Uhr hatte der Fürst den Empfang der Besucher
in Aussicht gestellt. Im weiten Innenhof der oberen Sa=
line sammelten sich die Teilnehmer um die festgesetzte Zeit,
und als nun der Fürst neben seiner Gemahlin an den
Fenstern seiner Wohnung erschien, da erscholl ein grenzen=
loser Jubel, der Minuten dauerte und noch stürmischer sich
wiederholte, als Bismarck im Hofe selbst erschien. Die oft
wiederholten Schilderungen hatten einem den Eindruck seiner
Erscheinung fast schon vertraut gemacht, allein wie der ge=
waltige Mann so dastand, die hohe Gestalt straff aufge=
richtet, mit dem durchbringenden Auge die jubelnde Menge
überfliegend, so fern jeder Pose — da war dies Bild un=

gebeugter Kraft, indem es zugleich die ganze weltgeschicht=
liche Entwicklung der letzten Jahrzehnte verkörperte, von
einer ungeahnten überwältigenden Art. Als Stille ein=
getreten war, begrüßte Fabrikant Adolf Schiedmeyer aus
Stuttgart den Fürsten im Namen seiner schwäbischen Freunde,
der anwesenden und der unendlich viel zahlreicheren, die fern
seien, Kaufmann Pfleiderer von Heilbronn brachte ein Hoch
aus auf die Fürstin, Professor Otto Güntter verlas ein
Gedicht. Und nun ergriff Fürst Bismarck das Wort.
Seine Rede, oft durch begeisterten Zuruf unterbrochen, hatte
folgenden Wortlaut:

„Meine Herren! Ich danke Ihnen von Herzen für
die freundlichen Grüße für meine Frau und mich. Sie
vervollständigen das Bild der Erinnerung aus den letzten
Wochen, wo mir in Sachsen und Bayern ähnliche Beweise
der Anerkennung und Zeichen des Wohlwollens von meinen
Landsleuten entgegengebracht wurden. Ich bin nach Schwaben hinein nur bis Augsburg gekommen, aber auch dort
habe ich den schwäbischen Herzschlag fühlen können. Auf
der ganzen Reise bis hieher nach Franken hat man mich
so wohlwollend empfangen, bin ich mit einem solchen Kreis
wohlwollender Gesinnungsgenossen in Beziehung getreten,
wie ich das nicht habe vermuten können.

Wenn ich denen, die mir übel wollen, das Maß von
Köpfen zuzähle, welches sie angeblich vertreten sollen, wenn
mit ihnen alle die einverstanden wären, in deren Namen
sie zu sprechen scheinen, so könnten so viele Freunde, wie
ich sie habe, gar nicht übrig bleiben. Es beweist mir das
also, daß in all den Unfreundlichkeiten und Bosheiten nicht
die Meinung der großen Masse meiner Landsleute vertreten

ist. Alle diese Angriffe lese ich daher mit Ruhe ohne Erregung. Man hat das Bestreben, mich als einen üblen
und beschränkten Charakter darzustellen, und stellt sich dabei
so, als wenn man an den Ergebnissen meiner Arbeit nicht
rütteln, sondern im Gegenteil dieselbe Richtung aufrecht
erhalten wolle. Man sucht also etwas an meiner Person,
die ich gern preisgebe, wenn nur das Wohl des Vaterlandes erhalten bleibt.

Etwas nun flößt mir Vertrauen ein an der Dauer
dessen, was geschaffen ist, das ist der Anteil, den die deutschen
Frauen an dieser Bewegung haben. Eine Bewegung, die
durchgeschlagen hat bis in die Häuslichkeit, die muß eine
tiefe und wahre sein. Zwischen den beiden Geschlechtern
repräsentiert die Frau das Herz und der Mann den Verstand, womit nicht bestritten sein soll, daß nicht auch der
Mann Herz haben kann. Aber in der nationalen Politik ist das Herz immer stärker als der Verstand.
Die deutsche Frau hält ihre Begeisterung fest und
überträgt sie auf ihre Kinder und läßt sich nicht
so leicht durch spitzfindige Räsonnements irre
machen, wie wir das an uns haben. Deshalb danke
ich den Damen und Ihnen allen und bin sicher, daß Sie
mich nie fallen lassen. Das Herz ist eben stärker.

Wenn ich nach den Gründen suche, die mir diese
Zustimmung erworben haben, so finde ich in erster Linie
die nationale Einigung, an der ich mitgewirkt habe, die
uns früher gefehlt hat — die Beseitigung der unfaßbaren
Verstimmungen, die zwischen Nord und Süd herrschten.
Zu Zeiten des Bundestags, als ich in Frankfurt war, im
Zentrum der damaligen deutschen Politik, damals war kaum

ein Wohlwollen für Preußen in Sachsen, in Bayern oder
sonst im Süden. Jene Gefühle sind verschwunden, jetzt
deckt uns alle das landsmannschaftliche Gefühl, und daß
dies erreicht ist, darauf bin ich stolz. Die Süddeutschen
werden heutzutage im reisenden Berliner keine Erscheinung
sehen, die ihnen unangenehme Empfindungen hervorruft;
was Heiterkeit verdient, wird mit Heiterkeit aufgenommen,
ohne daß die gemeinsamen Gefühle des Germanentums
darunter leiden.

Was ist nun der Grund des Wertes der Einheit?
Die Möglichkeit der vollen Entwicklungsfähigkeit im Innern. Wir können das Leben eines großen Volkes
leben. Ein Herr aus Weimar hat mir erst heute noch
erzählt, daß er früher auf einer Reise von Berlin nach
Köln viermal Gepäckrevision und viermal Geldwechsel gehabt habe.

Der Hauptgrund ist aber die Sicherung des Friedens.
Wenn wir einig bleiben, so wird das Ausland uns nicht
mit der Leichtfertigkeit angreifen, wie das 1870 und früher
hundertmal geschah. Bleiben wir einig, so bilden
wir einen harten und schweren Klotz in der Mitte
von Europa, den keiner anfaßt, ohne sich die Finger
zu quetschen. So ist der Friede gesichert. Und Friede ist uns
allen ein Bedürfnis; Krieg ist eine Sache, an der niemand
von uns eine Freude hat, aber in die man mit freudigem
Gefühl gehen kann, wenn sie aufgezwungen ist; dem deutschen
Charakter ist das Kriegführen und Renommieren mit krie-
gerischen Leistungen kein Bedürfnis. Der Friede ist gesichert, wenn wir einig bleiben, deshalb ist die Einheit bei
uns populär. Außerdem ist der Friede gesichert, weil der

9*

Weg von der Grenze bis nach Stuttgart z. B. um einiges verlängert ist.

Ihr alter König Wilhelm I. sagte mir im Jahre 1854, die Franzosen seien von Straßburg her bälder in Stuttgart, als die deutschen Bundestruppen — „deshalb bin ich in einer schwierigen Lage". Das ist jetzt ganz anders. Und in diesem Gefühl der größeren Sicherheit — der deutsche Bürger verlangt nach ruhiger Sicherheit — in diesem Gefühl beruht ein großer Teil des Wertes, den wir auf die Einigung legen müssen.

Und daß es mir gelungen ist, den Frieden 20 Jahre lang zu erhalten, während man 1870 sagte, in höchstens 5 Jahren ist der Krieg wieder da, das sehe ich als einen der Hauptgründe für die Gefühle an, die Sie mir entgegenbringen. Ich habe ja die Schlachten nicht gewonnen, aber ich habe den Frieden erhalten helfen. Ich glaube, daß er auch zu erhalten ist. Freilich im Westen kann der Topf überkochen, was dort immer einmal möglich ist. Daß man von Osten her angreift, glaube ich nicht, wenn unsre Diplomatie so geschickt ist, wie sie sein könnte.

Die württembergischen Truppen habe ich vor 1866 gekannt und dann wieder 1870. Ein solcher Fortschritt ist mir noch nie vorgekommen für ein militärisches Auge. Diesen Fortschritt haben sie vor Paris gezeigt am 2. Dezember, wo die württembergischen Truppen den Hauptstoß ausgehalten haben und der uralten germanischen Tüchtigkeit voll entsprachen. Den alten Ruf der Schwaben, als Träger der Reichssturmfahne anzugreifen, konnten sie damals nicht bewähren, denn es galt damals das viel Schwierigere, auszuhalten in einem überlegenen feindlichen Feuer,

wo Mann neben Mann fiel und fogar mehrmals Verwun-
dete fich wieder aufrichteten — ich habe das gefehen.

Ich weiß meine dankbare Anerkennung für diefe
Leiftung der Württemberger nicht beffer zu bethätigen, als
indem ich Sie bitte, ein Hoch auf Jhren regierenden Herrn
auszubringen, in dankbarer Anerkennung des württembergifchen Heeres, der württembergifchen Tapferkeit und der
württembergifchen Reichstreue. Seine Majeftät König Wilhelm II. von Württemberg lebe hoch!"

Noch dreimal fprach der Fürft, dem die faft allzu
begehrliche Begeifterung der Gäfte leider einen Rundgang
im Hof bei den einzelnen Gruppen verwehrte. So ftellte
er fich auf der Treppe des Portals auf, unermüdlich Sträuße
annehmend und mit liebenswürdigem Handdruck quittierend.
Von allen Seiten ertönte der Zuruf, er folle nach Stuttgart
kommen, worauf er nochmals das Wort nahm und fagte:

„Ich komme gern. Den Neckar und fein freund-
liches Gelände habe ich feit dreißig Jahren nicht wieder
gefehen. Ich wäre vor 14 Tagen hingekommen, aber
meine körperliche Leiftungsfähigkeit war erfchöpft. Aber
die Hoffnung, Stuttgart zu fehen und mich dort an der
wohlthuenden Liebe — fo kann ich doch fagen? — herzlich
zu erfreuen, gebe ich nicht auf. Ich danke Jhnen von
Herzen für Jhren Befuch und den wohlthuenden Eindruck,
den er auf mich haben muß zur Bewahrung einer heiteren
Ruhe. Die Freude meiner Gegner, daß fie mir die Laune
verderben, ift irrtümlich. Mit der Ruhe des Naturforfchers,
der die Menfchen und ihre Leidenfchaften beobachtet und
feit einem halben Jahrhundert beobachtet hat, regiftriere
ich diefe Erfcheinungen ohne Zorn."

Während dieser Worte hatte sich ein Mitglied der Jenenser Abordnung, die gekommen war, Bismarck zum Besuch ihrer Stadt einzuladen, hinter dem Fürsten aufgestellt und wandte sich nun, als dieser schwieg, an seine „süd= deutschen Brüder" mit der Aufforderung, mit den Thü= ringern die Bahn weiter zu gehen, die Bismarck gewiesen, Treue zu schwören „unserm lieben deutschen Vaterlande und in diesem dem Fürsten Bismarck, dem deutschen National= heros, für immer". Ihm antwortete der Fürst in wenigen Sätzen:

„Ich bin überzeugt, daß nach dem Wunsch des Herrn Vorredners hinter mir das Deutsche Reich unbewegt und unentwegt seinen Weg fortsetzen wird, so wie es ihn be= gonnen hat, denn die Eindrücke der Befriedigung über seine Herstellung, die Geleise, in denen es seit 20 Jahren geleitet worden ist, sind zu tief geworden, als daß sie der Reichswagen je wieder verlassen könnte. Das Gesamt= ergebnis unsres siebziger Krieges und unsres gan= zen Weges durch die Wüste, den wir vorher ge= führt worden sind, wird uns keine Macht wieder entreißen."

In diesem Augenblick erscholl aus der Menge der um Bismarck sich Drängenden ein geisterhaftes ungarisches Deutsch, zu dem sich bei genauerem Zusehen auch der leib= liche Besitzer fand. Ein Herr aus Ungarn gab den Ge= fühlen „des intelligenten Teils seiner Landsleute" für den großen Kanzler des verbündeten Reichs Ausdruck, und der Fürst hatte die Liebenswürdigkeit, ihm zu erwidern, indem er folgendes seinen vorhergehenden Worten hinzufügte:

„Mein Herr! ich rechne unser heut bestehendes Bünd=

nis mit Österreich-Ungarn zu denjenigen Reichsinstitutionen, an denen uns allen liegt und die wir alle zu pflegen entschlossen sind. Es ist eine alte geschichtliche Tradition — wir haben seit Jahrhunderten mit Österreich-Ungarn zu demselben Reich gehört. Es ist das ein historisches Vermächtnis der Vergangenheit, aber auch ein Bedürfnis der modernen Politik. Ich rechne darauf, daß wir den österreichisch-ungarischen Freunden, diesem verbündeten Reiche alle Treue halten werden in jeder Not und Gefahr, die es bedrohen könnten. Ich habe an diesem Bündnis nicht ohne große Schwierigkeit gearbeitet, und es ist eine ungeschickte Verleumdung, wenn man behauptet, es sei mir leid, und ich wolle dieses natürliche, im europäischen Gleichgewicht nötige Bündnis schädigen, das ich für fest begründet halte in unsern nationalen Antezedentien und unsern heutigen Bedürfnissen, und zu dem wir immer wieder zurückkommen müßten. Wir haben uns mit Österreich, wie sie dort sagen „gerauft", fast in jedem Jahrhundert einmal, aber wir sind immer wieder als Brüder zusammengekommen, und werden es, so Gott will, jetzt bleiben."

Die Verabschiedungsszene, die nun folgte, spottet jeder Beschreibung. Das Händedrücken, Hochrufen und Umdrängen des Fürsten war geradezu lebensgefährlich; es bedurfte aller Energie, um den Fürsten vor körperlicher Beschädigung aus Begeisterung zu bewahren. Aus allen Augen leuchtete leidenschaftliche Liebe und Verehrung, die ihren höchsten Ausdruck gewann, als der Fürst von den offiziösen Angriffen auf seine Person sprach. Wer in der deutschen Volksseele zu lesen versteht, hatte hier Gelegenheit dazu. Besonders charakteristisch für das Empfinden und die An=

ſchauung der an der Huldigung Beteiligten waren die zahl=
reichen Zurufe bei markanten Stellen der Reden. Als der
Fürſt ſich längſt zurückgezogen hatte, ſtanden noch Hunderte
von Menſchen vor der Saline, die nach Gelegenheit ſuchten,
dem an dem Fenſter ſichtbar werdenden Fürſten und der
Frau Fürſtim ihre Verehrung und Liebe durch enthuſiaſtiſche
Zurufe zu bethätigen. Dann verloren ſich allmälig die
Scharen, bei deren Zuſammenweilen auf engem Raume es
manchmal „drangvoll fürchterlich“ geweſen war.

Der Bericht des Württembergers ſchließt mit folgenden
Worten: „Die Größe des deutſchen Vaterlandes, deſſen
blühende Gaue wir durchfuhren, wir hatten ſie verkörpert
geſchaut in dem Einen Mann. Wohlthuend war es, ihn
zu ſehen in ſeiner vornehmen Schlichtheit. Da war nichts
von Theatraliſchem, ſein Pathos ſelbſt war wie ein Gefüge
logiſcher Gründe, und da war auch nichts von Verbitterung;
mit überlegener Bonhomie ſprach er von ſeinen Gegnern.
Uns gewährte dieſer Tag, was in einem gewöhnlichen Leben
ſelten ſich bietet: einen Blick zu thun in eine der geiſtigen
Stätten, in denen die wirkenden Kräfte der Geſchichte ge=
boren, geſammelt, von denen aus ſie geleitet werden.“

    *   *   *

Das Beiſpiel der treuen Schwaben hatte mächtig ge=
wirkt. Aus dem ganzen Südweſten, Baden, Heſſen,
Rheinpfalz, ſowie aus Thüringen vereinten ſich begei=
ſterte Scharen, um ihrem großen Befreier zu huldigen. Die
Zeitungen erzählen über den Tag des 24. Juli folgendes:

Die Kundgebung Südweſt=Deutſchlands für den Fürſten
Bismarck in Kiſſingen hat abermals einen Tag heraufgeführt,
der in der deutſchen Geſchichte fortleben und dauerndes

Zeugnis dafür ablegen wird, wie tief die Verehrung für den Fürsten Bismarck in die Herzen seiner Zeit= und Volksgenossen eingewurzelt ist. Im Laufe des Vormittags hatten sechs Extrazüge 4239 Personen aus Thüringen, Frankfurt, Hessen, Baden und der Pfalz herangeführt, Hunderte waren schon am Abend zuvor gekommen oder trafen mit den fahrplanmäßigen Zügen ein, so daß die Zahl der Teilnehmer wohl auf 5000 bemessen werden darf. Dabei mußten z. B. in Karlsruhe über 500 Teilnehmer zurückgewiesen werden, weil wegen der Kissinger Bahnverhältnisse nur ein Extrazug von dort zugelassen werden konnte. Zieht man die vielen Männer in Betracht, die vom Schwarzwald, dem Breisgau und dem Bodensee gekommen waren und die weite und unbequeme Reise nicht gescheut hatten, um ihren Gesinnungen Ausdruck zu geben, darunter viele, die nicht so leicht für eine Reise und deren Kosten in Bewegung zu setzen sind, so erhält neben dem Empfang in Dresden diese Kissinger Huldigungsfahrt der Badenser und Pfälzer ihre ganz besondere Bedeutung und bleibt in politischer Beziehung hinter jenem gewiß nicht zurück.

Auf dem der Saline gegenüber ansteigenden Gelände waren bereits viele Hunderte von Personen versammelt und viele Hunderte fluteten dem Zuge voran, als dieser unter Vortritt der Kapelle des 9. bayerischen Infanterie=Regiments gegen 2¹/₂ Uhr herannahte. Bei den Klängen der Musik erschien Fürst Bismarck, der schon vorher einmal die Anwesenden freundlich begrüßt hatte, am Fenster, von stürmischem Zuruf empfangen, der ihn nun fast eine halbe Stunde lang ununterbrochen umbrauste. Die Männer schwenkten die mit Tannenreisig oder Eichenlaub geschmückten Hüte,

die Damen Blumensträuße und Tücher; aber aus aller
Augen leuchtete die Empfindung, welche das Lied in Dresden
so tief bewegend ausgesprochen: „Wie könnt ich dein ver=
gessen, ich weiß, was du mir bist!“   So ging der von
Jubelbrausen getragene Zug vorüber, Tafeln bezeichneten
die einzelnen Städte, bei den Badensern Pforzheim, Heidel=
berg, Karlsruhe, Offenburg, Bühl, Baden=Baden, Mannheim,
Triberg, Lahr, Waldkirch, Freiburg.   Den Pfälzern, an
deren Spitze der Vizepräsident des Reichstags, Reichsrat
Dr. Buhl, einherschritt, ward ihr Wahlspruch: „Fröhlich
Pfalz, Gott erhalt's!“ vorangetragen.   Die Hochschulen von
Heidelberg und Freiburg, sowie das Polytechnikum in
Karlsruhe hatten Abordnungen entsendet, letztere in Wichs.
In vorzüglicher Ordnung umschritt der Zug die Saline
und nahm dann auf dem Hofe derselben Aufstellung.   Der
Fürst erschien noch einmal an einem der nach dem Hofe
gelegenen Fenster, stürmisch begrüßt, und nicht endender
Zuruf empfing ihn, als er bald darauf den Hof betrat
und vor einer von alten Kastanien beschatteten Bank Auf=
stellung nahm, an welcher prächtige Lorbeerkränze nieder=
gelegt waren.   Die Musik spielte „Deutschland, Deutschland
über alles“, und von allen Seiten flogen Blumensträuße
herbei, die seinen Weg bedeckten.   An den Fenstern des
Speisesaales nahmen die Damen und die Verwandten des
Bismarck'schen Hauses Platz.   Die Begrüßungsreden eröffnete
Professor Dr. Erdmannsdörfer aus Heidelberg mit fol=
gender Ansprache:

„Aus Baden und aus der alten Rheinischen Pfalz, aus
Hessenland, Thüringen, Frankfurt und anderen Orten sind wir
heute hieher zu Ihnen gezogen, patriotische Männer an die 6000,

die sich verpflichtet fühlten, dem größten Patrioten Deutschlands ihre bewunderungsvolle Huldigung darzubringen. In Süddeutschland sind die Herzen und Seelen Euer Durchlaucht nicht minder treu ergeben und dankerfüllt wie in den andern deutschen Gauen, dem Manne, dem jeder Einzelne es zu danken hat, daß er wieder frei, groß und kühn bekennt: Ich bin ein Deutscher. Die hier versammelten Männer bringen Euer Durchlaucht den ersten Gruß dar in dem Wahlspruch: Für Kaiser und Reich, dessen Verwirklichung Sie als Ihren Lebenszweck betrachteten, und geloben mit echter deutscher Treue, Euer Durchlaucht Werk zu schützen in Gefahr und Not. In diesem Sinne erheben wir unsere Stimme zu einem jubelnden Hoch auf Kaiser und Reich: Hoch! hoch! hoch!"

Tausendstimmig braußten die Rufe über den weiten Platz dahin. Der Fürst dankte dem Redner mit warmem Händedruck. Nachdem der Jubel sich gelegt, trat Bankdirektor Eckhard aus Mannheim vor und hielt folgende Rede:

„Von meinen Landsleuten in Baden bin ich beauftragt, an Euer Durchlaucht einige herzliche Begrüßungsworte zu richten. Alle, die herbeigezogen, wollen Ihnen aus vollem Herzen ihre Dankbarkeit ausdrücken. Die Thaten Eurer Durchlaucht aufzuzählen, ist zwecklos: sie sind es gerade, die alle heute hieher geführt haben. Mein Heimatland in seiner ganzen Ausdehnung und besonders das badische Oberland erinnert sich bleibend der bangen Stunden, die den Einigungstagen vorausgegangen sind. Sie wissen, daß wir dort einen sehr gefährlichen Nachbar hatten, und eine entzündete Fackel drohte immer über uns einen hellen Brand zu entfachen. Wir hatten offene Thore nach Feindesland. Jene Thore sind, Gott sei Dank, für immer geschlossen. Dieser große Mann hier hat die Schlüssel abgezogen und sie einem mächtigen Kaiser zur treuen Bewachung in die Hand gelegt. Die Wünsche unseres Vaterlandes sind in kaum geahnter Weise in Erfüllung gegangen. Zwanzig Jahre hat der große Heros an der Spitze unseres Reiches gestanden.

Was aber im Jahre 1890 geschah, ist unserm süddeutschen Kopf und Herzen unverständlich gewesen und bis zur Stunde unverständlich geblieben. Der Mann, der vor uns steht, hat Kopf und Herz auf dem rechten Fleck, und deshalb ehren und schätzen wir ihn in Deutschland so hoch, weil er das bewiesen hat. Auch wir in Süddeutschland rechnen mit dem Verstand, was man im Norden nicht immer zu wissen scheint, und wir sagen, daß es die Pflicht einer Nation ist, ihre großen Männer zu ehren, und daß es eine Schande ist, dieselben zu verunglimpfen. Gegen diese Art von Volksbelehrung und -Erziehung werden wir heute und immerdar energischen Protest einlegen, den auch blöde Gegner verstehen sollen."

Der Redner schloß mit einem begeistert aufgenommenen Hoch auf Bismarck. Darauf sprach Rechtsanwalt Scheel aus Darmstadt für die Hessen. Tausende seien gekommen, den Fürsten zu begrüßen, Hunderttausende aber gedächten heute zu Hause seiner in nie erlöschender Dankbarkeit und Treue. Möge Gott der Herr Seine Durchlaucht uns noch lange erhalten — das sei der Wunsch aller wahren Deutschen in Nord und Süd. Die Pfälzer ließen durch Fabrikbesitzer Knöckel ihre Huldigung ausdrücken, desgleichen feierten Vertreter der Thüringer und der Frankfurter den einzigen Mann in kurzen begeisterten Reden. Rechtsanwalt Wörter aus Karlsruhe brachte in sinniger Weise einen Toast auf die Fürstin aus.

Fürst Bismarck hatte bewegt den Rednern zugehört. Nun richtete er sich hoch empor und sprach:*)

---

*) Ich gebe die bedeutsame Rede nach den „Hamb. Nachr." wieder, obgleich dieses Blatt durch ein vorangesetztes „etwa" ausspricht, daß es die volle Übereinstimmung ihres Textes mit dem wirklichen Wortlaut nicht verbürgen kann. Dennoch schien mir die Fassung der „Hamb. Nachr." nach Form und Ausdruck den thatsächlich gesprochenen Worten am nächsten zu kommen.

„Jch habe zuvörderſt meinen Dank zu ſagen für die
glänzende und großartige Begrüßung, die mir hier von
Jhnen zu teil wird, eine Begrüßung von einer Großartigkeit, wie ich glaube, daß ſie niemals einem deutſchen Mi-
niſter in neuerer Zeit zu teil geworden iſt; ich füge hinzu,
wie auch mir nicht zu teil geworden iſt, ſo lange ich im
Dienſte war. Aber ich habe das Gefühl, daß ich Jhre
Anerkennung doch nicht in ihrem ganzen Umfange entgegen-
nehmen kann, ſie gilt natürlich nicht meiner Perſon, ſie gilt
dem Werke, an dem ich mitgearbeitet habe. Jch bin der
Überlebende von allen meinen Mitarbeitern, jünger ans Werk
gegangen als die meiſten von ihnen. Nun wird mir das
Verdienſt, das den Verſtorbenen gebührt, mit zu teil. Jch
habe mir die Mitarbeiter in langen Jahren geworben,
namentlich diejenigen, von deren Mitwirkung das Gelingen
des Werkes hauptſächlich abhing.

Bei einem Rückblick auf die Vergangenheit darf man
nicht vergeſſen, daß zu Anfang dieſes Jahrhunderts noch
die dynaſtiſche Politik geherrſcht hat und die nationale Politik erſt im vorigen und dieſem Menſchenalter ſich zu entwickeln angefangen. Der Einzelne kann den Strom der
Zeit nicht herſtellen, nicht einmal lenken, er kann das
Steuer des Staatsſchiffes nur nach feſter Überzeugung
führen; wenn er dabei Glück hat, ſo hat er ſeinem Lande
gedient; thut er es mit Ungeſchick, gerät er in Vergeſſenheit.

Das Drängen der deutſchen Nation entſtand, als ich
geboren wurde, in den Freiheitskriegen, es wurde wieder
belebt und galvaniſiert 1830 und 1848 bei der Bewegung
im weſtlichen Nachbarlande. Es gelangte nur nicht zum
Durchbruch beim Volke, es gelang nicht, dieſem Strome

freien Lauf zu gewinnen. Die erſten Verſuche brannten
von der Pfanne, um mich als Jäger auszudrücken. Wenn
wir zurückdenken an die Beſtrebungen von 1830, 1833 und
1848 — und gerade die Anweſenden wiſſen das noch — an
den Kampf in Baden und der Pfalz um die Reichsverfaſſung
1849, ſo können wir ſagen, daß dieſe Beſtrebungen ver-
früht und zum Glück nicht ſiegreich waren. Wären die
Preußen von den Aufſtändiſchen geſchlagen worden, ſo
hätte doch kein haltbarer Zuſtand geſchaffen werden können.

In Gottes Vorſehung lag es, daß auch 1866 die
unitariſchen Beſtrebungen nicht die Oberhand gewannen.
Es wäre damals unter dem Eindruck eines Gottesurteils,
das man in der Lage der Dinge hat erblicken wollen, die
volle Einheit, die man geſucht, nicht ſo befriedigend und
dauernd geworden wie heute. Gott hat es ſo eingerichtet, daß alle deutſchen Völker den Hammer
nach dem Ambos geſchwungen haben, auf dem
die deutſche Einheit geſchmiedet wurde.

Wir haben uns das Deutſche Reich und die Kaiſer-
krone ſo zu ſagen aus den franzöſiſchen Bataillonen heraus-
geholt, und daran haben auch Heſſen und Badenſer ehren-
vollen Anteil. Der Krieg war nötig, wir konnten das
Verhältnis zum deutſchen Bund, das unter der übelwollen-
den Fürſorge Frankreichs geſchloſſen war, nur mit dem
Schwerte löſen. In dieſem Sinne war es eine meiner
Aufgaben, dem deutſchen Schwerte zum Losſchlagen
Bahn zu brechen, was mir auch bei meinem alten
Herrn gelungen iſt.

Schon als Bundestagsabgeordneter in Frankfurt hatte
ich das Gefühl, daß die nationale Politik mir gelingen

könne, wenn der König von Preußen und seine Armee dafür gewonnen sei. Im Anfang allerdings habe ich mit Vorsicht darauf hinarbeiten müssen, aber schließlich doch mit Erfolg. Es wurde meinem alten Herrn der Kampf mit Österreich außerordentlich schwer und doch war er nicht zu vermeiden. Er hatte im Jahre 1870 als Dreiundsiebzigjähriger ebenfalls keine große Kriegslust gegen Frankreich, und doch war der Krieg zur Herstellung des Deutschen Reiches notwendig. Solange Frankreich Elsaß und damit Straßburg besaß, hatte es eine große Macht, die ihm über Paris genommen werden mußte. Es war ein Glück, daß wir diesen Krieg allein führen konnten, denn es war damals in Europa keine Macht, der es erwünscht gewesen wäre, eine neue Großmacht erstehen zu sehen. Man mußte in der politischen Thätigkeit auch Koalitionen entgegen gehen, denen unsere militärische Macht nicht gewachsen war. Heute ist das, so hoffen wir zu Gott, nicht mehr der Fall. Der französische Krieg mußte geführt werden, nur mußte abgewartet werden, bis die Franzosen die Geduld verloren, und das haben wir abgewartet.

Ich beabsichtigte, darzulegen, was notwendig für die Herstellung des Deutschen Reiches war, und wie die Einigung herbeigeführt wurde. Es gilt ein alter Spruch, der lautet: wenn man Eierkuchen backen will, muß man Eier zerschlagen. Das geht nicht immer ohne Verstimmung ab, es ist nicht möglich, alle Interessen und alle Wünsche zu schonen, es ist das bedauerlich, aber unvermeidlich. Ich bin infolgedessen in die Notwendigkeit versetzt worden, mir noch mehr, wie das jedem leitenden

Minister geschieht, Feinde zu schaffen, im Auslande wie im
Vaterlande. Die Interessen sind so verschieden, abgesehen
von der politischen Meinungsverschiedenheit, die dem deut-
schen Volke mehr eigen ist als anderen Nationen.
Die notwendige Verletzung der Interessen machte die Zahl
meiner Gegner notwendigerweise noch größer, als bei einem
Minister, der weniger Eier zu zerschlagen hat. Diese Gegner
sind mir treu geblieben. Es ist mir das eine befriedigende
Quittung für meine Vergangenheit und mein Wirken. Es
würde mich beunruhigen in meiner jetzigen bürgerlichen
Stellung, die Zustimmung von Leuten zu finden, die ich als
Reichskanzler unausgesetzt heftig zu bekämpfen genötigt war.

Ich möchte auf die Geschichte der Vergangenheit
nicht näher eingehen. Ich möchte aber noch auf einige
Bemerkungen eingehen, die einer meiner Herren Vorredner
über die auswärtige und die innere Politik gemacht hat.
Wir Deutsche sind in der Mitte von Europa gelegen und
dabei haben wir Eigenschaften, die andere Völker nicht
haben; die anderen sind fügsamer, gehen besser ins Dutzend.
Deshalb stößt eine politisch einheitliche Führung
bei uns auf sehr viel mehr Schwierigkeit als bei
den slavischen und romanischen Völkern, die andererseits günstiger situiert sind als wir. Rußland ist gedeckt
durch Asien, es hat nur eine dem Angriff ausgesetzte Front
gegen Westen; Frankreich hat den Ocean hinter sich und
die Vogesengrenze ist die einzige, wo man ihm beikommen
kann. Wir sind dagegen von allen Seiten Angriffen ex-
poniert. Deshalb müssen wir selbst immer Rücken
an Rücken stehen, und wenn wir das nicht thun,
so kann uns nichts helfen.

Die Einheit ist die erste Bedingung unserer nationalen Wohlfahrt, andererseits aber ist das Parteiwesen im deutschen Volke sehr tiefgehend. Einer meiner Vorredner hat die Frauen als Gattinnen und Mütter aufgefordert, gegen diese Eigentümlichkeit anzukämpfen; ich hoffe, daß es gelingen wird, aber ich bin dessen nicht sicher, naturam expellas furca, tamen usque recurret.

Wir müssen die Gefahren, die uns drohen, stets zu erkennen und zu beseitigen bemüht sein. In der auswärtigen Politik wird das der Fall sein, in der inneren Politik ist die Sache sehr viel schwerer. Die Selbständigkeit der Parteien trägt sehr viel Schuld daran, jede Partei glaubt, daß sie die Alleinherrschaft erwerben kann im Deutschen Reiche, und lehnt es ab, mit der nächststehenden Partei Kompromisse zu schließen. Die extremen Parteien sind in Deutschland nicht regierungsfähig. Das ist weder praktisch noch theoretisch möglich. Wie wir weltlich und nicht nach kirchlichen Gesichtspunkten regiert werden können, so teilt auch jeder gebildete Deutsche den Standpunkt, daß nicht von unten herauf regiert werden darf. Aber bedauerlicherweise ist bei den Wahlen die Begierde nach Stimmen stärker als diese Einsicht und das Nachdenken über das, was zu thun ist.

Ich habe, als ich noch Minister war, versucht, durch eine Verschmelzung der mittleren Parteien diesem Übelstande abzuhelfen. Es gibt doch vieles, worüber man einig werden kann, und da sollte man nicht zögern, einig zu sein. Ich habe mich mit dem Kartell bemüht, dies zu erreichen und eine Einigung zu stiften. Die Sache ist im Reichstag nicht von Dauer gewesen. Nichtsdestoweniger glaube ich, daß die Befestigung unseres Verfassungslebens nur auf diesem Wege möglich ist. Sobald der Reichstag ohne feste Majorität ist, so können die acht oder neun Fraktionen, die er hat, nicht hindern, daß seine Autorität zurückgeht. Wir brauchen den Reichstag, wir müssen ihn zu stützen und zu fördern suchen, das können wir nur durch eine Verschmelzung der Parteien, die dem gebildeten Bürgertum angehören. Wenn es uns gelingt, neue Bahnen hierfür bei den Wahlen zu finden und auf dieser Basis zu arbeiten, so würde ich das als den größten Vorteil für den Reichstag und das Reich betrachten. Wenn aber der Reichstag in Mißachtung der vorliegenden Notwendigkeiten diesen Weg verläßt und einen Mangel an Selbständigkeit kund giebt, so sehe ich das als eine große nationale Kalamität an.

Ich möchte deshalb an die hier anwesenden Herren die Bitte richten, soviel sie Einfluß haben, in der Heimat dafür zu sorgen, daß die Unterschiede zwischen den verwandten Parteien verschwinden. Es ist überhaupt schwierig, den Unterschied zwischen ihnen mit Worten richtig zu bezeichnen. Es wird, die Theologen ausgenommen, kaum jemand von uns imstande sein, sofort mit Sicherheit zu sagen, was der Unterschied zwischen der reformierten und der evangelischen Konfession ist. So ist es auch mit den politischen Fraktionsunterschieden. Die Fraktionsführer müssen ihrer eigenen politischen Existenz wegen ihre Programme künstlich aufstellen, unterscheiden und vertreten, ohne daß ein wirkliches Bedürfnis hierzu obwaltet. Das ist unser Unglück.

Ich muß um Entschuldigung bitten, in meinem Vor-

trage fo weitläufig gewefen zu fein, aber wovon das Herz
voll ift, geht der Mund über. Ich kann mich von der
Politik, die ich vierzig Jahre getrieben, nicht lossagen, und
ich werde mich auch nicht lossagen. Ich werde mir
den Mund nicht verbieten laffen und ich werde den Mund
nicht halten, wenn man es auch noch fo fehr von mir
verlangt. Alle meine Gegner finden, ich würde mich in
der Gefchichte beffer ausnehmen und eine vornehmere Er-
fcheinung fein, wenn ich ftillfchwiege und kein Wort mehr
fprechen würde, und mein Widerftreben hiergegen giebt
ihnen Veranlaffung, die übelften Urteile über meine Perfon
und meinen Charakter zu fällen; namentlich die officiöfen
Blätter behandeln mich als einen gefährlichen und ver-
dächtigen Menfchen, vor dem gewarnt werden müffe. Wenn
fie das fchon gethan haben, nachdem ich kurz zuvor erft
aus dem Dienft gefchieden war, fo finde ich, daß damit
dem Reiche ein fchlechter Dienft erwiefen wird. Es ift
unvermeidlich, daß das Amt, welches ich kurz vorher ver-
laffen hatte, mitverdächtigt wird. Es fchadet dem Buche,
wenn man feinen Verfaffer fchlecht macht. Sie
können mich nicht herunterreißen, wie fie es thun,
ohne daß das Gift überfpritzt auf das Ergebnis
unferer gemeinfchaftlichen Arbeit, auf Kaifer und
Reich. Wenn fie den thätigften Mitarbeiter an der Her-
ftellung des Reiches und feiner inneren Einrichtungen in
diefer Weife herabfetzen, fo vergeffen fie, daß fie auch deffen
Werk befchimpfen und alle, die an demfelben mitgearbeitet
haben. Das ift eine bedauerliche Thatfache, die ich aber
nicht ändern kann.

Ich möchte meine Wünfche für die Zukunft zufammen-
10*

fassen, indem ich vorschlage, unsere Zusammenkunft damit
zu schließen, womit wir sie begonnen haben, mit einem
Hoch auf Kaiser und Reich, aber mit dem Zusatz, daß ich
unter dem Reich die Gesamtheit der Fürsten und den Reichs=
tag mit inbegriffen habe. In diesem Sinne ersuche ich
Sie, nochmals Ihre Stimme zu erheben: Kaiser und Reich,
sie leben hoch!

Mächtig stimmte die gewaltige Versammlung in diesen
Ruf ein. Nachdem die stürmischen Zurufe verklungen waren,
bedeckte der Fürst sein Haupt, Professor Schwenninger reichte
ihm, da es inzwischen kühl geworden war, ein Glas Wein.
Da ein folgender Redner den Grafen und die Gräfin Her=
bert Bismarck als Verkörperung des deutsch=österreichischen
Bündnisses gefeiert, nahm der Fürst noch einmal das Wort
und sagte:

„Ich habe in meinen Ausführungen vorhin das
deutsch=österreichische Bündnis vergessen. Man hat neuer=
dings versucht, auf Grund eines mißverstandenen Zeitungs=
artikels mich als Gegner dieses Bündnisses hinzustellen; es
ist dies eine der größten Unehrlichkeiten. Gerade das Um=
gekehrte ist der Fall, es war meine Absicht in Wien, dieses
Mißverständnis aufzuklären. Wir müssen an dem öster=
reichischen Bündnis unbedingt festhalten. Es ist eine wesent=
liche Verbesserung des alten Bundes. Im alten Bunde
hatten wir im Falle eines Angriffs Anspruch auf das öster=
reichische Kontingent von, ich glaube, fünfundneunzigtausend
Mann. Heute haben wir unter Umständen Anspruch auf
die ganze österreichische Armee. Aber auch Österreich be=
findet sich dabei viel besser, der alte Bund deckte nur die
Länder bis zur Leitha, heute deckt das Bündnis die ge=

samten Gebiete der österreichisch-ungarischen Monarchie,
auch jenseit der Leitha. Deutschland und Österreich, beide
sind defensive Mächte. Ich habe im Jahre 1879 das
Bündnis nicht ohne große Mühe herbeigeführt, und es ist
eine Verlogenheit, wenn verbreitet wird, ich sei heute ein
Gegner desselben. Wenn ich es wäre, brauchte ich nur
auf die Zeit des Krimkrieges zurückzugreifen, wo das lange
dünne Gebiet zwischen Inn und Straßburg durch französische und österreichische Interessen bedroht war und mir
der damalige König von Württemberg mit dem Finger
auf der Karte erklärte, Straßburg sei zu nah, er könne
am Bunde nicht halten. Der deutsch-österreichische
Block ist nicht nur schwer anzugreifen, sondern wir
sind dadurch auch gesichert vor Velleitäten einer
veränderten österreichischen Politik, worauf ich
sehr hohen Wert lege. Österreich sollte es in seinem
eigenen Interesse erachten, wenn wir mit Rußland so viel
Fühlung behalten, daß der Friede zwischen Österreich und
Rußland erhalten bleibt. Daran haben wir jedenfalls das
höchste Interesse. Ebenso verlogen ist die Behauptung,
ich hätte Österreich den Handelsvertrag übel genommen
und sei deshalb gegen das Bündnis. So leichtfertig bin
ich nie in meinem Leben gewesen und werde es jetzt im
hohen Alter nicht sein, daß ich Größeres dem Kleineren
nachwerfe. Meine Äußerungen in Wien über den Handelsvertrag gingen dahin, daß ich Österreich zur Geschicklichkeit
seiner Unterhändler beglückwünschte und sagte, ich würde
mich gefreut haben, es im gegebenen Falle ebenso haben
machen zu können. Österreich hat durchaus richtig gehandelt, wenn es die geringere Geschicklichkeit unsrer Unter-

händler zu seinen Gunsten verwertete; es ist eben zu allen Geschäften Verständnis und Geschicklichkeit er. forderlich."

Die wohl gegen zwei Stunden währende und in schönster Ordnung verlaufene Feier endete damit, daß der Fürst sich noch einmal dankend an die Damen wandte, dann die Reihen der Tausende durchschritt und schließlich wieder vom Fenster aus den Zug an sich vorübergehen ließ, wiederum mit unaufhörlichem Zuruf begrüßt. Wer die Teilnehmer gesehen hat, die vom Jünglings= bis zum Greisenalter fast alle Jahrgänge repräsentierten, konnte sich der Überzeugung nicht verschließen, daß aus diesem überwältigenden Zuruf der Jugend wie aus dem stolzen enthusiastischen Gruß der Männer im Silberhaar wirklich das Herz des deutschen Volkes sprach.

Später erschien Fürst Bismarck auf der Wiese beim Altenburger Hof, wo gegen 2000 Teilnehmer des Fest= zuges beim Bier versammelt waren. Der Fürst schritt von Tisch zu Tisch, nahm aus den Händen von Thor= becke (Mannheim) einen Krug mit Bier entgegen und sagte in einer kurzen Ansprache, er komme, seinen Gegenbesuch zu machen. Die Begrüßung war abermals außerordentlich herzlich.*)

*   *   *

―――――――

*) Den Wendungen der Rede des Fürsten Bismarck in ver= schiedenen Blättern entnehmen wir noch folgende bemerkenswerte Sätze: „Bei Romanen und Slaven gehen immer 12 aufs Dutzend, während bei uns die Selbständigkeit der Meinung größer ist und wir bei 12 Köpfen auch 12 Meinungen haben." „Wir müssen Rücken an Rücken stehen, wenn nicht alle Opfer der Vergangenheit für uns verloren sein sollen." „Zu einer ruhigen dauernden Regierung führt

Die Kissinger Tage gingen zu Ende. — In den ge=
waltigen Kundgebungen vom 10. und 24. Juli waren die
übrigen Beweise liebender Verehrung, die dem Fürsten
während seiner Anwesenheit in dem freundlichen Kurort
entgegengebracht wurden, fast untergegangen. Und doch ver=
ließ ihn das Gedenken seiner Mitbürger keine Stunde.
Sinnige Aufmerksamkeiten umgaben ihn unausgesetzt, und
wo er sich zeigte, umwogte ihn stürmischer Zuruf. Als er
die Stadt nach fünfwöchentlichem Aufenthalte verließ, waren
320 Depeschen mit 10 000 Worten für ihn eingegangen —
gegen ungefähr 150 in früheren Jahren.

Die Abreise des Fürsten Bismarck aus Kis=
singen erfolgte am 30. Juli Nachmittag 2 Uhr 40 Min.
Die Fahrt der fürstlichen Familie durch die Stadt hatte Tau=
sende von Einheimischen und Kurgästen auf die Straßenzüge
zum Bahnhof und auf diesen selbst geführt, welche die hohen
Herrschaften fortwährend jubelnd aufs herzlichste begrüßten.
Rufe aller Art und „Auf frohes Wiedersehen" ertönten.
Der Salonwagen des Fürsten war in seiner ganzen Aus=
dehnung von Kissinger Kurgästen mit Guirlanden, Fahnen
und Emblemen geschmückt worden, über dem mittleren Fenster
hing ein großer Kornblumenkranz. Am Ausgangsportal des

nur der Verzicht auf extreme Meinungen und eine Regierung im
Sinne der Durchschnittsanschauungen der gebildeten Deutschen."
„Die reichsfeindlichen Parteien machen sich klar, was sie wollen (wenn
sie mich herunterreißen), daß aber die heutigen Leiter in diesen Irr=
tum verfallen, ist sehr bedauerlich." Bemerkenswert ist auch folgender
Schlußzusatz zu der richtig gestellten Äußerung über die deutsch=öster=
reichischen Handelsvertragsunterhandlungen: „Zu allen politischen
Geschäften ist Verständnis und Geschick erforderlich und wo das fehlt
— Achivi plectuntur."

Fürstenzimmers befand sich ein bekränzter Schild mit der Inschrift:

> Der in Not uns und Gefahr
> Thatenbringer, Führer war,
> Bismarck bleibt sich immer gleich
> Allezeit und immerdar
> Für den Kaiser, für das Reich!

Der ganze Bahnhofsperron und eine große Strecke darüber hinaus waren mit Menschenmassen bedeckt, welche den langsam abfahrenden Zug ununterbrochen mit Hurrahrufen begleiteten. Sie gaben der fürstlichen Familie unter Händedrücken und Blumenwerfen bis etwa zweihundert Meter mitlaufend das Geleit, so daß es des energischen Einschreitens der Polizeigewalt bedurfte, um Schaden zu verhüten. —

Die ganze Reise von Kissingen nach Jena glich in Wahrheit einem Triumphzuge und überbot an Großartigkeit noch die analogen Vorgänge auf der Fahrt nach Dresden, München, Kissingen. Auf jeder Station waren je nach der Größe Hunderte und Tausende von Menschen versammelt, welche ihrem innigsten Bedürfnisse, dem Fürsten Bismarck ihre Treue, Liebe und Anhänglichkeit zu bezeugen, in jeder möglichen Weise Ausdruck zu geben suchten. Besonders geschah dies in Ritschenhausen, Suhl, Oberhof, Plaue, Arnstadt, Neudietendorf, Erfurt und Weimar.

In Ritschenhausen war aus dem nahen Meiningen das Volk zusammengeströmt. Zu Fuß, zu Wagen, mit der Bahn waren sie gekommen, Alt und Jung in festlichen Gewändern. Schulen aus den Nachbarorten standen am Bahnsteig mit Fahnen und Blumensträußen. — Mit brausendem Jubel empfing die Menge den einfahrenden

— 153 —

Zug. Der frühere Vertreter des Meininger Wahlkreises im Reichstage begrüßte den Fürsten mit einer Ansprache, in der er neben der Versicherung unauslöschlicher Dankbarkeit, Treue und Hingebung u. a. sagte: „Nicht in Worten allein wollen wir unsern Dank bringen, durch die That auch sind wir in ernstem Streben gewillt, unverbrüchlich festzuhalten an dem herrlichen Werke, welches Ew. Durchlaucht für unser Vaterland geschaffen, an der Einheit des Reichs!" Fürst Bismarck dankte herzlich und fuhr dann fort:

„Seit 5 Wochen hatte ich, so zuletzt wieder in Bayern, den wärmsten und herzlichsten Empfang gefunden, und ich kann sagen, es hat dies meinem Herzen wohlgethan. So darf ich denn auch glauben, daß das, was ich im Dienste des Vaterlandes geleistet, im deutschen Volke Anerkennung gefunden, daß es Wurzel geschlagen hat im Herzen des deutschen Volkes. So darf ich denn wohl auch hoffen, daß diese Wurzeln so festen Boden gefaßt, daß aller Neid, aller Haß und alle Verleumdung und Verhetzung, welche sich in letzter Zeit so vielfach gegen mich gerichtet, nicht hinreichen, um dies aus dem Herzen des deutschen Volkes zu verdrängen."

Stürmische Zurufe der Näherstehenden: Nein, nimmermehr! Treue für immer! und stürmisches Hoch der Entferntesten unterbrachen hier den Fürsten und hinderten ihn, weiter zu reden. Unter donnernden Hochrufen fuhr der Zug davon.

Nach dem Bahnhofe von Plaue i. Th. war die Bevölkerung aus meilenweiter Ferne herbeigeeilt, und die benachbarten Badeorte Ilmenau und Elgersburg hatten dorthin fast alle ihre Kurgäste entsandt. Als der Schnellzug mit dem Fürsten sichtbar wurde, war die Erregung des Publikums nicht mehr zu meistern. „Hoch" und „Hurrah" erscholl es aus aller Munde, und erwartungsvoll richteten sich aller Augen nach dem fürstlichen Salonwagen, ob der Alt=Reichskanzler sich zeigen werde. Und jetzt wurde ein Fenster herabgelassen, in dessen Rahmen Fürst Bismarck er= schien. Der Jubel, der da die Menge ergriff, läßt sich nicht beschreiben. Alle Welt war an den Wagen heran= gedrängt; jeder suchte dem Fürsten die Hand zu drücken, und eine nicht mehr zählbare Menge kostbarer Blumen= bouquets wurden ihm zugereicht. Nun trat der jugendliche evangelische Pfarrer von Plaue heran, um an den Fürsten eine Ansprache zu halten. „Durchlaucht", sagte er unter völliger Stille der immer mehr herandrängenden Menge, auf dieselbe zeigend, „das ist das Denkmal, das Ew. Durch= laucht sich durch Thaten gesetzt haben, die einzig in der Geschichte sein werden, die uns das Deutsche Reich gebracht haben. Ew. Durchlaucht Wort hat es geschmiedet". Be= wegt dankte der Fürst.

„Meine sechswöchentliche Reise", sagte er ungefähr, „gleicht einem Triumphzuge, wie ich ihn so erhebend nicht zu träumen gewagt hatte. Ich bin durch Sachsen, durch Bayern, Franken gekommen, und überall hat mich das Volk jubelnd begrüßt. Und besonders freue ich mich, auch in Thüringen, dem Wohnsitz echt deutscher Männer, mein Wirken anerkannt zu sehen. Ich werde mich nicht mehr ändern, meine Gesinnungen bleiben dieselben." Kaum hatte der Fürst die kurze Rede geschlossen, die auf alle Anwesenden einen tiefen Eindruck machte, so brach das Hoch= und Hurrahrufen von neuem los.

In Weimar waren mindestens 15 000 Menschen an der Bahn versammelt. Bei der Ankunft des Fürsten Bismarck fand eine Begrüßung durch den Bürgermeister an der Spitze des Gemeinderats und einer Deputation, welche Blumen überreichte, statt. Der Fürst antwortete mit herzlichem Dank für den Empfang; er habe Weimar als dem geistigen Mittelpunkt Deutschlands stets lebhaftes Interesse dargebracht, zumal auch die Regierung ihn in seiner amtlichen Thätigkeit stets unterstützt und der Großherzog ihm stets sein Wohlwollen bekundet habe. Der Fürst schloß mit einem Hoch auf den Großherzog. Nach wiederholten Hochrufen auf Fürst Bismarck erfolgte die Weiterfahrt nach Jena.

2. Jena.

An jenem selben 10. Juli, der dem Fürsten Bismarck in Kissingen die Huldigungsfahrt der 700 Schwaben brachte, war auch eine Abordnung aus Jena bei ihm erschienen, die den Helden Deutschlands im Namen der Einwohnerschaft und der Hochschule einlud, auf der Rückreise ihre Stadt mit einem Besuche zu erfreuen. „Die Begeisterung" — sagt der ‚Bericht des Zentralkomitees' in seiner, zur Erinnerung an diesen Besuch herausgegebenen Festschrift, der wir im Nachstehenden mehrfach folgen dürfen — „die den Fürsten Bismarck in Dresden, München und Augsburg empfangen hatte, trieb ihre Wellen auch an das stille Gestade unserer kleinen Musenstadt. Auch hier wurde mit Spannung verfolgt, wie deutsche Treue und dankbarer Sinn vor aller Welt Widerspruch erhoben gegen die erbärmliche Schmähsucht einer verbissenen oder verschüchterten Presse, und bei Manchem wurde der längst im Stillen gehegte Wunsch ernstlicher erwogen, gegenüber solch ungerechter Verunglimpfung unseres größten Staatsmannes auch öffentlich nicht länger zu schweigen."

Ein anderer Bericht aus Jena schildert die freudige Erregung, die sich aller Kreise bemächtigte, als aus Kissingen die sichere Kunde von dem bevorstehenden Besuche des Alt-Reichskanzlers eintraf. Beamte, Professoren, Bürger und Studenten wetteiferten, an den Vorbereitungen teilzunehmen und dazu beizutragen, den Empfang und Aufenthalt des hohen Gastes so festlich als möglich zu gestalten. Die Empfindungen, von denen die Bevölkerung sich leiten ließ, sind in folgenden Sätzen niedergelegt: „Wohl ist Jena ein kleines Gemeinwesen, groß steht sein Name aber in der Geschichte da. Überall wird die Hochschule Jena, die stets einem freien Geiste gehuldigt hat, von jedem denkenden Deutschen mit Stolz genannt. Man braucht nur jene Männer zu nennen, deren Namen für die Entwicklung des deutschen Geisteslebens so bedeutsam geworden sind, Hufeland, Oken, Reinhold, Fichte, Schelling, Jahn, Hegel, Luden, Schlegel, Tieck, v. Humboldt und vor allen Schiller und Goethe, die hier gelebt und gewirkt. Von dem kleinen Jena ging die Bewegung nach einem „einigen deutschen Vaterlande" aus, hier war es, wo die deutsche Burschenschaft gegründet wurde, die den Einheitsgedanken zuerst auf ihre Fahnen schrieb. Was die Burschenschaft erstrebt, wofür sie gekämpft und gelitten, das hat der gewaltige märkische Junker vollbracht mit Einsetzung aller Kräfte seines Geistes in anstrengender, aufreibender Arbeit. Ist es deshalb nicht Jena, welches dem Schöpfer des Reiches doppelt zujubeln und

dem Gefühle tiefempfundenen Dankes lauten und kräftigen
Ausdruck geben muß, wenn Bismarck in der Stadt weilt,
an deren Namen sich die Zeit der tiefsten Erniedrigung
Deutschlands knüpft, wenn der Mann im Schwarzen Bären
einkehrt, wo einst ein ebenso gewaltiger Kämpfer, ein Luther,
gewohnt? Und Jena hat dieser Pflicht genügt, es hat dem
Dank und der Verehrung kräftigen Ausdruck gegeben, doch
nicht die Bevölkerung der Stadt ist es allein, die dem großen
Manne gehuldigt, ganz Thüringen hat heute die Pflicht
nationaler Dankbarkeit dem Alt-Reichskanzler gegenüber
erfüllt."

Fürst Bismarck selbst hatte in seiner Erwiderung auf
die Ansprache der Herren aus Jena geäußert, eine Einladung aus Thüringen sei ihm ganz besonders sympathisch;
dieses Land habe in der vergangenen Zeit unter der Zerrissenheit am meisten zu leiden gehabt, darum habe auch
hier der Einheitsgedanke früh starke Wurzeln geschlagen.
Seinen Ausdruck habe er bereits in der Gründung der
deutschen Burschenschaft gefunden, einer edlen, wenn auch
damals noch verfrühten Bestrebung für die deutsche Einheit.
Gerade in Jena sei dieser Gedanke immer lebendig geblieben,
dieser Gedanke, dessen Verwirklichung er Zeit seines
Lebens seine ganze Kraft geweiht habe. Er habe
als Student Thüringen mehrfach kennen gelernt und sich
an seiner schönen Natur erfreut; er denke namentlich gern
an die Tage zurück, wo er als Göttinger Student — vor
60 Jahren — nach Jena gekommen sei. Als Mitglied
des Erfurter Parlaments habe er sodann wiederum Gelegenheit gehabt, mit den thüringischen Abgeordneten in
nähere Berührung zu treten, und ebenso habe er später als

Gesandter zum Bundestag in seinen auf Einigung der
deutschen Stämme abzielenden Bestrebungen gerade von seiten
der mitteldeutschen Diplomaten vielfache Unterstützung er=
fahren. In höheren Ton übergehend, gedachte er der
großen Bedeutung, welche vor allem Weimar, dann aber
auch Jena in der deutschen Kulturentwicklung eingenommen
haben. In der zweiten Hälfte des vorigen und in der
ersten dieses Jahrhunderts bildete Weimars Litteratur das
einzige Band nationaler Einigkeit für Deutschland. — —

„Fürst Bismarck kommt!" Der Jubelruf verbreitete
sich durch die Musenstadt nach dem Eintreffen der endgiltigen
Zusage aus Kissingen, und tausend Hände regten sich, die
Stadt zu schmücken. Laub, Tannenreis und Fichten wurden
aus den Wäldern herbeigeholt, auf den Straßen Kränze
und Guirlanden gewunden und der Marktplatz zur Festhalle
umgewandelt. Auf den Bergen wurden mächtige Holzstöße
geschichtet, deren Flammen zu Bismarcks Ehren leuchten
sollten. Reiche Mittel, lediglich aus freiwilligen Beiträgen
gespendet, und unentgeltlich gelieferte Arbeit vereinten sich
zu einem Werke voll sinniger, herzlichster Verehrung.

Das Bild, welches die festlich geschmückte Musenstadt
in den Stunden vor Bismarcks Ankunft gewährte, schildert
die erwähnte Festschrift anschaulich wie folgt:

„Wer am Sonnabend Morgen die Stadt durchwanderte, sah
mit freudigem Staunen, welch ein anderes Gesicht unsre alten
Straßen und Häuser trugen. Der Jenaer Bürger versteht es ja
meisterlich, wie jeder weiß, der hier einmal ein größeres Fest mit=
gefeiert hat, seine Stadt herauszuputzen; glänzender ist es ihm
aber noch niemals gelungen als am 30. Juli. Es gab fast kein
Haus, das nicht Kränze, bunte Wappenschilder, Fahnen in den
deutschen, weimarischen oder städtischen Farben schmückten. Über
die Straßen zogen sich Laubgewinde, an den Straßenkreuzungen

erhoben sich mächtige grünumwundene Flaggenmasten; besonders
malerisch war in dieser Hinsicht das Achteck auf dem Johannis-
platz gruppiert und das „Kreuz" mit den vielen von einem Haus
zum andern herüberreichenden Guirlanden geschmückt. Der Schmuck
einzelner Gebäude war geradezu hervorragend schön, so um nur
einige zu nennen: der Bär mit seinem reichen Flaggenschmuck und
dem Aufbau exotischer Topfgewächse mit dem in blau-weiß-gelben
Farben drapierten Baldachin über dem Balkon, gespannt über zwei
riesige Architekturstangen, darunter Bismarcks Wappen, das silberne
Kleeblatt mit goldenen Eicheln auf blauem Grunde und sein Wahlspruch: In trinitate robur! — ferner die dem Bären zugewandte
Seite des Ballhauses, auf welche der Blick der hohen Gäste vom
Balkon aus fallen mußte: die Fenster waren mit Stoffen in den
deutschen und weimarischen Farben verhangen, auf drei Konsolen
ragten aus den von dem Dache lang herabwallenden Fahnen und
den grünen Kränzen und Gewinden die Kolossalbüsten Kaiser Wilhelms I. und seiner beiden Helfer an der Begründung des Reiches,
Bismarck und Moltke, über gewaltigen heraldisch verzierten Gips-
medaillons hervor; ferner der Burgkeller, die Häuser der Burschen-
schaften Teutonia und Germania, die Rose, die Frühkneipe der Jenenser Corps, auf der vor sechzig Jahren der Studiosus v. Bismarck
als Gast geweilt; die langen reichgeschmückten Fronten des ana-
tomischen, physiologischen und chemischen Instituts, das landwirt-
schaftliche Institut, wo über der vor wenig Jahren gestifteten
Schillertafel eine Büste des großen Dichters aus frischem Grün
hervorleuchtete; das Gymnasium, das Pfeiffer'sche Institut mit der
sinnigen Idee der großen deutschen Landkarte und der Unterschrift:
„Dem Baumeister!" Wollte man vollends die Privathäuser auf-
zählen, die in hervorragendem, zumteil originellem Schmuck
prangten, so müßte man beinahe alle erwähnen. Viele derselben
trugen Sinnsprüche, von denen wir folgenden verzeichnen, der für
die Stimmung der Stadt, in der man sich zum Empfang gerüstet,
charakteristisch ist:

>Mit Gott für Kaiser und Reich,
>Aber auch für den großen Mann,
>Der des Reiches Wohl ersann!

Auch im Bären, wo dem Fürsten und seiner hohen Familie die
Zimmer des ersten Stockwerks hergerichtet waren, wurden die
letzten Anordnungen getroffen. Wer so glücklich war, einen Blick
in diese Räume werfen zu dürfen, mußte die geschmackvolle und

gediegene Ausstattung derselben bewundern. Einige Familien der Stadt hatten ihren kostbarsten und schönsten Besitz an Möbeln, Teppichen, Gemälden, Kunstwerken zur Verfügung gestellt. Erinnerungen an Kaiser Wilhelm I. zierten den Salon des Fürsten; Blumenspenden waren in reicher Fülle vorhanden, unter ihnen wohl die prächtigste ein großer Triumphwagen aus wundervollen Rosen, Nelken und Levkoyen. Jeder Blick zeigte, wie Liebe und Verehrung darauf gesonnen hatten, den Gästen ein behagliches Heim zu schaffen."

*   *   *

Voll Ungeduld wartete man am 30. Juli abends auf dem Bahnhof zu Jena auf die Anmeldung des Zuges, der den hohen Gast bringen sollte. Denn dunkle Wolkenmassen bedeckten den Himmel immer mehr, das Gewitter, das bereits den ganzen Nachmittag über gedroht hatte, zog näher und näher, und schon wurden die fernen Berge von niederströmendem Regen verhüllt. Die Verspätung des Zuges um 18 Minuten wurde verhängnisvoll. Gerade als der durch Blumen- und Guirlandenschmuck vor allen kenntliche Wagen des Fürsten langsam in den Bahnhof einlief, entlud sich unter fortwährendem Donnern und Blitzen ein heftiger Platzregen: das einfache, aber durchaus auf gutes Wetter eingerichtete Programm wurde dadurch zwar leicht gestört, nicht aber die Freude und die Begeisterung, den großen Reichskanzler endlich in Jena's Mauern zu wissen. Ein stürmisches Willkommen begrüßte die Gäste, die Musik spielte die „Wacht am Rhein", brausende Hochrufe erschollen von den Straßen herüber, und unaufhaltsam drängte sich alles an den Wagen heran. Der Fürst stand am Fenster und verneigte sich grüßend. Wegen des heftigen Regengusses zögerte man, die Thür zu öffnen, und auch der Fürst schien durch eine kurze Handbewegung anzudeuten,

daß er die für das Empfangs-Komitee nicht gerade ange=
nehme Lage wohl begreife. Doch im nächsten Augenblicke
nahm er seinen Überrock fester um sich und verließ den
Wagen. Ihm folgten die Fürstin und das gräfliche Paar
in das Fürstenzimmer des Bahnhofes. Hier fand eine kurze
Vorstellung statt.

Der Gemeinderatsvorsitzende Geh. Justizrat Krieger
hieß zunächst in kurzen Worten den Fürsten und seine
Familie herzlich in Jena willkommen und dankte im Namen
der Bürgerschaft Jena's, daß er es nicht verschmäht habe,
die kleine Stadt zu besuchen. Was Jena bieten könne, sei
nach Maßgabe der Mittel bescheiden, aber in der Wärme
der Begeisterung stehe es hinter niemand zurück.

Nun hielt Geh. Kirchenrat Dr. Lipsius eine An=
sprache, an deren Schluß er den hohen Gast im Namen
der Universität Jena also feierte:

„Das ganze deutsche Volk mit seinem Kaiser an der Spitze
kann heute Eurer Durchlaucht zurufen: Was wär' ich ohne dich
geworden, was würd' ich ohne dich wohl sein! Es geht durch
das ganze deutsche Volk mit elementarer Gewalt das Verlangen,
Eurer Durchlaucht zu zeigen, daß es Ihrer nie und nimmer ver=
gessen kann. Aus hohem Munde vernahmen wir kürzlich das
Wort: Das ist kein kleines Volk, das seine großen Männer ehrt!
Mit diesen Worten will das deutsche Volk heute Ernst machen, mag
dazu scheel sehen, wer mag. Die Huldigung, die wir Eurer Durch=
laucht darbringen, ist zugleich eine Huldigung den Manen unsres
unvergeßlichen Kaisers Wilhelm I. Das Gefühl der Pietät, das
uns beseelt, ist aus patriotischer, gut monarchischer Gesinnung
hervorgegangen. Die Kreise, welche heute Eurer Durchlaucht ent=
gegenjauchzen, sind monarchisch gesinnt bis auf die Knochen. Sie
alle stehen in guten und bösen Tagen fest zu Kaiser und Reich.

Sie sind ihrem Landesherrn in Treue ergeben. In ihrem Namen heiße ich Sie willkommen, willkommen."

Der Fürst dankte sich verbeugend und erwiderte ungefähr folgendes:

„Es ist für mich ein erhebendes Gefühl, diesen Ausdruck nationalen Dankes auf klassischem Boden zu empfangen. Warum ich diesen Boden einen klassischen nenne, geht aus Ihren Reden hervor. Die Universität Jena ist klein, aber berühmt, berühmter und auch im Auslande bekannter, als manche andere Universität. Der Ruhm Jena's und Thüringens beruht auf ihren deutschen Herzen. Thüringen selbst im Herzen Deutschlands hat stets ein warmes nationales Empfinden bewiesen trotz seiner verschiedenen Territorien. Auch diese Spaltung ist eine echt deutsche Eigentümlichkeit, aber sie hat die Thüringer nie dem Gefühl für das große Allgemeine entfremdet. Thüringens Lande sind umrankt von Gesängen und Sagen aus ursprünglicher Zeit; vor und nach Luther können sie auf ein reiches dichterisches Leben zurückblicken. Ohne Poesie und Romantik zentralisiert würde der Deutsche zum Franzosen herabsinken. Es ist erfreulich, daß die Bildungsstätten in Deutschland nicht wie in manchen zentralisierten Ländern in einer Stadt vereinigt sind. So verbreiten sie überall Aufklärung im Volke und sind Pflegerinnen urdeutscher Eigenschaften in seiner Mitte. Auch dafür muß man dankbar sein und der deutschen Eigenheit Rechnung tragen, das Vaterland in der nächsten Umgebung zu suchen. Ich könnte hier noch viel sagen, aber ich weiß nicht, ob Sie nicht über uns ein anderes Tagewerk beschlossen haben, weshalb ich Sie nicht länger aufhalten will. Ich danke Ihnen herzlich für Ihre freundlichen Worte und bitte noch um Entschuldigung, daß ich das schlechte Wetter mitgebracht habe."

Während drinnen in dem engen Zimmer diese Bewillkommnung stattfand, durchbrausten die Hurrahrufe der außerhalb des Bahnhofs harrenden Menge, die trotz des Unwetters tapfer ausgehalten, die Lüfte so unaufhörlich, daß sie zuweilen die Reden übertönten. Als der Fürst das Fenster öffnete, erhob sich ein Jubel, der aller Beschreibung spottet und ihn sichtlich ergriff; die „Wacht am Rhein" ward angestimmt und von Tausenden mitgesungen.

$$* \quad * \quad *$$

Wer könnte all die Szenen schildern, welche sich auf dem Wege vom Bahnhof zum Gasthof zum Bären, dem Quartier des Fürsten Bismarck, abspielten! Die Kopf an Kopf stehende Menge brach in tausendfältige Rufe aus, sobald die Wagen des Fürsten und seiner Familie sichtbar wurden; aus allen Fenstern winkten Tücher Willkommen, selbst von den Dächern herab grüßten begeisterte Zurufe. Der Fürst saß entblößten Hauptes in seinem Wagen und dankte unaufhörlich für die vom Herzen kommenden, zum Herzen gehenden Huldigungen. Im Bären konnte der Fürst nur kurze Rast halten, denn die auf dem Platze versammelten Menschenmassen erneuten ihre stürmischen Hochrufe. So erschien er auf dem Balkon und winkte mit dem großen schwarzen Schlapphut: Im Nu trat lautlose Stille ein, als der Fürst mit kräftiger Stimme zu sprechen begann:

„Meine Herren! Ich bin stolz auf den Empfang, den Sie mir in der thüringischen Universitätsstadt bereitet haben. Er ist ebenbürtig der wohlwollenden Aufnahme, die

11*

ich in der letzten Zeit im Süden des Vaterlandes gefunden
habe. Er liefert mir den Beweis, daß auch nördlich vom
Thüringer Wald meine Beziehungen zum deutschen Volke
nicht erschüttert sind, so daß ich über Verdächtigungen, die
meine Person betreffen, hinwegsehen kann. In solcher
Anhänglichkeit finde ich den schönsten Lohn meines Lebens.
Ich bin dankbar für die Liebe, die mir bis zu meinem
letzten Tage bleibt."

Bei diesen Worten erhob sich ein Hoch und ein
Hurrah, das den Fürsten am Weiterreden hinderte. Doch
veranlaßten ihn die wiederholten Kundgebungen, später noch=
mals am Fenster zu erscheinen und aufs neue das Wort
zu ergreifen, indem er sagte:

„Ich danke Ihnen für den freundlichen ehrenden
Empfang, den mir die Stadt Jena bereitet hat, und ich
freue mich, daß in Thüringen, also auch nördlich des Mains,
so viele Herzen für mich schlagen trotz der Verdächtigungen
und Erschütterungen, denen ich ausgesetzt gewesen bin. Ich
hoffe, daß ich morgen einen Teil von Ihnen hier wieder=
sehen werde. Für heute entschuldigen Sie mich wohl."

Inzwischen hatte sich im untern Saale die Deputation
des akademischen Senats der Universität Jena versammelt,
der Prorektor und die Dekane der vier Fakultäten im Ornat,
um den Fürsten namens der Universität zu begrüßen. Der
Deputation hatten sich fast alle Lehrer der Hochschule an=
geschlossen. Die Frau Fürstin, Graf und Gräfin Herbert
Bismarck nahmen in einem Kreise von Damen Platz und
waren Zeugen des feierlichen Aktes. Se. Magnificenz der
Prorektor Professor Dr. Brockhaus richtete nunmehr fol=
gende Ansprache an den Fürsten:

„Durchlauchtigster Fürst!

Die Universität Jena hat dem Prorektor und den Dekanen den ehrenvollen Auftrag erteilt, die hohe Verehrung auszudrücken, die, wie diese Stadt und dieses Land, so auch die Mitglieder unserer Hochschule Eurer Durchlaucht entgegenbringen.

Und mehr als unsere Verehrung, auch die tiefe, niemals erlöschende Dankbarkeit sind wir beauftragt auszusprechen, von der die Lehrer dieser Universität durchdrungen sind. In begeisterter Bewunderung blicken wir zu dem Manne auf, der das Riesenwerk der Einigung Deutschlands vollbracht hat.

Die Universität Jena hat ein gutes Recht, Eurer Durchlaucht ihre ehrfurchtsvolle Huldigung darzubringen; denn an dieser Universität hat der patriotische Gedanke seit den Freiheitskriegen niemals geschlummert. Studenten und Professoren haben das leuchtende Ziel der nationalen Einheit niemals aus den Augen verloren. Auch in trauriger Zeit, als die leidenschaftlichen Wünsche der Patrioten in schmerzlicher Resignation verstummten, lebte hier die Hoffnung unerschüttert fort: das zerstoßene Rohr wird nicht zerbrochen, der glimmende Docht nicht ausgelöscht werden!

Und unsere Hoffnung wurde nicht getäuscht: Wie ein glänzender Stern stiegen Euer Durchlaucht an dem umwölkten Himmel unseres Vaterlandes auf. Licht, Glanz, Freudigkeit verbreiteten sich über unser Volk. Der lange gedemütigte Nationalstolz erwachte, als wir von der Höhe herabblickten, auf welche Euer Durchlaucht im Dienste eines großen Fürsten und im Bunde mit einem großen Feldherrn das deutsche Volk gehoben hatten. Was vor einem halben Jahrtausend die Deutschen geträumt, was seit einem halben Jahrtausend die Deutschen ersehnt hatten, Euer Durchlaucht hatte es uns gegeben! In den Aufruhr der Meinungen, in das Chaos vieltausendköpfigen Streites war die Heroengestalt Eurer Durchlaucht getreten, und Ihre Thaten hatten gerufen: Ihr aber sollet die Läden nicht verschließen; denn siehe! der Tag ist angebrochen!

Als das gewaltige Drama der Einigung Deutschlands an

unfern erstaunten und geblendeten Augen vorübergezogen war und
die gleichmäßige politische Tagesarbeit begann, als die Erhaltung,
die Festigung, der Ausbau des Geschaffenen die Aufgabe der Politik
geworden war, da haben wir alle die Kunst und die gedankenreiche
Arbeit bewundert, mit welcher Euer Durchlaucht das junge Reich
einer alten Nation erhalten, befestigt, ausgebaut haben.

Jetzt dürfen Euer Durchlaucht mit freudigem Stolze die
reiche Frucht ernten, die Sie gesäet haben. Sie sehen vor sich ein
Volk voll begeisterter Erinnerung an Ihre weltgeschichtliche Wirk-
samkeit. Wir aber sehen in warmer Freude Euer Durchlaucht
heute vor uns in voller Kraft, ungebrochen durch die Arbeit zweier
Menschenalter, voll schweren Kampfes und ruhmreichen Sieges.

In dem Hause, in welchem einst der reformator
ecclesiae gewohnt, dürfen wir heute den reformator
Germaniae begrüßen. Die Jahrhunderte reichen sich die
Hand, und die leuchtende Fackel der Vaterlandsliebe, die vor drei
Jahrhunderten ein Deutscher entzündete, ist unverlöscht in die Hand
des Deutschen übergegangen, dem wir heute die Versicherung unserer
treuen Verehrung darbringen.

Möge die Fackel der Begeisterung für unser Volk und seine
Zukunft niemals erlöschen, und möge die starke Hand, welche in
rastloser opfervoller Arbeit das deutsche Reich zu errichten vermochte, sie uns noch viele Jahre vorantragen! Seine Durchlaucht
der Fürst Bismarck lebe hoch!"

Fürst Bismarck antwortete darauf, mit beiden Händen auf seinen Stock gestützt, leicht vornüber geneigt, folgendes:

„Meine Herren! Dieses Hoch, das mir soeben von
so autoritativer Stelle und mit so erhebenden Worten gebracht worden ist, könnte mich nach allen Ovationen, die
ich in den letzten Wochen erfahren habe, stolz machen,
wenn ich es für meine Person mir allein anziehen dürfte.

Ich habe schon neulich bei einer ähnlichen Begrüßung gesagt, ich bin der Erbe des Verdienstes meiner Mitarbeiter
geworden, weil sie vor mir gestorben sind, in erster Linie
mein alter Herr, Kaiser Wilhelm I., der nicht für den
deutschnationalen Gedanken erzogen und nicht in diesem
aufgewachsen war, den aber das angeborene deutsche Gefühl nie verlassen hat und dem man nur allmälig und
langsam den Weg zeigen durfte, den er zu gehen hatte,
um zu der Stelle zu gelangen, in der er gestorben ist und
gegen deren Annahme er sich in seiner Bescheidenheit lange
gewehrt hat, obschon er das Ziel wollte, das erreicht worden ist. Ich habe Mühe gehabt, ihm klar zu machen,
welcher Zauber in dem Titel des Kaisers liegt, in der
ganzen Repräsentation des Kaisertums und der historischen
Beziehung, welche im deutschen Geiste mit dem Kaisertitel
und der Stellung des Kaisers verbunden war. Es ist mir
gelungen, ihn davon zu überzeugen. Diese Arbeit hinter
den Kulissen, so zu sagen, ist schwieriger für mich gewesen
und die Diplomatie im eigenen Hause fast komplizierter
als die mit dem Auslande, dem gegenüber ich von Haus
aus wußte, was ich zu thun hatte. Ich kann in dem
ganzen Gange, den uns Gottes Vorsehung geführt hat,
doch nur eine besondere Vorherbestimmung erkennen. Selbst
die Schlacht, die für ein preußisches Herz mit dem
Namen Jena schmerzliche Erinnerungen weckt,
war notwendig, wenn die geistige Reaktion in
Preußen erfolgen sollte, wenn das in Preußen
überhaupt möglich sein sollte, was ich erstrebte,
das heißt, ein königlich preußisches Heer in den
Dienst der nationalen Idee zu stellen. Das alte

friedericianiſche Heer wäre ſchwerlich ein Pfleger des heutigen
verfaſſungsmäßigen und nationalen Staatslebens geweſen.

Wir haben nachher erlebt, daß die unzeitigen An-
fänge von der Leitung, die hoch über uns ſchwebt, immer
rechtzeitig zurückgeſchlagen worden ſind, die nur zu un-
vollkommenen Gebilden hätten führen können, bis der Moment kam, wo wir unſere Streitigkeiten in einem bedauerlichen Bruderkrieg, wenn ich den von 1866 erwähnen darf,
erledigen mußten. Es ging aber nicht anders. Auch der
franzöſiſche Krieg war notwendig; ohne Frankreich geſchlagen zu haben, konnten wir nie ein deutſches Reich
mitten in Europa errichten und zu der Macht, die es heute
beſitzt, erheben. Frankreich würde vielleicht ſpäter Bundes-
genoſſen gefunden haben, um uns daran zu hindern. Auch
der franzöſiſche Krieg war ein notwendiger Abſchluß. Dieſe
ganze Entwicklung müſſen Sie nicht meiner vorausberech-
nenden Geſchicklichkeit zuſchreiben; es wäre eine Überhebung
von mir zu ſagen, daß ich dieſen ganzen Verlauf der Geſchichte vorausgeſehen und vorbereitet hätte. Man kann
die Geſchichte überhaupt nicht machen, aber man
kann immer aus ihr lernen. Man kann die Politik
eines großen Staates, an deſſen Spitze man ſteht, ſeiner
hiſtoriſchen Beſtimmung entſprechend leiten, das iſt das ganze
Verdienſt, was ich für mich in Anſpruch genommen habe.
Es gehört allerdings noch mehr dazu — Vorurteilsloſigkeit,
Beſcheidenheit, Verzicht auf gewiſſe Lieblingsideen und auf
eigene Überhebung, und zwar dies in höherem Grade als
eine überlegene Intelligenz, die alles vorausſieht und be-
herrſcht.

Ich bin von früh auf Jäger und Fiſcher geweſen,

und das Abwarten des rechten Moments ist in beiden
Situationen die Regel gewesen, die ich auf die Politik
übertragen habe. Ich habe oft lange auf dem Anstand
gestanden und habe mich von Insekten umschwärmen und
zerstechen lassen müssen, ehe ich zum Schuß kam. Ich möchte
von mir nur den Verdacht abwehren, daß ich unbescheiden
gewesen bin, daß ich Verdienste in Anspruch nehme, die
mir nicht beiwohnen. Das Verdienst, das ich beanspruche,
ist: ich habe nie einen Moment gehabt, in dem ich
nicht ehrlich und in strenger Selbstprüfung darüber
nachgedacht, was ich zu thun habe, um meinem
Vaterland, und ich muß auch sagen meinem ver-
storbenen Herrn, König Wilhelm I., richtig und
nützlich zu dienen. Das ist nicht in jedem Augenblick
dasselbe gewesen, es haben Schwankungen und Windungen
in der Politik stattgefunden; aber Politik ist eben an sich
keine logische und keine exakte Wissenschaft, sondern es ist
die Fähigkeit, in jedem wechselnden Moment der Situation
das am wenigsten Schädliche oder das Zweckmäßigste zu
wählen. Es ist mir das nicht immer gelungen, aber über-
wiegend doch in den meisten Fällen. Man hat von mir
gesagt, ich hätte außerordentlich viel Glück gehabt in meiner
Politik. Das ist richtig, aber ich kann dem Deutschen Reiche
nur wünschen, daß es Kanzler und Minister haben möge,
die immer Glück haben. Es hat das eben nicht Jeder.
Meine Vorgänger im Amte, im Dienste des preußischen
Staates, haben es nicht so gehabt. Ich glaube nicht, daß
irgend einer von ihnen, wenn er nach Jena gekommen
wäre, den Empfang gehabt hätte, wie er mir heute zuteil
geworden ist. Ich will wünschen, daß ihn mein Nachfolger

hat, daß Sie ihm in derselben freudigen und spontanen
Begeisterung dermaleinst entgegenjauchzen mögen, wie ich
es heute, nachdem ich nichts mehr in der Politik zu thun
habe, als Quittung erlebt habe. Es ist das für mich ein
erhebendes und freudiges Gefühl gewesen, und ich wüßte
nicht, was man mir in diesem Leben mehr anthun könnte,
was irgendwie ins Gewicht fiele neben dem Wohlwollen
und der freudigen Liebe meiner Mitbürger, wie sie mir
heute entgegengetreten ist. Daß Sie mir dieses Gefühl
hinterlassen, und daß Sie, nachdem es in Dresden, München, Augsburg angeregt worden ist, es verstärkt und ver-
tieft haben, dafür bin ich Ihnen von Herzen dankbar. In
meinem Herzen lebt dieselbe Liebe zum Vaterlande wie vor
zehn Jahren, wo ich den entscheidenden Einfluß auf die
Politik hatte. Meine Ansichten über die Zweckmäßigkeit
und Nichtzweckmäßigkeit dessen, was wir zu thun haben,
sind heute noch dieselben. Warum ich sie nicht aussprechen
sollte, sehe ich nicht ein. Das Wesen der konstitutionellen
Monarchie, unter der wir leben, ist eben das Zusammen-
wirken des monarchischen Willens mit den Überzeugungen
des regierten Volkes. Die gegenseitige Verständigung ist
notwendig, um unsere Gesetze zu ändern, sonst verfallen
wir dem Regiment der Büreaukratie. Allerdings kann ja,
was der Geheimrat vom grünen Tisch aus entwirft, die
Presse korrigieren, wenn sie frei ist — aber sie bleibt nicht
immer frei. Es ist das ein gefährliches Experiment,
heutzutage im Zentrum von Europa absolutistischen Velleitäten zuzustreben, mögen sie priesterlich
unterstützt sein oder nicht. Die Gefahr ist immer die
gleich große und im ersteren Falle eine noch größere, weil

man sich täuscht über die einfache Situation der Sache, und
glaubt Gott zu gehorchen, wenn man dem Geheimen
Rat gehorcht. Wir haben ja die Ansicht gehört, daß ein
Unteroffizier den Soldaten gegenüber an Gottes Stelle stehe,
warum also nicht auch ein gebildeter Geheimrat? Ich bin
nie ein Absolutist gewesen und werde es am allerwenigsten
auf meine alten Tage werden.

Was wir für die Zukunft erstreben müssen, ist
eine Kräftigung der politischen Überzeugung in der
öffentlichen Meinung und im Parlament. Dazu ist
notwendig, wie ich mir neulich zu sagen erlaubt habe, daß
namentlich im Parlament die Meinung des Volkes einheit-
licher zum Ausdruck komme, als sie bisher sich darstellte.
Wenn verschiedene Meinungen der Regierung gegenüber-
treten, und sie hat die Auswahl, welche sie sich aneignen,
welcher Partei sie Versprechungen machen will, so kann von
keiner parlamentarischen und verfassungsmäßigen Beeinflussung mehr die Rede sein. Wollen wir ein Parlament
haben, in dem sich unser nationales Empfinden und unsere
öffentliche Meinung zum richtigen Ausdruck bringt, so müssen
wir in Bezug auf die einzelnen Unterschiede, die die Fraktionen von einander trennen, nachsichtiger sein als bisher.
Jetzt strebt jede Fraktion allein zu herrschen, ohne an den
nächsten Nachbarn zu denken. Außerdem ist das Unglück,
daß die Parteiführer, die zum großen Teil ihre persönlichen
Ziele und Zwecke haben, die Fraktionen fast absoluter
beherrschen als ein absoluter Monarch seine Unterthanen,
und daß der Wähler außerordentlich wenig davon erfährt,
wie sein Abgeordneter stimmt. Ich bin ein Parlamentarier
seit 45 Jahren, vom Provinziallandtage her gerechnet.

Ich glaube, der Wähler hat beinahe immer eine unrichtige
Ansicht von der Thätigkeit seines Abgeordneten, und die
unrichtige Ansicht beruht in der Regel auf den Mitteilungen,
die der Abgeordnete im Wahlkreise macht. Kommt er in
denselben zurück, so glaubt man ihm gern, seine Freunde
wollen ihn gern behalten, er hütet sich, den Wählern
Klarheit über alle Dinge zu verschaffen. Das war nicht
im Anfang unseres parlamentarischen Lebens. Der Wähler
war mißtrauischer, er that sich zusammen, kontrollierte und
brachte ein Mißtrauensvotum ein. Um ein solches zu
geben, muß man wissen, was der Abgeordnete thut. Das
wissen jetzt die wenigsten Wähler. Ich möchte wünschen,
daß das Parlament, dessen Gewicht vielleicht in der Vergangenheit zu sehr heruntergedrückt war, nicht auf demselben Niveau bleiben möge. Ich möchte, daß das Parlament zu einer konstanten Majorität gelangt; ohne diese
wird es nicht die Autorität haben, die es braucht.

Aber, meine Herren, ich komme mehr und mehr in
den Nimbus der Akademie und habe die Einbildung, als
wenn ich hier auf dem Katheder stehe. Ich halte mich
aber für verpflichtet, da ich glaube, in der größeren Politik
unter unseren Landsleuten derjenige zu sein, der die meiste
Erfahrung — haben sollte, über die Eindrücke nicht zu
schweigen, die Maßregeln, die ich für irrtümlich halte, auf
mich machen. Das wäre gegen mein Gewissen. Ich
habe als Reichskanzler nach meinem Gewissen
gehandelt, bin auch fest entschlossen, als Privatmann nach meinem Gewissen und meinem politischen Pflichtgefühl zu handeln, was auch immer
die Folgen für mich sein könnten. Diese sind mir

völlig gleichgiltig. — Aber ich fürchte, es wird hier für uns in diesen Räumen zu warm, wir wollen ja noch eine Fahrt zur Besichtigung der Bergfeuer machen."

Nach dieser vielfach durch lauten Beifall und lebhafte Heiterkeit unterbrochenen Rede, deren Wirkung auf alle Anwesenden eine gleichermaßen mächtige war, unterhielt sich der Fürst mit den einzelnen Mitgliedern der Deputation, wobei ihm auch der Senior der Universität, Geheimrat Stickel, vorgestellt wurde. Dieser redete Se. Durchlaucht mit wenigen, aber inhaltschweren Worten an, die das Verdienst des Fürsten in scharfer Beleuchtung zeigen: „Ich habe Napoleon I. noch gesehen, Deutschland im Zustande tiefster Erniedrigung. Ich habe Goethe gekannt und damit Deutschland auf der Höhe der litterarischen Entwickelung. Nun sehe ich in Ew. Durchlaucht den, der unser Vaterland auf den Gipfel politischer Entwickelung gehoben hat!"

*   *   *

Wie am Sedanstag und am Johannisabend leuchteten auch an diesem Freudenabende Jenas die Feuer auf den umliegenden Bergen von Dornburg bis nach der Leuchtenburg hin. Von den Höhen herab bewegten sich in Schlangenlinien fackeltragende Züge, auf dem Forst glänzte das Kriegerdenkmal in Rotfeuer, die Lobedaburg, der Fuchsturm und die Leuchtenburg strahlten vom Wiederschein. Fürst Bismarck und seine Familie konnten erst gegen ½10 Uhr zur Besichtigung der Feuer und der Illumination der Straßen aufbrechen. Überall bildeten die Studenten Spaliere, hinter denen Unmassen von Menschen standen. Wo man des Fürsten und der andern hohen Gäste ansichtig wurde, wiederholten sich dieselben mächtigen Huldigungen wie zwei Stun-

ben zuvor, und die Hochrufe pflanzten sich die Straßen entlang fort.

An die Beleuchtung schloß sich, nach der Rückkehr des
Fürsten in den Bären, der Fackelzug, an dem ungefähr
3000 Personen teilnahmen. Der Fürst betrachtete ihn vom
Balkon im Bären aus; jeder neuen Gruppe, die unter Hochrufen, unter dem Gesang patriotischer Lieder vorüberzog,
dankte er mit unermüdlicher Geduld; als die letzten Fackeln
nahten, rief der Fürst den Studenten zu: „Ich danke
Ihnen von Herzen". Man bemerkte, wie Professor Schweninger mehrfach mahnte, daß der Fürst sich zur Ruhe begeben möchte. Noch einmal trat der Gefeierte auf den
Balkon heraus und verabschiedete sich für heute mit diesen
Worten: „Ich danke Ihnen nochmals; wenn sie erst einmal 78 Jahre alt sind, werden Sie nach einem so auf-
regenden Tage auch das Bedürfnis nach Ruhe haben. Ich
wünsche Ihnen eine gute Nachtruhe!" Der Abschiedsgruß
ward mit dem herzlichen Rufe: „Gute Nacht, Durchlaucht!"
von der Menge beantwortet; mit der Losung: Ruhe für
Bismarck! zogen die Fackelträger ab, und in wenig Minuten
war der weite Platz menschenleer.

*   *   *

Der folgende Tag, es war der 31. Juli, war ein
Sonntag. Schon am frühen Morgen wartete eine zahlreiche Menge vor dem Bären auf das Erscheinen des Fürsten.
Es verbreitete sich die frohe Kunde, daß der Fürst trotz
aller Anstrengungen und trotz des starken Gewitters, das
in der Nacht getobt hatte, vortrefflich geschlafen habe. Noch
vor 10 Uhr begrüßte er selbst vom Balkon aus die Versammelten mit einem heitern: Guten Morgen! dem der

Gegengruß nicht fehlte. Gleich darauf sang die Currende vor dem Lutherzimmer das alte Protestantenlied: „Ein' feste Burg ist unser Gott, ein' gute Wehr und Waffen!" (Vers 1 u. 3.) Unter Leitung des Professors Naumann folgte nun seitens der vereinigten Gesangvereine von Jena und Umgebung der Vortrag der Lieder: „Wie könnt' ich Dein vergessen" und „Auf den Bergen die Burgen, im Thale die Saale". Der Fürst dankte den Sängern mit folgenden Worten:

„Ich freue mich, daß man in Jena über der Pflege der Wissenschaft die Pflege der Kunst nicht vergißt. Die thüringischen Fürsten und das thüringische Volk haben Kunst und Wissenschaft von jeher gepflegt und deutsche Wissenschaft, deutsche Kunst und deutschen Sang hochgehalten und geschützt, ich erinnere nur an die Wartburg und die Meistersinger. Was Korinth für das Altertum war, das bedeutete für das Mittelalter die Wartburg. Ihre Ovation ist mir ein Beweis hierfür, daß in dem Lande der Sagen und Burgen auch heute noch der edle Gesang gepflegt wird. Ich danke Ihnen!"

Darnach erfolgte die Umfahrt durch die Stadt. Den Gästen sollte Gelegenheit gegeben werden, einen Blick zu thun in die festlich geschmückten Straßen der innern Stadt, die eine einzige Via triumphalis bildeten. Da könnte der gewissenhafte Chronist von mancher durch die Wucht der Begeisterung überwältigenden Scene berichten, wie Männer und Frauen dem Manne zujubelten, dessen Thatkraft Deutschland seine Einigkeit dankt, wie Väter und Mütter ihre Kinder hoch hoben, damit sie ihr Lebelang der großen Stunde nicht vergäßen, da sie einst dem eisernen Kanzler

Kaiser Wilhelms I. ins Auge gesehen. Am Haufe der
Burschenschaft Teutonia wurde dem Fürsten als Erinnerungs-
gabe der Jenenser Burschenschaft eine Lichtenhainer Kanne
überreicht, an der „Rose" eine lange Pfeife mit den Wappen
der vier Jenenser Korps, am Burgkeller hatten die Mitglieder der Burschenschaft Arminia sich aufgestellt, ihr Führer
begrüßte den Fürsten mit den Worten:

„Euer Durchlaucht! Die älteste Burschenschaft, sind wir
hier vor dem alten Burgkeller erschienen, Euer Durchlaucht festlich
zu begrüßen. Was in unserem Bunde unsere Väter und Groß-
väter erstrebt, das haben Sie erstritten und errungen. Seien Sie
von uns in Dankbarkeit begrüßt. Wir bieten Ihnen als Labe-
trunk ‚die Blume des Elsterthals'."

Der Fürst ergriff den Humpen und entgegnete:

„Meine Herren, ich trinke Ihnen gerne zu, doch nicht
aus. Ich wünsche der Burschenschaft ein fröhliches Gedeihen;
sie hat eine Vorahnung gehabt, doch zu früh. Schließlich
haben Sie doch Recht bekommen. Prosit! meine Herren!"

Unmittelbar darauf lenkte der Wagen des Fürsten
nach dem Markte ein, wo alsbald das große Fest begann,
welches hier die Stadt ihrem Gaste bereitet hatte.

* * *

Auf dem zur Festhalle umgewandelten Marktplatz
wurde dem Fürsten Bismarck ein Kommers dargeboten.
Das altehrwürdige, sonst ernst aussehende Rathaus hatte
seine verwetterten Mauern in das fröhliche Gewand frischen
Grüns und bunter Flaggen gekleidet und alle Häuser ringsum,
verjüngte und altersgraue, so mannigfaltig in ihren Formen,
die gleichsam wie die Wände eines Festsaales den Marktplatz einrahmen, prangten doch gleichmäßig im reichsten

Schmuck. Hoch über ihnen ragte der Turm der Stadt=
kirche hervor, von dessen Helme herab zahlreiche Fahnen
lustig im Winde flatterten. Am Brunnen war ein Zelt
errichtet, dem Einblick von allen Seiten geöffnet, die Säulen
und das Dach mit duftigen, weißen und blauen Stoffen
verkleidet, während das Innere in den Jenaischen Farben
drapiert und mit Gewächsen zierlich geschmückt war.

Gegen ½12 Uhr verkündete eine Hörnerfanfare das
Nahen des Fürsten. Langsam nur konnte der Wagen durch
die dichtgedrängte, Kopf an Kopf stehende Menge bis zum
Ziele kommen; ein brausendes, schier überwältigendes Rufen
hallte im Echo an den Häusern wieder, aus allen Fenstern,
von den Dächern herab wehten Tücher dem Fürsten zum
Gruß. Aus diesem von einer elementaren Wucht der Be=
geisterung getragenen, stürmischen Willkommen klang erst
nach Minuten die von der Musik begleitete Melodie der
„Wacht am Rhein" deutlich heraus, die nun von wohl
15 000 Stimmen mit einer Ursprünglichkeit und Mächtig=
keit des Gefühls wie noch nie von den Teilnehmern ge=
sungen wurde.

Als der Fürst und die Seinigen auf der Tribüne,
umgeben von den Ehrendamen und den Mitgliedern des
Zentralkomitees, Platz genommen hatte, hielt der Bürger=
meister Singer folgende Ansprache:

„Durchlauchtigster Fürst! Durchlauchtigste Fürstin!
Der unbeschreibliche Jubel, die immer von neuem hochauf=
lodernde Begeisterung der ungezählten Volksmenge, die am gestrigen
Abend und in den heutigen Vormittagstunden Euer Durchlaucht
bei der Rundfahrt in den Straßen unserer Stadt begleitet haben,
sprechen eine laute Sprache von der ungeteilten, aufrichtigen und

herzlichen Freude unserer Mitbürger und all der zahlreichen Gäste von nah und fern und den freudigstolzen Gefühlen aller Festgenossen: In. Jenas Mauern weilt der gewaltigste Mitbegründer des Deutschen Reiches, unser Bismarck.

Wenn es mithin einer besonderen Kundgebung seitens der Stadt nicht noch bedurft hätte, so mochten es sich doch die beiden städtischen Behörden nicht nehmen lassen, in ihrer Gesamtheit vor Eurer Durchlaucht zu erscheinen, um auch ihrerseits frei und öffentlich den Gefühlen der Freude und Dankbarkeit lebhaften Ausdruck zu verleihen, daß Euer Durchlaucht vor vielen anderen deutschen Städten gerade unser Jena mit der hohen Ehre eines längeren Aufenthaltes beglückt haben.

Mag auch unsere beinahe tausendjährige Stadt mit ihren festen Türmen und Thüren, den ehrwürdigen Kirchen und Klöstern, dem altersgrauen Rathause, den zahlreichen mächtigen Burgen auf den Bergen, in der frühesten Zeit nicht ohne Bedeutung für das Thüringer Land gewesen sein, wir wissen doch, daß seit dem Zeitalter der Reformation der politische Einfluß unserer Stadt geschwunden ist, und wir uns nur freuen konnten an dem Glanze, der mit der Universität und ihren Sternen über uns aufgegangen war.

Euer Durchlaucht haben gestern Abend in Bezug auf unsere Hochschule ausgesprochen, wir befänden uns auf klassischem Boden; gestatten Sie mir hinzuzufügen, auch auf historischem. Freilich sind die weltgeschichtlichen Ereignisse, die sich an unsere Stadt knüpfen, nur ein treues Spiegelbild der Jämmerlichkeit des alten deutschen Kaiserreiches.

Wenn alte Pergamente uns Kunde geben, wie Jena eine Zeit lang zur Hälfte thüringisch, zur Hälfte hessisch gewesen, so wissen Euer Durchlaucht, wie ich mit billigem Staunen gestern von Ihnen selbst gehört habe, daß Jena einst einen eigenen Herzog gehabt, der drüben schlummert in der Kirche zu St. Michael.

Im Burgkeller weilte vor drei und einem halben Jahrhundert ein deutscher Kaiser, der einen deutschen Fürsten gefangen durch unsere Stadt führte, hundert Jahre später plünderten und brandschatzten die Stadt und das Rathaus kaiserlich deutsche Truppen, während schwedisch Fußvolk die Brücke über die Saale in die Luft sprengen durfte. Und hier auf dem Marktplatze loderten vor beinahe 90 Jahren französische Wachtfeuer zum Himmel in jener entsetzlichen Oktobernacht, die der unseligen Schlacht von Jena vorauf ging.

Wahrlich, unsere Stadt ein Bild im kleinen von deutscher Zerrissenheit, von deutscher Ohnmacht, deutscher Schmach!

Und heute! Auf unserm Marktplatz steht der gewaltige deutsche Mann, der mit Meisterhand des Reiches Einheit, des Reiches Größe schuf!

Heil uns zu dieser glücklichen Stunde! Dem Enkelsohne wirds mit stolzer Freude der Vater künden: Hier weilte Bismarck.

Heil uns, die wir den größten Sohn unseres Vaterlandes einen Tag lang beherbergen und aus seinen prophetischen Worten die zuversichtliche Hoffnung für die Zukunft unseres neu geeinten Reiches schöpfen durften: Nach Bismarck kein Jena!

All unsere Verehrung, unsere Liebe und Dankbarkeit für diesen teuren Mann wollen wir in den Ruf zusammenfassen: Allzeit und immerdar lebe Fürst Bismarck hoch! hoch! hoch!"

Nachdem der Jubel, der diesen Worten folgte, verrauscht war, erschienen die Vertreter der Studentenschaft, in deren Namen der Sprecher der Burschenschaft Teutonia das Wort nahm:

„Durchlauchtigster Fürst!

Beseelt von dem Gefühle tiefster Dankbarkeit und erfüllt von stolzer Freude begrüßt Jena's Studentenschaft Euer Durchlaucht hier in der alten Musenstadt am Saalestrand. Uns kümmert nicht der Parteien Hader; über das Erhabene kleinlich zu nörgeln, überlassen wir anderen; wir, die akademische Jugend, wählen uns selbst unsere Ideale und halten sie hoch immerdar; und so stehen

12*

wir feſt in immerwährender Treue, Liebe und Bewunderung zum Fürſten Bismarck. Mit unbegrenzter Verehrung ſchauen wir auf zu dem deutſchen Recken, der unſerer Väter Träume vom geeinten großen Deutſchland verwirklichte, der uns ſchuf das einige Vaterland, der das Bruderband ſchlang um Nord und Süd, um Oſt und Weſt.

Nie werden wir dieſe Stunde vergeſſen, nie vergeſſen, dem Altreichskanzler ins Auge geblickt zu haben. Die Hoffnungen, die Euer Durchlaucht auf Deutſchlands akademiſche Jugend ſetzt, ſollen nicht zu ſchanden werden. Hier vor Euch, Durchlaucht, erneuern wir den heiligen Schwur: Dein im Leben, Dein im Sterben, ruhmgekröntes Vaterland! Dies Gelübbe folgt Euer Durchlaucht in die ferne Heimat; Gott ſchütze und ſegne auch ferner Euch und Euer Durchlaucht ganzes Haus!

Kommilitonen! ich fordere Euch auf, auf Seine Durchlaucht den Fürſten Bismarck, den Mitbegründer des deutſchen Reiches, und auf ein ewiges Vivat Crescat Floreat das Haus Bismarck! einen donnernden Salamander zu reiben. Ad exercitium Salamandri, ſind die Stoffe präpariert, Salamander 1, 2, 3!"

Dieſe Huldigung der Jenenſer Studentenſchaft erfreute den Fürſten überaus; er reichte dem Redner die Hand und erſuchte ihn, ſeinen Dank den Kommilitonen auszuſprechen. Die Jenenſer Finkenſchaft ließ einen Ziegenhainer überreichen mit der eingeſchnitzten Widmung: „Die Finkenſchaft Jena's Sr. Durchlaucht dem Fürſten Bismarck in tiefſter Ehrfurcht gewidmet: S. S. 1892." Der Fürſt nahm denſelben ſofort in Gebrauch.

Nach dem Gemeindevorſtand und Gemeinderat und der Studentenſchaft erſchienen Vertreter der aus Erfurt, Weimar, Gera, Rudolſtadt, Leipzig, Werdau, Crimmitſchau, Amſterdam gekommenen Deputationen.

Nach einiger Zeit erhob sich Fürst Bismarck und nahm das Wort zu der nachfolgenden, über eine halbe Stunde währenden Rede:

„Meine verehrten Mitbürger vom Thüringer Lande!

Ich danke Ihnen zuvörderst herzlich für den überaus freudigen Empfang, den ich bei Ihnen gefunden habe, und kann die Gedanken, die mich bewegen, nicht besser bethätigen, als indem ich meine Beziehungen zu diesem schönen Lande aus früheren Zeiten her Ihnen schildere. In Thüringen habe ich als Kind zuerst — das nordische Flachland in Brandenburg und Pommern sieht ja ganz anders aus — Felsen, Berge und Burgen mit ihren geschichtlichen Erinnerungen kennen gelernt. Diese ersten Eindrücke der Kindheit haben um den Begriff Thüringen in meinen Empfindungen einen Nimbus der Romantik gewebt, der getragen wurde namentlich durch die Erinnerungen an die Wartburg, an ihre Vorzeit, an Luther, an die Reformation und auch an die Entwickelung unserer deutschen Sprache. Die lutherische Bibelübersetzung ist der erste Anfang einer Einigung unserer Schriftsprache, die bis dahin in Dialekte zersplittert war. In reiferer Jugend mußte ich lernen, welche Bedeutung für unsere geistige und nationale Entwickelung das Thüringer Land in Gestalt von Weimar und Jena gehabt hat, einer Universität, an der Schiller Professor war, und welche unter der Leitung Goethes lange Zeit gestanden hat.

Der Name Jena hatte für mich als Sohn einer preußischen Militärfamilie einen schmerzlichen und niederdrückenden Klang. Es war das natürlich, und ich habe erst in reiferen Jahren einsehen gelernt, welchen Ring in

der Kette der göttlichen Vorsehung für die Entwickelung
unseres deutschen Vaterlandes die Schlacht von Jena gebildet hat. Mein Herz kann sich nicht darüber freuen,
mein Verstand sagt mir aber, wenn Jena nicht gewesen
wäre, wäre vielleicht Sedan auch nicht gewesen.
Die friedericianische preußische Monarchie war eine großartige, in sich einige Schöpfung, aber sie hatte ihre Zeit
ausgelebt. Und ich glaube nicht, wenn sie bei Jena sieg-
reich gewesen wäre, daß wir in einen gedeihlichen Weg
nationaler deutscher Entwickelung geleitet sein würden. Ich
weiß es nicht. Aber die Zertrümmerung des morsch gewordenen Baues — morsch, wie die Kapitulationen unserer
ältesten und achtbarsten Generäle aus jener Zeit bewiesen
haben — schuf einen freien Platz zum Neubau, und das
zerschlagene Eisen der altpreußischen Monarchie wurde
unter dem schweren und schmerzlichen Hammer zu dem
Stahl geschmiedet, der 1813 die Fremdherrschaft mit scharfer
Elastizität zurückschleuderte. Ohne Zusammenbruch der
Vergangenheit wäre das Erwachen des deutschen nationalen Gefühles im preußischen Lande, welches aus der
Zeit der tiefsten Schmach und Fremdherrschaft seine ersten
Ursprünge zieht, kaum möglich gewesen. Warum es tot
discrimina rerum durchzumachen hatte, kann ich Ihnen nicht
weiter entwickeln, ohne mich von neuem dem Vorwurf der
greisenhaften Geschwätzigkeit auszusetzen. Ich will nur erwähnen, daß ich 1832 die Universität bezogen habe mit
mehr burschenschaftlichen als landsmannschaftlichen Empfindungen, daß es äußere Umstände waren, die mich davor
bewahrt haben, in die späteren Gefahren der burschenschaftlichen Thätigkeit verflochten zu werden. Es war doch

damals auf dem märkischen Sandboden das Gefühl der deutschen Nationalität nicht so absolut fremd, daß nicht ein irgendwie lebendiger Geist in seinem Sinne empfunden und gewirkt hätte.

Ich bin einigermaßen gehindert worden in der Entwickelung dieser Empfindung durch die Ereignisse vom Jahre 1848. Der Kampf gegen unsere eigenen Landsleute in den Berliner Straßen, gegen die Farben, die ich als Offizier mit Stolz trug, hatte einen erbitternden Rückschlag auf meine Gefühle, der noch nicht vollständig überwunden war, als wir zum Erfurter Parlament vereinigt waren; da habe ich Thüringen zum erstenmale auf längere Zeit wiedergesehen, wenn ich einen kurzen Aufenthalt in Jena, den der damalige Senat noch abzukürzen das Bedürfnis hatte, abrechne. In Erfurt war die Frucht der deutschen Einheit noch nicht reif. Solange wir im Dualismus mit Österreich lebten, konnte die Entwickelung dieses Dualismus doch höchstens zu einer Trennung zwischen dem Norden und Süden Deutschlands führen. Das wäre das Ende vom Liede gewesen, wenn das Band des Dualismus nicht durch das Schwert gelöst worden wäre. Ich erwähne dieses, um daran die Behauptung zu knüpfen, daß der Bruderkrieg, den wir 1866 geführt haben, ganz unvermeidlich war. Wir mußten uns nach deutscher Art und Gesinnung einmal im Gottesurteil schlagen, um zu wissen, auf welche Seite sich die Entscheidung der höheren Gewalt stellen würde. Das ist geschehen und mit der Zurückhaltung geschehen, die Landsleute einander schuldig sind.

Wir haben bei unserm damaligen Gegner keine unversöhnliche Stimmung hinterlassen. Es ist uns gelungen, mit Österreich in ähnliche Beziehungen zu kommen, wie diejenigen waren, die von den Frankfurter Verfassungs-entwürfen vergebens erstrebt wurden. Wir haben sie heute reifer, vollständiger und wirksamer, als sie damals erstrebt wurden. Man muß also nur dem lieben Gott Zeit lassen, seine deutsche Nation durch die Wüste zu führen, und die Ankunft in dem gelobten Lande, in dem wir uns zu be-finden glauben, abwarten.

Wir haben außer dem österreichischen Kriege den französischen absolut führen müssen, denn wir brauchten nicht bloß die Zustimmung Österreichs, sondern wir brauch-ten die Zustimmung des europäischen Seniorenkonvents zu unsern neuen Einrichtungen. Es war deshalb ein Bedürf-nis, den französischen Krieg isoliert führen zu können. Gegen eine Koalition von ganz Europa, eine Koalition, wie sie der siebenjährige Krieg kannte, wäre unsere Aufgabe eine viel schwierigere und mißlichere gewesen. Es gehörte zu der göttlichen Führung der deutschen Nation, auf die ich für die Zukunft Vertrauen habe, daß politische Zufälle, die niemand voraussehen konnte, den engen Zusammenhang zwischen Österreich und Rußland, der uns zur Zeit von Olmütz gegenüberstand, sprengten, und zwar in einer Weise, daß wir die Trennung der Olmützer Verbindung für unsere nationalen Zwecke politisch benutzen konnten. Hätten uns 1866 Österreich und Rußland in derselben Geschlossenheit gegenübergestanden, wie zur Zeit von Olmütz — Gott weiß allein, ob der Erfolg derselbe gewesen wäre und ob wir heute auf derselben Stufe ständen. Wir hätten im Kampfe mit Frankreich, der so wie so notwendig war, wie er ja in jedem Jahrhundert zwei- bis dreimal vorkam, in

wefentlich minderer Macht gegenübergeſtanden und vielleicht nicht glücklich.

Dieſe Kriege waren notwendig; nachdem ſie aber
geführt ſind, halte ich es für nicht nötig, daß wir weitere Kriege führen. Wir haben in ihnen nichts zu er-
ſtreben. Ich halte es für frivol oder ungeſchickt, wenn
wir uns in weitere Kriege hineinziehen laſſen, ohne durch
fremde Angriffe dazu gezwungen zu werden. Dann allerdings werden wir auch in der Mitte von Europa unſern
Nachbarn, auch wenn ſie ſich verbinden, gewachſen ſein,
aber nur defenſiv. Aggreſſive Kabinetskriege können wir
nicht führen. Jede Nation, die in der Lage iſt, ſich zu
einem Kabinetskrieg zwingen zu laſſen, hat nicht die rich-
tige Verfaſſung. Ein Krieg, auch ein ſiegreicher, hat für
die Nation keine wohlthuenden Folgen. Wir haben uns
ſeit 1870 angelegen ſein laſſen, weitere Kriege zu vermeiden,
vor allem dem neuen deutſchen Reiche den Frieden zu erhalten, weil der innere Ausbau unſere Thätigkeit voll in
Anſpruch nahm, ja ſogar eine gewiſſe diktatoriſche Thätigkeit verlangt wurde, die ich als dauernde Inſtitution eines
großen Reiches nicht betrachten möchte.

Wir haben unſere ganze Aufmerkſamkeit im Innern
der Konſolidierung der Reichseinrichtungen zugewendet, in
dem Sinne, daß alle Deutſchen in ihnen ſich wohlbefinden
ſollten, daß die Reichseinrichtungen ihnen wohlgefallen
ſollten als ein Beſitztum, was zu verteidigen und zu vertreten ſie alle bereit ſein würden. Fertig iſt die Aufgabe
vielleicht noch nicht. Aber ſie kann nur fertig werden,
wenn wir ein ſtarkes Parlament als Brennpunkt des nationalen Einheitsgefühls haben. Ein Parlament kann nicht

stark sein, wenn es von Parteien zerrissen ist. Es wird
dann in der Hand jedes Ministers stehen, aus den Fraktionen und Fraktiönchen diejenigen herauszupflücken, deren
Überzeugung und Votum für irgend welche Fraktionsvor-
teile zu haben sind, und das ist das Unglück, wenn wir
in das Fraktionswettkriechen, in den Fraktions-
handel — do ut des-Tendenz — verfallen. Ohne
einen Reichstag, der vermöge einer konstanten Majorität,
die er in seinem Schoße birgt, imstande ist, die Pflicht
einer Volksvertretung dahin zu erfüllen, daß sie die Regierung kritisiert, kontrolliert, warnt, unter Umständen führt,
der imstande ist, dasjenige Gleichgewicht zu verwirklichen,
was unsere Verfassung zwischen Regierung und Volksvertretung hat schaffen wollen, ohne einen solchen Reichstag
bin ich in Sorge für die Dauer und die Solidität unserer
nationalen Institutionen. Wir können heutzutage nicht mehr
einer rein dynastischen Politik leben, wir müssen nationale
Politik treiben, wenn wir bestehen wollen. Es ist
das das Ergebnis der politischen Entwickelung, die in dem
letzten halben Jahrhundert in Europa stattgefunden hat.

Um nationale Politik treiben zu können, müssen wir aber
eine nationale Volksvertretung haben, die in erster Linie die
Bedürfnisse und Wünsche der Nation zu berücksichtigen hat.
Wir können nicht regiert werden unter der Leitung einer
einzelnen der bestehenden Fraktionen, am allerwenigsten unter
der des Zentrums. Ich glaube, daß selbst unsere katholischen Landsleute in ihrer Mehrzahl das Bedürfnis haben,
unabhängig von der Doktrin der Zentrumsleitung in Berlin
regiert zu werden. Ich glaube, daß wir mit unseren katholischen Fragen leichter fertig werden würden, wenn wir

mit der römischen Kurie durch Vermittelung eines Nuntius in Berlin zu verhandeln hätten, als wenn die Stelle des Nuntius bei Beeinflussung des Papstes durch das Zentrum in Fühlung mit der Regierung eingenommen wird. Ich halte das letztere für gefährlicher für unsere nationalen Ziele, als uns ein Nuntius sein könnte. Ich will damit nicht die Berufung eines Nuntius befürworten. Ich sage diese Worte nur als Ausdruck des Urteils, das ich über die heutige Leitung des Zentrums mit mir herumtrage. Ich halte sie für gefährlich, nicht bloß in konfessionellen Fragen, sondern hauptsächlich in nationalen Fragen. Sie bröckelt uns alles ab, was wir im Osten unserer Grenzen in Polen germanisch angebaut haben und anbauen haben wollen. Den ganzen Kulturkampf konnten wir entbehren, wenn die polnische Frage nicht daran hing. Sie hing daran. Damals, in der Zeit der sogenannten katholischen Abteilung, hatten wir den Nuntius nicht als fremden Diplomaten, sondern inmitten des preußischen Ministeriums — eine Abteilung, die ursprünglich gestiftet war, die Rechte des Königs der Kirche gegenüber zu vertreten, und die schließlich dahin gekommen ist, thatsächlich die Rechte der Kirche und der Polen dem Könige gegenüber zu vertreten.

Das ist ein Rückblick. Manche von Ihnen werden Geschichte studieren. Dieses Licht zurückzuwerfen konnte ich nicht unterlassen. Aber eins können wir vom Zentrum lernen, das ist die Disziplin und die Aufopferung aller Neben und aller Parteizwecke für einen großen Zweck. Wir sehen im Zentrum die heterogensten politischen Elemente vereinigt. In allen Zeiten meiner Erinnerung waren reaktionäre Edelleute, Absolutisten, Konservative und

Freisinnige bis zu den Sozialdemokraten darunter, und sie
alle stimmen wie ein Mann über Dinge, von denen ihr
Verstand sagt, das Interesse der Kirche erfordere es.
Könnten wir nun nicht, da wir eine nationale Kirche nicht
besitzen, eine ähnliche dominierende Überzeugung über eine
Parteiregierung hinaus bei uns festhalten, daß wir entschlossen sind für alles zu stimmen, was unsere nationale
Festigkeit und Sicherheit fördert, und gegen alles, was sie
untergräbt und hindert, so daß darüber kein Streit zwischen
denjenigen Fraktionen stattfindet, die überhaupt das deutsche
Reich fördern und erhalten wollen? — Wir wollen die
Interessen des Vaterlandes zu oberst stellen und jede Frage
unter diesen Gesichtspunkt stellen analog der Prüfung des
Zentrums aus dem römisch-kirchlichen Gesichtspunkt, für den
der größte Widerspruch und die größte Inkonsequenz vom
Zentrum verlangt werden kann, wenn die Autorität, die
dazu berufen ist, erklärt: die kirchlichen Interessen verlangen
es; dann zaudern sie keinen Augenblick: sese subjiciunt.
Warum sollten wir nicht unsern nationalen Überzeugungen
mit derselben Energie und ausschließlich Folge leisten und,
wie die Mitglieder des Zentrums von Lieber und Hitze
bis zum Herrn v. Schorlemer hinauf, alles über den nationalen Kamm scheeren? Es ist das von den Selbständigen
unter unseren Freunden nicht in demselben vollen Maße
zu erwarten, aber man muß sich das immer vorhalten.
Vom Feinde soll man lernen, und das Zentrum halte ich
nach wie vor für einen Gegner des Reichs in seiner Tendenz, nicht in allen seinen Mitgliedern. Es giebt ehrliche
Deutsche in Masse unter ihnen, aber die leitende Tendenz
ist eine solche, daß ich es als ein Unglück und eine Gefahr

für das Reich betrachte, wenn die Regierung ihre leitenden
Ratgeber der Zentrumsrichtung entnimmt und ihre Tendenz
hauptsächlich darauf zuspitzt, dem Zentrum zu gefallen. Es
ist das keine dauerhafte Stütze. Ich will in Frieden mit
unseren katholischen Mitbürgern leben, aber will mich nicht
einer solchen Leitung unterziehen.

Ich bin eingeschworen auf eine weltliche
Leitung eines evangelischen Kaisertums, und dem
hänge ich treu an, und wenn man mir in jedem
Falle, wo ich nach meiner fünfzigjährigen Erfahrung in
der Politik glaube, daß die Ratgeber meines Monarchen
besser andere Wege einschlagen würden, den Vorwurf macht,
ich treibe antimonarchische Politik, so möchte ich doch einmal auf unsere bestehende Verfassung aufmerksam machen,
nach welcher die Verantwortlichkeit für alle Regierungs-
maßregeln nicht bei dem Monarchen, sondern bei dem
Reichskanzler und den Ministern ruht. Ich möchte außerdem darauf aufmerksam machen, daß diese Auffassung —
ich will nicht sagen eine altgermanische — aber eine uns
in Fleisch und Blut liegende, lange ehe wir Verfassungen
hatten, gewesen ist. Ich will Sie nur an ein Beispiel aus
den Werken des großen Geistes, dessen Manen hier auf
dieser Stätte uns umschweben, erinnern. Goethe stellt uns in
seinem Götz von Berlichingen einen kaisertreuen Ritter dar,
der für seinen Kaiser eine solche Verehrung und Anhänglichkeit hat, daß er einen Kaiserlichen Rat mit den Worten
bedrohte: Trügest du nicht das Ebenbild des Kaisers,
das ich in dem gesudelsten Konterfei verehre! ......
Dieser Ritter trug kein Bedenken, als ihn der Hauptmann
zur Übergabe auffordern ließ, diesem eine scharfe Kritik

aus dem Fenster entgegenzurufen. Es zeigt das klar, daß
Götz von Berlichingen und Goethe beide Sachen nicht zu=
sammengeworfen und identifiziert haben. Man kann ein
treuer Anhänger seiner Dynastie, des Königs und des Kai=
sers sein, ohne von der Weisheit der Maßregeln seiner
Kommissare — wie es im Götz heißt — überzeugt zu sein.
Ich bin letzteres nicht und werde diese meine Überzeugung
auch nicht zurückhalten."

Kaum hatte der Fürst geendet, so brach ein gewaltiger
Beifallssturm los. Rührend war das Bild, wie die Frau
Fürstin besorgt ihrem Gemahl die Stirne trocknete und ihm
Erholung zu schaffen suchte; dann nahm der Fürst einen
Krug Bier entgegen und trank, gegen die Menge sich ver=
neigend, mit tiefem Zuge. Jetzt wurde das erste Lied,
E. M. Arndt's herrliches: „Sind wir vereint zur guten
Stunde", gesungen. Nachdem noch ein zweites Lied: „Und in
Jena lebt sich's bene" verklungen war, äußerte der Fürst
den Wunsch, einen Rundgang durch die Festversammlung
zu machen. Die Chargierten der Korporationen und einzelne
Komiteemitglieder gingen zur Seite, um durch die Menschen=
massen den Weg zu bahnen, die trotz des begreiflichen
Wunsches, den Fürsten möglichst nahe zu sehen und ihm
die Hand zu drücken, in der zartfühlenden Art des Thüringer
Volkes sich nicht unbescheiden herandrängten. Es war der
Höhepunkt des Festes. Man muß es sich erzählen lassen,
wie der Fürst für jede Bewillkommnung freundliche Worte
fand, mit welcher Liebenswürdigkeit er bald an diesem, bald
an jenem Tische Begrüßungen entgegen nahm, wie er bald
ernste, bald heitere Worte an seine Begleitung richtete, die
in Jena von Mund zu Munde gehen. Am Denkmal des

Kurfürsten Johann Friedrich, der während seiner Gefangen=
schaft die Gründung der Universität beschloß, bemerkte der
Fürst: „Das ist eine große That gewesen." Nach der Rück=
kehr ins Zelt wurde als drittes Lied: „Frei und uner=
schütterlich stehen unsre Eichen" gesungen, dann erhoben sich
der Fürst und die Seinen zur Abfahrt nach dem Bären.

*   *   *

Vor der Abreise wurde den hohen Gästen noch ein
Frühstück im Bären dargeboten. In heiterer, ungezwungener
Weise unterhielt sich der Fürst mit seinen Tischnachbarn;
scherzhaft bemerkte er unter anderem, wenn er alles sagen
wolle, was er auf dem Herzen habe, müsse er in Jena
Privatdozent werden. Während des Mahles brachte Professor
Delbrück den Toast auf die fürstliche Familie aus, auf
welchen der Gefeierte folgendes erwiderte:

„Ich bin dem Herrn Vorredner sehr dankbar für
den Gesamtinhalt seines Toastes bis auf das Zitat von
dem weiblichen Gepäck. Ich glaube, das ist ein Mißver=
ständnis. Wenn ich den vorerwähnten Ausspruch gethan
habe, so konnte ich mit demselben immerhin doch nur die
„Überfracht" gemeint haben, die man zu fürchten hat,
wenn man mit Damen reist. Das „Freigepäck" wird stets
sehr angenehm sein. Im übrigen bin ich keineswegs ge=
sonnen, das Cölibat zu empfehlen, da ich ein zu großer
Verehrer des weiblichen Geschlechts bin, schon aus staat=
lichen, militärischen und privatrechtlichen Gründen nicht.
Um mich von solchem Verdachte um so mehr zu reinigen,
bitte ich, mit mir anzustoßen auf das Wohl der anwesen=
den Damen, sowohl der verheirateten, als der unverhei=
rateten. Mögen diese dazu beitragen, die Erinnerung an

den heutigen Tag in ihre Häuser, in ihr Heim zu ver-
pflanzen und sie den Kindern einzuprägen! Die heutigen
Beweise der Sympathie wären ohne die Beteiligung der
Frauen unvollkommen gewesen. Die Thatsache, daß die
mir von Dresden bis Jena gespendete Anerkennung An-
klang bei den Frauen findet, giebt mir die Sicherheit für
die Dauer des deutschen Reiches. Was unsere Frauen
sich angeeignet haben, das werden unsere Kinder
verteidigen, — wenn sie Mädchen sind, durch das
Familienband, wenn sie Männer sind, wenn es
Not thut, auf dem Schlachtfelde. In dem Sinne
dieser Tradition trinke ich als Politiker und Verehrer des
weiblichen Geschlechts auf das Wohl der Damen."

Nachdem noch Professor Häckel in launigen Worten
den Fürsten Otto von Bismarck zum „Doktor der Stammes-
geschichte" ausgerufen hatte, erhob sich der Fürst, verabschiedete sich mit freundlichem Verneigen und schritt, auf seinen
Stock gestützt, zum Wagen.

Am Bären verkündet nun eine Tafel, jener gleich,
die Luthers Aufenthalt meldet, in goldenen Lettern: Hier
wohnte Fürst Bismarck den 30. und 31. Juli 1892.

*　　*　　*

Als der Fürst den Wagen bestieg, riefen Tausende
von Stimmen ihm ein herzliches: Auf Wiedersehen! entgegen. Langsam ging die Fahrt zum Saalbahnhof, dem
die Direktion ebenfalls schönen festlichen Schmuck gegeben
hatte; auf beiden Seiten des Weges bildeten die Schulkinder
Jena's und der umliegenden Ortschaften Spalier, die Knaben
in weißen Mützen mit Fähnchen in deutschen Farben, die
Mädchen in weißen Kleidern mit der deutschen Schärpe,

Epheukränze im Haar. Am Bahnhof erfolgte noch eine Huldigung der jungen Frauen und Jungfrauen der Stadt Jena. Eine Dame sprach folgendes Gedicht:

> Zuletzt, doch glaube mir, an treuem Lieben
> Die letzten nicht, so nah'n sich deutsche Frauen,
> Noch einmal in das Auge Dir zu schauen.
> Hast Du doch selbst es ihnen vorgeschrieben,
> Daß in des Reiches Haus, was Du erbauet,
> Ein heilig Pfand auch uns ward anvertrauet.
>
> Laß diesen Lorbeer um das Haupt sich schmiegen
> Und so Dein Bild sich tief ins Herz uns graben,
> Auf daß wirs deuten können unsern Knaben,
> Daß sie in diesem Zeichen kämpfen, siegen,
> Und wenn es gilt für Deutschlands Ruhm und Ehre,
> Auch sterben können, in der Hand die Wehre.
>
> Gegrüßt auch Du, die Du manch bange Stunde
> Geharret sein mit sehnlichem Verlangen
> Und liebend ihn am trauten Herd empfangen!
> Laß diese Blumen unsrer Liebe Kunde
> Der Fraue bringen, die zum Sieg ihn schmückte
> Und ihn für uns, für Deutschlands Glück beglückte!

Der Fürst und seine Familie hatten den Salonwagen bestiegen, alles drängte heran, um noch einen Blick, noch ein Wort zu erhaschen. Zurufe: „Hoch Bismarck! Wiederkommen! Wir vergessen Dich nie! Auf Wiedersehen!", der Gesang von Liedern hallten durcheinander, der Fürst dankte und grüßte vom Fenster aus, bis der festlich geschmückte Sonderzug sich in Bewegung setzte. Sein letzter Gruß galt den Kindern: „Grüßen Sie mir die Kleinen, namentlich die Mädchen mit den grünen Kränzen: sie sollen mich nicht vergessen!"

*　　*　　*

„Der Festjubel ist verrauscht", so schließt der Bericht des Zentralkomitees. „Die goldenen Worte und ernsten

Mahnungen, die Fürst Bismarck in Jena gesprochen, haben
sich jedem Deutschen, der sein Vaterland mit ganzer Seele
liebt, tief in das Herz gegraben. Ein gnädiges Geschick
hat uns aus der an Erfolgen und Ruhm fast überreichen
Zeit Kaiser Wilhelms I. seinen großen Kanzler noch erhalten.
Die Liebe des deutschen Volkes, einst so spröde, überschüttet
ihn jetzt mit von Jahr zu Jahr sich steigernden Beweisen
der Verehrung und Anhänglichkeit. Von Dresden bis Jena
ein Triumphzug ohne Gleichen! Die mittel- und süddeutschen
Stämme haben in ergreifender Weise kundgethan, „daß
Dankbarkeit auf Erden nicht ausgestorben sei". So reden
auch die vorstehenden Blätter, die in gedrängter Kürze die
Jenaer Bismarckfeier, ihre Veranlassung und ihren über alle
Erwartung glänzenden, in jeder Hinsicht ungetrübten Verlauf schildern, für sich schon eine beredte Sprache. Die
Erinnerung an den größten Tag, den Jena je gesehen, um
den uns künftige Geschlechter beneiden werden, wird fortleben und, Gott füge es, fortwirken zum Heile für Kaiser
und Reich, zum Segen unseres geeinten deutschen Vaterlandes!"

3. Heim.

Die Reise des Fürsten Bismarck nahte ihrem Ende.
Der Weg, der ihn den heimatlichen Fluren zutrug, überschritt wieder die Grenzen des engeren Vaterlandes. Es
waren eigentümliche Erfahrungen, die dem großen Preußen
im Staat der Hohenzollern bevorstanden. Schon in Weimar
hatte man den Arm des mächtigen Nachbarn empfunden.
Wie von verschiedenen Seiten erzählt wurde, war auf die
großherzogliche Regierung ein Druck dahin ausgeübt worden,

bei Gelegenheit der Rückreise des Fürsten Bismarck „grö=
ßere Ovationen nach Möglichkeit zu verhindern" —
ein Versuch, der zum Leidwesen der Bismarck=Feinde aller=
dings gänzlich fehlschlug, da die Antwort der Weimar'schen
Behörden nur in einem vieldeutigen Achselzucken bestand. —
Freilich leugneten die amtlichen Blätter Berlins irgend=
welche Bemühungen in genannter Richtung rundweg ab;
aber sie stimmten auffallend mit anderen Maßnahmen, die
— unseres Wissens — von niemand bestritten worden sind,
nämlich mit den Hindernissen, die seitens der kgl. preuß.
Eisenbahn=Direktionen denjenigen bereitet wurden, die die
Bahnhöfe von Halle und Magdeburg zum Empfange des
Alt=Reichskanzlers schmücken und freigeben wollten. In der
That! Zusammengehalten mit den Einwirkungen in Wien
geben diese Vorgänge ein seltsam Bild von der Art, wie eine
große Staatsmaschinerie in Bewegung gesetzt wird, um einem auf
Reisen befindlichen „Privatmann" das Vergnügen zu stören.

Glücklicherweise hatte auch in Preußen das Volk
mehr Verständnis für nationale Pflicht und Ehre, für das
Benehmen einem Manne gegenüber, ohne den wir heute
noch die Fußtritte derer einstecken müßten, die uns den
Großmachtskitzel austreiben wollten. Das preußische Volk
stand an Begeisterung keinem seiner Bruderstämme nach,
und wie durchs weite „Reich", so gestaltete sich auch in
der Heimat die Reise des Fürsten Bismarck zu einem un=
unterbrochenen Triumphzuge. Schon in Großheeringen
stürmte die Menge förmlich den Salonwagen des Fürsten,
der in Anknüpfung an den Gesang der „Wacht am Rhein"
äußerte: „Ja, ich glaube selbst, daß sie fest steht und
das Reich auch!" In Weißenfels wurden dem

13*

Fürsten Blumen gereicht und nicht endende Hochs gebracht. Dasselbe Schauspiel wiederholte sich auf der nächsten kleinen Station Corbetha, woselbst die Bevölkerung der umliegenden Ortschaften zusammengeströmt war. Geradezu überwältigend waren aber die Huldigungen, die dem Fürsten in Merseburg dargebracht wurden. Nach stürmischen Hochrufen stimmte ein älterer Herr das „Deutschland, Deutschland über Alles" an, welches die Anwesenden entblößten Hauptes mitsangen. Der Fürst dankte, nachdem einige Ruhe eingetreten war, mit wenigen schlichten Worten für sich und seinen Sohn. Er fügte hinzu, daß er einen solchen freundlichen Empfang in einer Stadt, deren Ehrenbürger er sei, auch erwartet hätte. Jubelnde Hochs folgten wieder diesen Worten, und während sich der Zug in Bewegung setzte, begleiteten ihn die immer wiederholten Zurufe: „Auf Wiedersehen! Wiederkommen!" Es wäre vergebliches Bemühen, die Auftritte zu beschreiben, die alsdann auf den Bahnhöfen von Halle, Cöthen und Magdeburg, wo unberechenbare Menschenmassen den Zug erwarteten, vor sich gingen. In Stendal in der Altmark nahm der Fürst auf die begeisterten Huldigungen der zahlreich versammelten Menge noch einmal das Wort, indem er sagte:

„Ich freue mich, daß ich in meiner alten Heimat, deren Mitbürger zu sein ich die Ehre habe, so freundschaftlich willkommen geheißen werde. Es giebt zwar ein altes Sprichwort: „Der Prophet gilt nichts in seinem Vaterlande", aber es freut mich, daß der Satz diesmal nicht zutrifft. Es ist mir dies umso lieber, als die Meinung der Altmark, meiner alten Heimat, einen höheren Wert für mich haben muß als jede andere. Ich danke Ihnen!"

Die Ankunft in Schönhausen erfolgte Sonntag 9½ Uhr Abends. Etwa zweitausend Personen waren auf dem Bahnhofe. Die Gemeindevertretung begrüßte den Fürsten unter jubelnden Kundgebungen. Der Einzug des Fürstenpaares und des jungen gräflichen Paares in das Dorf erfolgte unter dem Läuten aller Glocken, Beleuchtung und Feuerwerk.

*　　*　　*

In Berlin waren seit einer vollen Woche die Leute zu Tausenden zn jedem Zuge des Lehrter und Stettiner Bahnhofs hinausgepilgert, um des Kanzlers ansichtig zu werden. Erst kurz vor dem wirklichen Eintreffen desselben, am Sonnabend den 6. August, war die Stunde der Ankunft bekannt geworden. Bereits in Spandau wurde der Fürst von den Spitzen der Spandauer bürgerlichen wie militärischen Gesellschaft, durch zahlreiche Zuzügler aus Berlin und den benachbarten Vororten verstärkt, jubelnd begrüßt. Donnernde Hurrahs und Hochrufe riefen den Fürsten an das Fenster seines Salonwagens. Wiederholt verneigte er sich entblößten Hauptes dankend für die ihm dargebrachten, immer wieder aufs neue anhebenden Ovationen. Sobald der Zug stillstand, drängte alles dem Wagen des Fürsten zu, voran ein reizender Damenflor, der den greisen Kanzler mit Blumenspenden prachtvollster Art überschüttete. Unter dem tausendstimmigen Rufe: „Auf Wiedersehen!“ fuhr der Zug von dannen.

Über Ankunft und Aufenthalt in Berlin wird in den Zeitungen berichtet: Auf dem Stettiner Bahnhof war schon vor 11 Uhr alles Leben und Bewegung. Das ganze akademische Jung-Berlin hatte sich daselbst ein Rendezvous gegeben,

und immer neue Volksmassen strömten herzu. Die Billetschalter
wurden gestürmt auf die Kunde, daß Bahnsteigkarten nicht
geachtet würden, und im Nu waren sämtliche Vorräte an
Vorortsbillets nach Bernau, Biesenthal, Eberswalde aus=
verkauft an Nachfrager, die nicht entfernt eine Eisenbahn=
fahrt beabsichtigten, sondern nur sicher sein wollten, auf den
Perron gelassen zu werden. Kurz nach 12¼ Uhr lief der
von Spandau kommende Extrazug mit dem fürstlichen Salon=
wagen ein. Ein förmlicher Blumenregen ergoß sich auf
den langsam vorgeschobenen Wagen, an dessen zweitem
Fenster die imponierende Gestalt des Fürsten, mit dem
Schlapphut auf dem mächtigen Haupte, sichtbar wurde. So=
bald der Wagen zum Stehen gebracht war, erhob sich der
Fürst und trat entblößten Hauptes an das Mittelfenster,
von neuem mit Hochrufen und dem Gesang „Deutschland,
Deutschland über Alles“ begrüßt. Kaum hatte sich der
Jubel gelegt, als eine junge Dame sich an den Fürsten
mit der Bitte wandte: „Ein Wort zum Andenken!“ Sofort
wurde überall der stürmische Wunsch laut, daß der Fürst
ein Abschiedswort rede. Bismarck entgegnete lächelnd: „Ich
soll schon jetzt reden?“ „Ja, Ja!“ ertönte es von allen
Seiten und energisch wurde Silentium geboten. Der Fürst
hatte sich während dem vorgebeugt und begann nunmehr
wie folgt:

„Ich möchte Ihnen meinen herzlichsten Dank für
den freundlichen Empfang sagen, den Sie mir hier in der
Reichshauptstadt bereitet, und der sich anschließt an die
wohlwollenden Begrüßungen, die ich in allen übrigen Teilen
Deutschlands in den sieben Wochen erfahren, seit ich in Berlin
war. Ja, es sind heute gerade sieben Wochen, als ich durch

Berlin nach Wien fuhr, und ich kehre zurück von dieser Reise in wesentlich befriedigter Stimmung und freudiger als ich hinfuhr. Ich bringe ein neues und liebenswürdiges Mitglied meiner Familie nach Hause. Und ich bringe auch den erfreulichen Eindruck mit, daß wir in dem, was man früher das Reich nannte, im ganzen außerpreußischen Deutschland, über ein mächtiges Reservekapital von Reichstreue gebieten in einer Stärke und Ausdehnung, an die man kaum geglaubt hat. Alle haben die Gemeinschaft mit uns lieb gewonnen und halten fest an ihr unter allen Umständen, davon kann ich Zeugnis ablegen nach den Erlebnissen auf meiner Reise, auch von dem Wohlwollen unserer österreichischen Bundesgenossen. Als ich vor sieben Wochen hier durchfuhr, da wußte ich noch nicht, wie gut ich in Wien empfohlen war."

Hier unterbrach den Redner eine stürmische Heiterkeit. Fürst Bismarck fuhr fort:

„.... Ich fürchte, ich bin mißverstanden, ich meine, empfohlen durch die Erinnerung an meine letzte Reise vor dreizehn Jahren, als ich behufs Herstellung des heute noch giltigen und hoffentlich lange noch geltenden Bündnisses zwischen uns nach Wien kam. Die Erinnerung daran ist nicht erstorben, wie denn überhaupt in Österreich und im übrigen Deutschland die Erinnerung an 1866 verblaßt ist, die aber an 70 und an unsere gemeinschaftlichen Kämpfe in voller Stärke auf unsere politischen Beziehungen noch einwirkt und das feste Band bietet, was uns mit unseren Bundesgenossen zusammenhält und dauernd zusammenhalten wird. Ich danke Ihnen herzlich für die freundliche Begrüßung, die für mich ein wohlthuender Abschluß meiner Reise ist, meiner Reise, die lediglich aus Familienrücksichten und zu meiner Gesundheit unternommen wurde, aber die mir auch als Politiker — ich kann doch immer mich nicht ganz lossagen von dem Interesse, das ich an dem Reich genommen, das wird auch nie geschehen — die also mir auch als Politiker zu großer Freude gereicht. Ich danke Ihnen nochmals herzlichst."

Als nach und nach die Wogen der diese Rede begleitenden Begeisterung sich ein wenig gesänftigt hatten, ergriff einer der dem Fürsten Nächststehenden zu einer vom Augenblick eingegebenen kernhaften Erwiderung das Wort. Dann wurde: „Deutschland, Deutschland über Alles" und die „Wacht am Rhein", gesungen. Als man dem Fürsten die Hand reichen wollte, wehrte er im Interesse der Ordnung ab. Es traten nunmehr fünf Chargierte des Vereins deutscher Studenten in vollem Wichs vor, und der Sprecher derselben begrüßte den Fürsten mit der Versicherung unverbrüchlicher Treue. Gerührt dankte der Fürst.

„Meine Universitätsjahre zählen zu den angenehmsten meines Lebens, und ich freue mich, wenn ich junge Herren sehe, die mir ihre Sympathieen bewahrt haben. Ihre Kommilitonen in Halle und Jena und auch die süddeutschen Studenten haben mich begrüßt, ich freue mich, daß Sie ihrem Beispiel gefolgt sind."

Der Fürst erkundigte sich noch eingehend nach dem Verein. Es erfolgte dann aus der Menge heraus die Verlesung zweier Gedichte; der Schluß des einen lautete: „O Herr und Held komm wieder nach Berlin", das andere verherrlichte die deutsche Treue. Der Fürst nahm nunmehr

nochmals das Wort, um auf die Wendung eines der Ge=
dichte über die Presse sich zu äußern:

„Sie sprachen vorher in Ihrem Gedicht von der Presse;
die ist so besonders schlecht jetzt nicht, vor dreißig Jahren bin
ich von einem Teile der Presse genau so behandelt wie heute.
(Zuruf: Leider!) Sagen Sie nicht „leider"; das hat mich so
abgehärtet, daß mir die Druckerschwärze nicht mehr durch•
kommt. Wenn ich die Presse heute ansehe, die vor zehn,
zwanzig, dreißig Jahren erschien, da finde ich fast noch viel
schlimmere Dinge darin wie heute. Daher ist es eine unbe•
rechtigte Meinung, von der besonderen Schlechtigkeit der heu•
tigen Presse im Vergleich mit der vor dreißig Jahren zu
sprechen, sondern ich nehme die heutige Presse in Schutz. Sie ist
jetzt nicht schlechter wie früher, es sind jetzt dieselben Worte,
Redensarten, oft auch dieselben Verfasser. Sie brauchen
sich darüber aber keine Sorgen zu machen; im Gegenteil,
ich lese Artikel, die mich kritisieren, mit Vorliebe, aber das
stört weder Schlaf noch Appetit."

Wieder ertönten stürmische Hochrufe. Auf eine Frage,
ob Fürst Bismarck wieder durch Berlin komme, antwortete
er launig: „Es führt kein anderer Weg nach Küßnacht."
Dann ergriff der Fürst ein Glas Wein:

„Erlauben Sie mir, daß ich zum Dank für Ihre
freundlichen Wünsche dieses Glas deutschen Weines trinke.
Auf die Gesundheit meiner Berliner Mitbürger, denn ich
bin heute noch Bürger von Berlin und bin in keiner Stadt
so lange gewesen wie gerade in Berlin. Ich würde auch
gern wieder einmal eine Zeit lang hier wohnen, wenn ich
nur gewiß wäre, daß ich mich ruhig auf der Straße be•
wege — (Zuruf: Jeder Berliner schützt Ihr Haupt!). . . .

Gewiß ja, aber ich bin schon, als ich noch Minister war, oft „gewrangelt" worden. Ich glaubte, ich würde, nachdem ich Privatmann bin, etwas in Vergessenheit kommen (Nie! Nie!), aber nach der Begrüßung heute fürchte ich mich doch, die Linden entlang zu gehen."

In einem Zuge leerte er dann das Glas, das er auf Bitten dem Verein deutscher Studenten zum Andenken verehrte. Als die Zeit der Abfahrt herannahte, wuchs die Sehnsucht der mehr rückwärts aufgestauten Menschenmassen, dem Gefeierten auch ihrerseits aus der Nähe Auge in Auge zu schauen, derart, daß die polizeilichen Absperrungsmaßregeln versagten. Man versuchte, durch Dazwischenschieben von Postkarren eine Art Barrière zu improvisieren — umsonst. Da verfiel der kommandierende Polizeioffizier auf einen rettenden Ausweg. Er ersuchte die herandrängenden Massen ebenso höflich als bestimmt, sich des Drängens zu enthalten, dafür wolle er gestatten, daß man, drei Mann hoch, in geordnetem Zuge vor dem Fürsten defiliere. Begierig griff das Publikum diesen praktischen, allseit befriedigenden Vorschlag auf. Der Fürst selbst gab das Kommando zur Eröffnung des sektionsweisen Rechtsabmarsches, bis auch der letzte Bismarck-Verehrer seinen Herzenswunsch erfüllt sah. Dann setzte sich unter den Ausbrüchen eines elementaren Volksjubels der Zug in Bewegung und eilte dem nächsten Reiseziele des Fürsten entgegen.

* * *

In Stettin wurden dem Fürsten Bismarck bei seiner Durchreise nach Naugard während eines viertelstündigen Aufenthalts begeisterte Huldigungen dargebracht. Die Stadt Naugard, wo das Fürstenpaar abends 8 Uhr ein-

traf, war festlich geschmückt. Am Bahnhofe waren die
städtischen Behörden, sämtliche Vereine der Stadt und die
Schuljugend. Ein zahlreiches Publikum aus Stadt und
Umgegend war versammelt. Nachdem der Fürst seinen Salon=
wagen verlassen, wurde er als neuer Ehrenbürger von dem
Bürgermeister in den Kreis, der sich gebildet, geführt und
namens der Stadt mit einer Ansprache begrüßt. Fürst·
Bismarck erwiederte mit Worten wärmsten Dankes und,
setzte dann unter stürmischem Jubel die Fahrt zu seinem
Bruder in Külz fort.

Am Montag den 8. August legte der Fürst das letzte
Stück seines Weges zurück, von Külz nach Varzin. Der
Abschied auf dem Bahnhof in Naugard war ergreifend;
ebenso die Begrüßung in den Orten Plathe, Greifenberg,
Treptow und Kolberg. Trotz Wochentag und Erntezeit
waren die Landleute zu Hunderten zusammengeströmt. Sie
wollten nicht bloß dem Einiger Deutschlands, sondern auch,
wie die Inschrift auf der Schleife des einen Blumenstraußes
besagte: „Dem wahren Freunde der Landwirtschaft" danken.

In Treptow ward der Zug mit donnerndem Hurrah
empfangen. Der Sprecher der Versammlung hob hervor,
der Fürst werde sehen, daß die Pommern ihn nicht minder
warm, nein, wenn es möglich wäre, noch inniger verehrten
als die Süddeutschen, und die tausendfache Menschenmenge,
die er auf dem sonst so stillen Bahnhofe vor sich sähe, sei
einzig gekommen, ihm ihre Liebe zu beweisen; die pommer=
schen Landsleute würden zu ihm halten bis zu ihrem letzten
Atemzuge, — worauf der Fürst etwa folgendes sprach: Er
könne nach seiner jetzt vollendeten Reise, die ihn durch viele
Gegenden Deutschlands und jetzt bis dicht vor die Dünen

der Ostsee geführt, wohl sagen, daß vom Fels zum Meere, von Bayern bis Pommern, dieselbe dankbare Stimmung herrsche über die nationale Einigung, sowohl wegen der inneren Sicherung wie auch der würdigen Stellung dem Auslande gegenüber, die dadurch erreicht worden sei, und er glaube, daß die Bande, die uns vereinigen, unzerreißbar geworden seien, am allerwenigsten strebe die Bevölkerung selbst danach, sie zu zerstören. Mit lauterer Stimme wiederholte er:

„Ich bin sicher, wir halten fest zusammen, und bitte Sie, dies fest im Herzen zu bewahren und auch Ihren Kindern zur Lehre einzuprägen, daß der Deutsche, sobald er seine Grenzpfähle verläßt, an Ansehen verliert, wenn er nicht sagen kann: 50 Millionen meiner Landsleute stehen geeint hinter mir. Mir bleibt am Abende meines Lebens nur übrig zu sagen: Halten wir unzertrennlich zusammen, vom Fels bis zum Meer."

Die letzten Sätze hatte der Fürst mit erhöhter Stimme gesprochen, und sie klangen der lautlos harrenden Menge wie eine letzte Mahnung des greisen Helden an das deutsche Volk.

Aus Kolberg den 9. August wird geschrieben: Gestern nachmittag berührte der Fürst Bismarck unsere Stadt, und war der Aufenthalt auch nur ein solcher von kaum ¼ Stunde, so bot er doch des interessanten und auch vielleicht symptomatischen außerordentlich viel. Erst gegen den Vormittag hin war die Ankunft des Fürsten bekannt geworden, und doch genügten kaum zwei Stunden, um fast die ganze Stadt und alles, was mit ihr zusammenhängt, zu einer einzigen Ovation um den Fürsten zu scharen. Der Zug war mit

Guirlanden und Fahnen geschmückt und selbst auf den kleinen
Stationen Hinterpommers überall mit Jubel empfangen
worden. Ein mehrtausendköpfiges Publikum hatte sich auf
dem Bahnhofe eingefunden, wie es bunter und mannig=
faltiger zusammengesetzt nicht gedacht werden kann. Da
waren die schlichten Bürger, die ihre Arbeitsstube verlassen
hatten, um ihren Ehrenbürger von Angesicht zu Angesicht
zu schauen, Hunderte und aber Hunderte von Badegästen,
darunter zahlreiche Repräsentanten des pommerschen Adels,
das königliche Domgymnasium mit sämtlichen — Kornblumen
tragenden — Lehrern und Schülern, der Kriegerverein, der
Bürgermeister (ehemaliger deutschfreisinniger Abgeordneter),
das Offizierkorps mit seinen Damen u. s. w. u. s. w. Bei
der Einfahrt saß der Fürst, der augenscheinlich einen solchen
Empfang nicht erwartet hatte, am offenen Wagenfenster, ihm
gegenüber die Fürstin: sofort jedoch stand er auf, als das
Publikum seiner ansichtig wurde, und winkte grüßend und
dankend mit Hut und Hand. Und nun begannen Szenen,
für die die Feder fast zu schwach ist: die übrigen Geleise
wurden im Augenblick besetzt, und ein Hoch löste das andere
ab, wo immer sich das freundliche Antlitz des großen Mannes
zeigte. Dutzende von Bouquets wurden in den Wagen
hineingereicht, man legte sie ihm zu Füßen, und eine voll=
ständige Cour begann: wer immer dem Wagen nahe war,
trat heran, und manches junge Mädchen suchte dem Fürsten
die Hand zu küssen, was er fast stets, wenn das Gedränge
in dem engen Raum nicht gar zu groß war, mit einem
Kuß auf die Wange erwiderte. Der Fürst wollte augen=
scheinlich zu seinem Bewillkommen einige Worte des Dankes
sprechen, aber vergebens; sobald er nur sich zeigte, begann

ein Jubel, der jeden derartigen Verſuch von vornherein illuſoriſch machte. Mit einem bedeutungsvollen Beugen des Hauptes ließ der Fürſt ſein in wunderbarem Glanze leuch=tendes Auge über die verſammelten Tauſende gleiten. Die Begeiſterung war eine ſo große, daß man das Fehlen der bereits erſchienen geweſenen und plötzlich wie in eine Ver=ſenkung verſchwundenen Kapelle des Infanterie=Regiments Nr. 54 kaum bemerkte, — eine Maßregel, die erſt ſpäter einem nicht gerade ſehr ſchmeichelhaften Kommentar unter=zogen wurde, zumal die Offiziere ſelbſt faſt vollzählig in Helm und Waffenrock erſchienen waren und einige von ihnen ſelbſt noch einige Stationen mitfuhren. Als dann endlich das Abſchiedsſignal gegeben wurde, durchſchallten abermals brauſende Hochrufe die Luft, und unter dieſem Jubel und Blumenwerfen verließ der Fürſt Kolberg.

Um 6 Uhr am Abend des 8. Auguſt traf Fürſt Bismarck in Varzin ein.

Dort endete die Reiſe.

V.

Schluß.

„Es ist ein großartiges und in seiner Art einziges
Schauspiel, das sich in diesen Tagen vor unsern Augen ent=
rollt hat" — so schrieb ein süddeutsches Blatt am 22. Juni
1892, also bevor noch der berühmte Reisende die Haupt=
stadt Bayerns erreicht hatte. „Der Altreichskanzler des
deutschen Reichs, Fürst Bismarck, ein Mann, auf dem die
kaiserliche Ungnade seit Jahr und Tag in der allerschwersten
Form der gänzlichen Nichtbeachtung und Nichtachtung ruht,
der von der offiziellen Welt gemieden und geächtet ist, den
seine treuesten politischen Freunde von ehedem auf das
schnödeste zu verleugnen geflissentlich bemüht sind; ein Mann,
der nach einem Leben voll weltbewegender Thaten verurteilt
ist, als Privatmann von seinem abgelegenen Landsitze aus
zuzuschauen, wie der Gang der europäischen Geschichte in
anderen als in den von ihm eingeschlagenen Bahnen weiter=
geht, und seine „letzte Aufgabe" darin erkennen muß, „zu
schweigen", der seine politische Rolle also nach eigenem Be=
kenntnis vollständig ausgespielt hat — dieser Mann unter=
nimmt eine Reise zur Vermählungsfeier seines ältesten Sohnes
quer durch Deutschland hindurch nach der Hauptstadt des

verbündeten Österreich, und diese Reise des „Privatmannes"
gestaltet sich zu einem Triumphzug sondergleichen; in der
Metropole Deutschlands, in der Residenz König Alberts von
Sachsen, in der Kaiserstadt am Strand der Donau, auf
zahllosen Zwischenstationen, welche der Fürst berührt, sind
festliche Veranstaltungen getroffen, drängen sich die Volks=
massen zu Tausenden und Abertausenden an ihn heran, um
ihn, der weder Gnaden auszuteilen noch Titel und Orden
zu verleihen noch Ämter zu vergeben hat, zu begrüßen, ihm
ihre Sympathieen kundzugeben, ihn mit Blumen zu über=
schütten und seine Hand zu küssen; überall umbrausen ihn
patriotische Gesänge, werden Ansprachen an ihn gehalten,
die überströmen von ungekünstelter Liebe und Verehrung,
wird er zu Antworten genötigt, denen ganz Europa mit
teilnahmsvoller Spannung lauscht, und die der Telegraph
unmittelbar nachdem sie gesprochen, nach allen Windrichtungen
hinausträgt. —

Woher diese merkwürdige, hochinteressante Erschei=
nung?" fragt das Blatt weiter und fährt dann fort:

„Bismarck hat gewiß, als er noch im Vollbesitze der
Macht war, die Regierung mit eiserner Faust geführt, er
hat, weil er mit einer Energie ohnegleichen die einmal für
richtig erkannten Bahnen wandelte, ohne danach zu fragen,
wer rechts oder links unter seine Füße geriet, sich mehr
Bewunderung als Liebe erworben und hat bis in die letzten
Tage seiner Kanzlerschaft mit mächtigen Antipathieen zu
kämpfen gehabt, ja er war lange genug der „bestgehaßte"
Mann in deutschen Landen. Allein — und darin liegt die
Lösung des Rätsels — der Fürst ist seit zwei Jahren dem
Mittelpunkt der Politik entrückt, er hat sich mehr und mehr,

nur noch von Zeit zu Zeit als getreuer Eckart seine war=
nende und ratende Stimme erschallen lassend, aus dem
Kampf der Parteien zurückgezogen; das beobachtende Auge
sieht ihn in weiterer Entfernung und schaut seine Gestalt
in viel objektiverem Licht als ehedem. Die Geschichte be=
ginnt in ruhigerem Urteil das Fazit seines Lebens zu ziehen
und sie findet, daß, wenn auch manches von dieser fast über=
menschlichen Größe in Abzug gebracht werden muß, doch
soviel übrig bleibt, daß sie ihn zum größten Manne des
Jahrhunderts stempeln muß. Jetzt erst tritt sein welt=
historisches Werk, die Neuschöpfung des deutschen Kaiser=
tums in das hellste und ungetrübteste Licht, nachdem der
Schöpfer dieses Werkes hinter dasselbe zurückgetreten, jetzt
erst empfindet und anerkennt man allgemein die Pflicht der
Dankbarkeit für zwei Jahrzehnte des Friedens, unter dem
die Industrie und namentlich der Handel einen ungeahnten
Aufschwung nehmen konnte, jetzt erst überschaut man völlig,
wie die Neugestaltung der Dinge im Jahre 1870/71 sich
bis in die kleinsten Verhältnisse hinein fördernd bemerkbar
macht, und in erster Linie die deutsche Reichshauptstadt muß
sich dem Fürsten als ihrem eigentlichen Schöpfer für immer
verpflichtet wissen. Nun, da die Größe dieses Gewaltigen
milder beleuchtet wird von der herniedersteigenden Sonne
seines Lebensabends, nun erst ist sie allen recht erkennbar,
und nimmt man noch die wehmütige Ahnung hinzu, daß
es wohl das letzte Mal gewesen ist, daß der alte Herr
Gelegenheit findet, sich in so ungesuchter Weise dem Volke
zu zeigen, er, der letzte Vertreter einer großen Zeit, der
letzte Paladin Kaiser Wilhelms I., so wird man es nur
begreiflich finden, daß das Herz des Volkes ihm in so

enthusiastischen Schlägen entgegenwallt und daß man ihn mit fast königlichen Ehren überschüttet.“

Die Lösung des Rätsels ist in der That nicht schwer. Es ist der letzte — und mehr — es ist der gewaltigste Vertreter einer Zeit, wie sie Deutschland nie zuvor erlebt hat, der unter sein Volk tritt. Es ist der Schöpfer des ruhmvollsten Abschnitts der deutschen Geschichte. Muß nicht, wer einen Funken deutschen Gefühls in seiner Brust trägt, diesem einzigen Manne zujubeln, wo er sich zeigt? — Wann wieder wird ein Bismarck kommen, der uns erlöst in dunklen Tagen? Wann wieder wird der deutsche Bürger so sicher sein Haupt zur Ruhe legen, weil er weiß, da ist Einer, der wacht über seinen Schlaf, der schirmt und schützt ihm Hab und Gut, Weib und Kind, der hütet seinen deutschen Namen und seine deutsche Ehre? — Wird je die Zeit wiederkehren, da in dem Namen Deutschland alles be= schlossen lag, was Macht und Glanz und Kriegsruhm heißt, und alles, was Wohlfahrt und Gedeihen und schöner, goldener, segensreicher Friede? — Und wenn es uns be= schieden ist, in stiller Arbeit fortzubauen und weiter zu schaffen, in der Umschnürung eifersüchtiger Nachbarn unsere Güter zu bewahren, unser Ansehen unerschüttert zu erhalten und unser Wort im Rat der Völker — wem anders haben wirs zu danken als ihm, dem großen Einiger? — Was waren wir denn, ehe er das Steuer unseres Schiffes faßte? — Wo war damals das deutsche Vaterland? — Die Dichter und die Träumer, die sahen es in den Wolken schweben, ein unfaßbar, zerrinnend Ding! Die Sänger= vereine und die Schützengilden, die Turner und Burschen= schaftler, sie priesen es beim Becherklang und sanken sich

gerührt in die Arme, wenn sie sein gedachten. Wohl gab
es edle Patrioten, die in Schrift und Rede, unverdrossen
und opferwillig, dem Werke Bismarcks vorarbeiteten; aber
auch sie schufen uns kein Vaterland. — Das Ausland
kannte nur Preußen, Baiern, Sachsen und es wußte, wenn
es einem dieser Staaten am Zeuge flicken wollte, fand es
unter den anderen willige und schadenfrohe Helfer. Wenn
damals jemand den Weg zurücklegte, den jetzt Fürst Bismarck zu seiner Reise gewählt hat, der kam durch viele
Vaterländer! Deutschland war ein geographischer Begriff
und der Deutsche draußen in der Welt mißachtet, dem
Heimatlosen vergleichbar, dem man halb mitleidig, halb
verächtlich einen Sitz unten an dem fremden Tische gönnt.

Man braucht nicht weit zurückzublättern im Buch der
deutschen Geschichte, um dies blühende Land, die Gefilde
der teuren Heimat, zerwühlt zu sehen von Krieg und Bürgerkrieg, das Vaterhaus zerstört und blutbefleckt, die Auen,
die vom Erntesegen strotzten, von übermütigen Feinden zer-
stampft, ein Tummelplatz roher Horden, die durch Mord
und Brand und Plünderung das Soldatenhandwerk besudelten;
um freche Eroberer als die Herren deutscher Erde und die
Brüder im Frohn der Unterjocher zu erblicken, willenlos
und machtlos an die Schlachtbänke fremden Ehrgeizes ge-
schleppt, auf ferner Walstatt elend endend oder von den
Unholden gezwungen, sich untereinander zu zerfleischen. Und
wars nicht Krieg und Raubzug, was uns vernichtete, so
wars die Ohnmacht der Zerrissenheit, das Elend der Klein-
staaterei, die gegenseitige Eifersucht der deutschen Stämme
und der deutschen Fürsten. O, eine lange schwere Kette
von Schmach und Schuld, von erduldetem Hohn und un-

gerochenen Kränkungen — das war unsere deutsche Geschichte in den letzten zwei Jahrhunderten! Und um so schwerer schleppten wir an dieser Kette, als wir wohl wußten, daß es nur eines gemeinsamen Entschlusses beburfte, um sie zu sprengen, daß wir stärker waren, als die uns banden, daß der deutsche Adler höher flog als das Gevögel seiner Feinde, sonnenhoch und sturmgewaltig, und doch am Boden lag und ächzte und nicht zur Freiheit kam!

Da, wie in alter Sage Siegfried licht und hehr den Drachen schlug und den Hort des Rheines hob, trat ein Held unter uns und zerhieb das Eisen und warf mit blutigem Stahle nieder, was uns den Weg bedrängte; jauchzend schwang er sich in das Gewühl und machte Bahn, freie fröhliche Bahn dem deutschen Geiste und dem deutschen Herzen. Und wie weitum die Fluren leuchteten, die Thäler grünten und zu den Höhen Siegeslieder emporstiegen, da stellte er sich mit gezücktem Schwerte vor dies neue Land und wehrte den Eingang, ein Recke, wie in Erz gegossen. Da hatten wir ein Vaterland, ein Reich, einen Kaiser — da war der Traum erfüllt. Der Deutsche war des Deutschen Bruder; er war nicht mehr verspottet, denn sie alle schützte ein Banner, das gefürchtet war auf Erden. Da zogen deutsche Schiffe über das Weltmeer und trugen deutsche Blüte zu fernen, dunkeln Völkern. Da durfte der Deutsche fröhlich hinauswandern und unter anderm Zepter sein Tagewerk thun. Man grüßte in ihm den Starken, dessen Ruhm die Welt erfüllte.

Und dieser Zauberer, dieser Gewaltige lebt unter uns, lebt noch, ein Greis im Silberhaar, und zieht durch Deutschland, und wir hätten ihm nicht Blumen streuen sollen auf seinen Pfad? Wir haben Kaiser Wilhelm den Ersten begraben und seinen edlen Sohn, die Prinzen und die Feldherrn, die uns zum Siege führten, Moltke und Roon, — wen haben wir denn noch aus jener unvergeßlichen Zeit? — Die Jahre rollen und der Sturm bricht unsre Eichen und der Eine, Eine steht noch aufrecht, er, der unter den Großen der Größte war, er, auf den immer wieder alles zurückführt, was Herrliches geschehen und geworden ist. Dank ist es, tiefer überströmender Dank, der den alten Helden überschütten möchte mit allem, was das Volk ihm geben kann. Eine Stimme, die gewaltig predigt, die aus den Herzen hervorbricht und die Herzen drängt und treibt, die ist es, welche sagt: Gehet hin, bringt ihm, was ihr habt, Liebe und Begeisterung und inniges Gedenken; verschönt ihm den Lebensabend nach viel durchkämpften Jahren; bringt den Frieden ihm, den Sturm und Streit umtosten bis auf diese Tage!

Dank wars und Treue, was dem Fürsten aus dem Jubel der Bevölkerung widerklang. Die Redner in ihren Ansprachen haben es erklärt, das Volk in jubelnder Zustimmung hat es bestätigt: Dank und Treue! „Seid einig, einig!" rief der große Kanzler den Bürgern von Dresden zu, und ein tausendfaches Gelöbnis antwortete aus dem Heilruf der erregten Hörer. „Haltet mit eisernen Klammern fest am Reiche" — ermahnte er in München die Jugend der Hochschulen. Wir wollen es! schallte es ihm zurück. Und als der Greis, wie ein Vater, der seine Söhne segnet und von dem Ernst der Stunde selbst ergriffen, sprach: „Erinnern Sie sich stets der natio=

nalen Gelübde, erinnern Sie sich daran, darum
bitte ich Sie!“ — da wird er wohl im Rauschen heiliger
Rührung den Schwur vernommen haben, ewig treu zu sein
den Gütern, die dieser Einzige seinem Volk errungen hat.

Ja, das wars! Kommen und versichern: Wir bleiben
treu, wir sind ein Volk und bleiben es; wir sind anein=
ander gekettet mit Herzblut, unlöslich, unzerreißbar; niemand
wird je uns trennen, wir halten zusammen, Nord und Süd,
zusammen „vom Fels zum Meer!“ — das wollten die
Hunderttausende, die sich um den Alten drängten. In dem
Flammen der Augen, im Druck der Hand, im Schrei, der
von den Lippen brauste, klang es ihm entgegen: Sei ruhig,
großer Sieger, dein Werk steht unerschütterlich, wir schirmen
es, wir, das deutsche Volk! Ziehe heim mit dem Troste,
daß du nicht umsonst gearbeitet hast! Und die wir hier
„ins Antlitz der Geschichte“ sahen, wir sind gefeit. Wenn
du schon lange nicht mehr bist, und wenn die Not kommt
und die Versuchung, dann werden wir dieser Stunde ge=
denken. Dann werden wir daheim dein Bild bekränzen
und unsern Schwur erneuern und die Feinde nieder=
schlagen! —

Ach, in den Dank und in das Treugelübde mischte
sich eine schmerzliche Empfindung: der Mann, der das Un=
vergleichliche gethan, der in staunensvoller Rüstigkeit von
Ort zu Ort zog und jünglingsfrisch alle Beschwerden der
Huldigungsreise ertrug, der Worte sprach voll tiefster Weis=
heit und hinreißendem Feuer, der wie von hoher Warte die
Summe seines Lebens zog, und was er dort geschaut hatte
mit Blicken wie kein anderer, hineingoß in die Seelen, die
ihm lauschten, — dieser herrliche, weltumfassende, herz=

ergründende, dieſer noch ungebeugte, kraftgefüllte Mann war
nicht mehr der Lenker unſerer Thaten, der Rater unſers
Kaiſers. Er war uns genommen und ſollte nichts mehr
gelten, ſollte ausgelöſcht ſein am Himmel unſerer Obrigkeit,
wo jetzt andere Sterne kreiſten.

Wir wollen nicht bitter werden, die Maßnahmen der
neuen Männer dem Urteil anderer überlaſſen. Aber iſt es
nicht unabweisbar, daß wir im Geiſte fort und fort ver-
gleichen? Daß uns die Thaten des gewaltigen Regierers
vor Augen ſtehen, wenn die ſeiner Nachfolger kund werden?
Wo ſind die Erfolge geblieben, die ſie ſo ſiegesſicher uns
in Ausſicht ſtellten? — Die glänzenden Verheißungen, wer
hat ſie erfüllt? — Der Alp von Sorge und banger Vorahnung, das Schwanken und Taſten, das heftige Beginnen
und jähe Abbrechen des Begonnenen, die dumpfe Gärung
und der Überdruß an allem, was geſchieht — iſt das die
goldne Zeit? — Männer wenden ſich von den öffentlichen
Dingen, die tüchtigſten und die treuſten; kleine Seelen, die
der Straßenwitz belächelt, ſchwimmen oben auf. Freunde
behandeln uns mit kühlem Mißtrauen, nützen unſere „Güte“
aus, Feinde reichen ſich frohlockend über uns hinweg die
Hände. Das Anſehen Deutſchlands in der Welt, das Bismarck durch ſeine Reden ſchädigen ſoll, — fragt doch bei
unſern Landsleuten draußen an, wie es jetzt damit ſteht und
wie es war unter ihm? — Und das alles ſollte das Volk
nicht fühlen? Die Volksſeele, die wie die Kindesſeele fein
empfindet und ſich von ſchönen Worten nicht täuſchen läßt? —
Sie haben viel auf ihn geſcholten in früheren Tagen, als
er noch die Macht beſaß; ſie haben geſeufzt unter dem Druck
der Eiſenfauſt. Jetzt wiſſen ſie, was ſie beſeſſen und

was sie verloren haben! Jetzt kommen sie, die starke
Hand zu küssen, die Hand, die ohne Zittern und Zagen
und ohne Ruck das Steuer lenkte, jetzt blicken sie bewundernd
in das strahlende Auge, das immer voraussah in die glän=
zende Ferne, jetzt wissen sie, warum es nötig war, die
Zwerge zur Seite zu schieben oder die gar zu frechen zu
zermalmen, die ihm den Weg zum Ziel bedrängten! O, in
den Jubel, der über dem herrlichen Greise hoch zusammen=
schlug, mag mancher Tropfen Reue geflossen sein, daß die
Erkenntnis zu spät gekommen ist, daß mancher vielleicht durch
seine Lauheit oder sein unzufriedenes Meistern zum Sturz
des Titanen beigetragen hat. Aber dazu war es nicht zu
spät, gottlob, dem einst Gefürchteten die Umkehr der Ge=
sinnungen zu zeigen und das bezwungene Herz ihm darzu=
bringen; was er gethan und gewesen und was der Meinungs=
hochmut nicht hatte zugeben wollen, jetzt am späten Abend
seines Lebens ihm mit Liebe zu vergelten. Die Huldigung
des deutschen Volkes war, wie er selbst es scherzend nannte,
die Quittung für sein Wohlverhalten. —

Und nicht allein was er gewesen, nein, was er
ihm noch war, was er bis zu seinem letzten Atem=
zug bleiben würde, das auch wollte das deutsche Volk
zum Ausdruck bringen! Die neuen Machthaber hatten den
fremden Staaten verkünden lassen, „den Anschauungen des
Fürsten Bismarck sei ein aktueller Wert nicht beizulegen“.
Die von ihnen bezahlte Presse hatte mit „Schrecken“ wahr=
genommen, daß die Erinnerungen des Fürsten bereits an=
fingen, sich völlig zu verwirren, und Arm in Arm mit ihr
bemitleidete Herr Richter den armen Mann, den das Alter
schwatzhaft mache. Nur schade, daß die Haltung der Regie=

rung dem also Gekennzeichneten gegenüber so wenig zu ihren Worten stimmte! Einen kindisch gewordenen Greis läßt man gemeiniglich ungehindert reden und poltern; er ist unschädlich und wird sich selbst zum Spott. Wie erklärt sich da die zügellose Wut, mit der man den bedeutungslos Gewordenen anfiel? Droht man auch Narren mit dem Staatsanwalt? — Warum wog man ängstlich jedes Wort, das er sprach? Warum verfolgte man jeden seiner Schritte? — Es war eben eitel Heuchelei, die uns einreden wollte, er sei nun eine Null! Man wußte es besser, nur zu gut! „Jedermann ist von der Überzeugung erfüllt", sagt eine süddeutsche Zeitung, „daß dieser „Privatmann" durch den Zauber staatsmännischer Größe, der erst mit seinem Leben weichen wird, ein leitender Faktor im politischen Getriebe Europas ist und bleibt. Wenn auch die Machthaber sich den Anschein geben, als ob sie das nicht wüßten und bemerkten, messen sie doch jeden ihrer Schritte, jedes ihrer Worte in der Beziehung zu dem ehemaligen deutschen Kanzler so sorgfältig ab, als ob es eine eigene Sprache diplomatischen Verkehrs gerade mit diesem Manne gebe. Ihre Befangenheit giebt Zeugnis für seine unverringerte Bedeutung."

Und an anderer Stelle sagt das Blatt: „Alle Versuche, den Fürsten zu einem Privatmann zu stempeln, werden kläglich scheitern. Solange er lebt, wird er nie ohne Einfluß auf unsere öffentlichen Angelegenheiten sein, ja, dieser Einfluß wird auch noch über das Grab hinaus andauern."

Das fühlte das deutsche Volk und das sagte es seinem Helden im Sturme der Begeisterung. Es war auch in der

That das unglücklichste Rezept, das Angst und Ratlosigkeit
den Herren vom grünen Tisch verschreiben konnte. Der
Mann, der in Reden, wie sie nie gehört waren, die tausend=
köpfige Menge entflammte, der in hohem, begeisterten Fluge
die leuchtenden Ideale wies, die über die tägliche Sorge
und den kleinen Streit ewig unverlöschlich strahlen sollen,
der sein Volk gewaltig mit emporriß zu den Zinnen der
Weisheit, der Tugend, der echten deutschen Mannestreue
und Mannentreue; von diesem außerordentlichen Greise zu
sagen: Hört nicht auf ihn, er ist ganz bedeutungslos! —
das war wirklich ein erheiternder Einfall in dem trüben
Schauspiel, das sich vor uns entrollte! Er hatte natürlich
die entgegengesetzte Wirkung. Man verglich wieder die gei=
stige Ebene auf beiden Seiten und man gewann den Ein=
druck, daß — wie sich ein schwäbischer Geistlicher in der
Zuschrift an ein süddeutsches Blatt vernehmen läßt — in
den Verstand, der Bismarck in seinem hohen Alter geblieben
ist, mehrere Minister sich noch reichlich teilen können.

Das deutsche Volk aber wußte es ohne Zeitungen,
wer unter den Lebenden sein treuester Freund und Helfer
sei. Der große, alte Mann, der dort sprach, der kannte
das deutsche Herz, der kannte seine Not und sein Hoffen,
die kleinen Sorgen und die Lieblingswünsche, die Schwächen
dieses Herzens und die großen herrlichen Schätze, die in
seiner Tiefe ruhen. Er hatte sich herumgeschlagen mit
diesem Volke schwere, heiße Jahre lang, er hatte es über=
wunden und zum Glück gezwungen; nun verband sie un=
lösliche Waffenbrüderschaft. Er hatte ihm in die geheimsten
Falten seines Wesens geblickt, hatte unerbittlich seine Sün=
den aufgedeckt: Er war der Arzt, der heilen konnte, er hats

bewiesen. Er war auch das Gewissen seines Volks, die unbestechliche Stimme der Wahrheit, und der Genius, in dessen Bild dies Volk sich selbst erschaute — o er war ihm alles, alles, jetzt wie früher und immerdar, über „das Grab hinaus!" — Die kleinen Feinde hatten ihn herabdrücken wollen, vernichten mit dem Hauche ihres Mundes — und er war eine Macht geworden, mit der man rechnen muß!

Das deutsche Volk hat auch gerichtet, — nicht die Politik des Kaisers, wie hämische Angeber behauptet haben; aber das Unrecht hat es verdammt, das seinem großen Führer widerfahren ist. Als die Einwohner von Berlin, Dresden und Wien, die Bayern in allen Orten, die er auf seiner Fahrt berührte, ihn jubelnd umdrängten, da konnten die eben entwickelten Gründe noch zur Erklärung der beispiellosen Volkstümlichkeit des einst Gehaßten genügen. Seit Kissingen ist ein Mehr dazu gekommen. In die ersten Wochen des Kissinger Aufenthalts fallen die Geschehnisse, die wir als „Achtung Bismarcks" bezeichnet haben. Am 10. Juli sammelten sich schwäbische Verehrer aus allen Gauen, um den Fürsten ihrer unwandelbaren Liebe zu versichern. Es war die erste und unmittelbare Antwort deutscher Männer auf die Caprivi'schen Erlasse. — Wie eine dem deutschen Namen angethane Schmach wirkte die Behandlung seines größten Trägers. Eine tiefe Empörung der Gemüter wallte auf. Jetzt, jetzt erst recht galt es zu zeigen, was der Vervehmte dem deutschen Volke war! Man reißt einen solchen Mann nicht aus dem Herzen mit brandmarkenden Depeschen. „Bismarck", schrieb eine Zeitung, „ist ein Element des deutsch=nationalen Empfindens

geworden. Bedenken die gegenwärtigen Machthaber, daß
durch die Kränkungen, die jenem zugefügt werden, Millionen
deutscher Herzen mitgetroffen werden?" — Millionen fühlten
in bitterer Pein nicht nur die Kränkung, sondern die De=
mütigung des deutschen National=Bewußtseins. Der Stolz
des Deutschen auf sein Vaterland, das zarte Pflänzlein, das
der Gewaltige mit unsäglicher Mühe zu kräftiger Blüte groß=
gezogen hatte, er wurde zertreten, in den Staub gezerrt von
„bedauerlich schlechten Psychologen". Wieder frohlockte das
Ausland, wieder stieg um viele Grade die Hoffnung auf
nahe Vergeltung seitens derer, die wir durch zwei Jahr=
zehnte zur Ohnmacht verurteilt hatten; denn mit einem Volk,
das sich selbst erniedrigt, wird man bald fertig! — Aber
da standen die deutschen Männer auf: Ihr sollt uns nicht
verderben, die ihr uns regiert! Ihr sollt den Feinden nicht
das Recht geben, uns zu verachten! Wer diesen Mann an=
tastet, der vergreift sich an einem unserer Heiligtümer! Wir
erheben Einspruch, lauten, feierlichen, hundert=
tausendfältigen Einspruch gegen das, was ihr ihm
thut und thun wollt!

Da kamen sie aus Württemberg und Baden, Hessen
und der Pfalz und deckten mit ihrer Liebe das ehrwürdige
Haupt und schwuren seinem Andenken Treue. Da holten
sie ihn in Jena im Triumphe ein und feierten ein Fest,
wie es die Musenstadt noch nicht gesehen. Und er stand
mitten in dem Volke, dessen monarchisches Gefühl zu heben
früher sein ganzes Bestreben gewesen war und das ihn da=
für hatte steinigen wollen; das ihn heute jubelnd feierte,
während die Höfe ihn ängstlich mieden. — Mit sinnendem
Zurückschauen dachte er dieser „Ironie des Schicksals" und

schaute auf die Tausende um ihn — da mag wohl eine seltsame Bewegung ihn ergriffen haben. Jetzt, nach dem ungeheuren Ringen seines Lebens, nach den einsamen Höhen, die er gewandelt war, ein Gegenstand bangender Bewunderung, ein Rätselmensch, des Riesenschritte dröhnend, Furcht weckend über die Erde gingen, dessen Brust, mit Erz gepanzert, die warme Liebe schreckte und ihrer nicht zu bedürfen schien — jetzt endlich rinnen um ihn die Wogen heißer Herzensgluten. Das Volk, sein deutsches Volk, hat ihn verstanden, hat ihn herabgeholt in seinen Schoß, und schirmt und segnet ihn. Das erst, das fühlt er in diesen Stunden, die Liebe des Volkes ist der wahre, schönste Lohn seiner Thaten, die goldene Krone, die ihn unvergänglich schmückt. Am Herzen dieses Volks erwarmt sein eignes Herz und von den Lippen quillt ihm der volle, lautere Strom, — da tönen wie herrliche Lieder die schönen Worte, die sich eingraben werden ins Gedächtnis von Kind und Kindeskind. Da fliegt der Geist des Greises noch einmal hoch empor, der Mann, „der seinen Namen in die deutsche Eiche ritzte", wächst zum heiligen Propheten und schreibt mit dem Griffel der Begeisterung dem deutschen Volk ins Herz, was es litt und kämpfte, was es war und werden soll und wie es siegen wird. —

*   *   *

Die Reden von Kissingen und Jena haben Vielen die Augen geöffnet. Mancher, der den eisernen Mann nicht wollte, hat ihn anerkennen müssen. Mancher hat an die Brust geschlagen und sich dem Größeren gebeugt.

„Wären überhaupt noch für unbefangene Beurteiler Zweifel an der Bedeutung des Fürsten Bismarck für unser nationales Leben möglich gewesen, die Reisen des Altkanzlers müßten sie endgültig behoben haben. Mag er den einen als harter Stein des Anstoßes gelten, die andern in ihm einen Denkstein vaterländischen Stolzes erblicken, aber daß er als ein Felsen in unserer Mitte emporragt, um eines Hauptes Länge über alles Volk hinaus, das kann nur bezweifeln, wer nicht sehen will."

Ehrliche Katholiken sprachen sich in gleichem Sinne aus. Sogar der „Freisinn" mußte es erleben, daß Stimmen aus dem eignen Lager für den Geschmähten eintraten, und den Gesinnungsgenossen das Lächerliche ihrer blinden Bismarckwut zu zeigen suchten. So schrieb Fritz Mauthner folgendes: „Bismarck ist der große Sündenbock. Wenn Bismarck nicht gelebt hätte, oder wenigstens in früher Jugend gestorben wäre, so hätten wir zwar kein Deutsches Reich, aber im übrigen wäre das goldene Zeitalter endlich angebrochen. So ungefähr zu lesen in den Zeitungen großer Parteien und neuerdings auch in den Blättchen der katholischen und protestantischen Pfaffen. Die Pfaffenblättchen kommen hier nicht in Betracht. Aber für die Journale der bismarckfeindlichen Parteien schreiben im ganzen und großen die meisten und die talentvollsten Schriftsteller Deutschlands . . . So lange aber das allgemeine Gerücht nicht widerlegt ist, Bismarck habe das neue Deutsche Reich geschaffen, so lange werden sich hoffentlich immer noch Leute finden, welche sonst keine Hurrahrufer zu sein brauchen, die ohne Götzendienst und ohne Preisgebung ihrer Anschauungen von Gott und Welt froh werden bei dem Gedanken, daß so ein Monumentmensch gelebt und gewirkt hat und noch immer dasteht, machtlos zwar und nicht einmal immer Herr seiner selbst, aber doch auch ohne jede Herrschaft immer er selbst. Wäre er gelassen, er wäre nicht der Bismarck geworden. Die große deutsche Presse sollte endlich aufhören, den Fürsten Bismarck als einen Verbrecher zu behandeln. Es schafft innerhalb des Volkes einen neuen und überflüssigen Gegensatz. Denn nicht darum handelt es sich, ob die einzelnen Bismarckschen Gesetze gut waren — über Sozialistengesetz, Schutzzoll und Schulfrage können wir getrost weiter uneinig bleiben — sondern darum, ob wir ihm die Einigung zu danken haben oder nicht."

Man kann ohne Übertreibung sagen, daß heute das gesamte deutsche Volk — soweit es nicht bloß aus deutschen Unterthanen, sondern aus wirklich innerlich deutsch fühlenden Bürgern besteht, — dem großen Einiger anhängt, daß eine ungeheure, echte, aus dem Herzen strömende Volkstümlichkeit ihn trägt, und er dem deutschen Bewußtsein als einer der größten nationalen Helden auch der glühendsten Begeisterung und Verehrung wert erscheint.

An der mächtigen, einzigartigen Bewegung, die dieses Ergebnis als schöne Frucht uns schenkte, sehen wir Einen nicht teilnehmen, der vor allen anderen berufen wäre, Mitempfinder, Lenker aller Regungen der Volksseele zu sein. Einer steht abseits der großen Kundgebungen des deutschen Volks — sein Kaiser! Der erste Kanzler des jungen geeinten Reiches ist bei seinem Kaiser in Ungnade gefallen und muß ihre Folgen tragen. Der Kaiser ist dadurch in einen Gegensatz mit seinem Volk gekommen, der dieses in die tiefste Bekümmernis versetzt. Es giebt ja Kreise, große einflußreiche Kreise, die leider selbst vor dem Verbrechen nicht zurückscheuen, die Kluft zwischen beiden Männern absichtlich zu erweitern, den Groll, der sich zwischen ihnen auf= gehäuft, zu schüren. Es sollen sogar unter den vertrauten Ratgebern des Kaisers solche sein, die um persönlicher Zwecke willen jede mögliche Annäherung zu vereiteln suchen, die milderen Stimmungen des Monarchen, die zu einer Ver= söhnung führen könnten, im Keime zu ersticken wissen. Wir wollen hoffen, daß die Gerüchte lügen. Wenn sie aber wahr sind, so dürfen wir nicht anstehen, zu erklären, daß dann diese Männer einer That sich schuldig machen, die sie vor dem Richterstuhle der Geschichte mit dem denkbar schwersten Makel, ja mit dem Abscheu aller kommenden Geschlechter belasten würde.

Die Entfremdung beider Männer, des Kaisers, der unser Herr und Führer ist, und des Kanzlers, dem unsere Liebe unvergleichliche Thaten dankt, drückt auf Deutschland wie ein schwerer Fluch. Es droht eine förmliche Vergiftung des deutschen Gemütes. Begriffe, die uns klar erschienen, wie Königstreue, Vaterlandsgefühl, werden verwirrt, ver= dunkelt, untergraben! Heilige Empfindungen, die zusammen= gehören, werden auseinander gerissen und wir vor eine Wahl gestellt, die, wie sie ausfallen mag, gleich unheilvolle Folgen haben kann. Der Zwiespalt, der in die Seele des schlichten Mannes geworfen ist, muß verwüstend um sich fressen.

„Die gegenwärtigen Machthaber", sagt eine süddeutsche Zeitung, „waschen freilich bei dem Unheil, das sie ange= richtet haben und das sie, wie es scheint, ins Ungemessene noch zu vermehren gedenken, ihre Hände in Unschuld. Das bitterböse Verhalten Bismarcks seit seiner Entlassung soll an allem schuld sein! Sie können es nicht begreifen, daß der Mann, der groß, übergroß geworden ist, nicht auf Kommando klein werden will, daß der Meister der Staatskunst sich nicht plötzlich in einen Knaben verwandelt, der hübsch artig und still auf der Schulbank sitzt. Sie sind vor Entrüstung außer sich, daß Bismarck mit seiner Entlassung nicht sofort aus seiner eigenen Haut gefahren ist, um eine andere Natur anzuziehen. Sie schlagen die Hände über den Kopf zusammen, daß auch der aus allen seinen Ämtern Entlassene noch fortfährt, Eigenschaften zu offenbaren, ohne die sich seine Größe und seine Erfolge gar nicht denken lassen, z. B. einen unbeugsamen Starrsinn im Festhalten dessen, was er als heilsam für das Reich erkannt hat, einen rücksichtslosen Drang, das auch geltend zu machen, die temperament- und phantasievolle Art der Aussprache 2c. Sie nehmen es ihm schwer übel, wenn der Mann, der Jahrzehnte lang die Fäden der Weltpolitik in seinen Händen gehalten hat, auch nach seinem Abgang noch das Bedürfnis fühlt, vor dem Forum Europas zu sprechen." — „Es muß aber ausgesprochen werden", fährt das Blatt fort — „und es darf von denen, die das Ohr Sr. Majestät des Kaisers haben, auch dem Kaiser nicht verschwiegen werden: die Wunde, die der deutschen Volksseele durch die Behandlung des Fürsten Bismarck geschlagen worden ist, darf nicht noch weiter aufgerissen werden ... Das kann man nicht mehr Tragik nennen, wie es mit Bismarck gegangen ist. Das ist eine fratzenhafte Verzerrung der deutschen Geschichte! Es ist Pflicht zu begreifen, daß es so nicht weiter gehen kann."

Es darf dem Kaiser nicht verschwiegen werden! Das ist es ja! Wo sind treue Männer, die aus Liebe zu ihm, zum Vaterlande, alle Rücksichten, alle Ängstlichkeit, alles Zaudern und Abwarten bei Seite setzen, freimütig, wie es dem deutschen Manne ziemt, und ehrfurchtsvoll, wie es die heilige Person des Herrschers erheischt, vor ihren König treten und ihm die Wahrheit sagen? — Wo ist heute die gerühmte Furchtlosigkeit der Germanen? An den Biertischen und in Zeitungsartikeln eifern sie wohl über Byzantinismus und knechtischen Sinn; da reißen sie die Regierenden herunter und richten ihre Spitzen nach dem gesalbten Haupt. Im Dunkel thun sie es, ohne sich zu nennen, hinter der Deckung des Redaktionspultes; aber wenn es heißt: Zeigt euch, wer seid ihr? Kommt doch näher und bringt eure Wünsche und Ansichten vor den Thron, mit offenem Helmsturz, unbeirrt auch durch das Stirnrunzeln der Majestät — wo sind sie dann, die edlen Entrüsteten? Wiegt auch der Zorn des Allermächtigsten das Bewußtsein auf, eine gute That gethan zu haben? Und eine mutige That? —

Das gesamte Volk sieht heute auf seinen Kaiser. Millionen haben den einen Wunsch auf den Lippen: Den wir lieben, o Herr, liebe ihn auch! Vergiß, was dich gekränkt hat; vergiß nicht, o vergiß es nimmer, was er dem deutschen Volke war und ist und bleiben wird in alle Zeit!

Die Geschichte ist eine unerbittliche Richterin. —

Wer hoch steht, wer ein großes Volk führt, wer ihm glänzend voranschreitet, dessen Haupt ist ihr verfallen. Sie kränzt es mit Lorbeer oder sie spricht ihm einen dunklen Spruch. Sie wägt das Große und das Kleine. Sie verkettet miteinander Schuld und Unglück. Sie verschweigt neben herrlichen Thaten auch nicht den Flecken, der am Gewande des Helden haftet.

Unser Kaiser ist hochbegabt, Sproß erlauchter Ahnen, Erbe unvergleichlichen Ruhms. Er will der Väter würdig sein, will strahlen gleich den Größten unter ihnen, er will Hüter, Wohlthäter, Retter seines Volkes werden, und er soll es! Er ist ausgestattet mit allem, was Glück verbürgen und Heil bringen kann. Sein Geist strebt hoch, seine Ziele sind erhaben. Wir wollen ihm vertrauen, ihm folgen, auch wo wir noch nicht verstehen. Das Königsbanner sei unser leuchtendes Panier; unter ihm sammle sich, wer deutsch und treu ist!

Aber wir haben eine heilige Pflicht. Das geweihte Haupt unsres Kaisers, der für uns sich in die Brandung einer schweren Zeit stürzt, haben wir, sein Volk, zu schirmen vor allen Gefahren. Wir müssen wachen über ihm als über unserm teuersten Gut. Kein Hauch soll uns das Bild des Mannes trüben, der so großartig seinen Lauf begonnen hat; so tapfer und so edel!

Wir, die ihn lieben, bangen für ihn. Wir sehen die Zeit verrinnen. Der Alte, der tief in unsere Herzen ein-gegraben ist, dem unser ewiger Dank gebührt, und an unserer Spitze der Dank des Ersten unter uns — wird sterben. Ach, wird er sterben, ohne daß die Hand seines Königs einmal noch die seine gedrückt hat? — Soll wirklich einst die Geschichte melden, daß der Held, dessen Thaten mit Flammenschrift in ihrem goldnen Buche leuchten, den Freund und Feind bewunderte, den das deutsche Volk im Triumphe durch das Land geleitete, — daß er heim-gegangen sei, und Wilhelm II. habe sich von ihm gekehrt

15*

und abseits gestanden, und zu einer Versöhnung sei es nicht
gekommen? — Verhüte es der gnädige Gott! — Noch ist
es nicht zu spät! —

Den Kaiser würde die Geschichte belasten, — auch
mit der Schuld, von der er nichts weiß. Was seine Räte,
seine Diener gethan oder geduldet haben, das wird einst
ihm aufgebürdet werden. Denn er ist der Herr, in dessen
Namen alles geschieht, was von oben kommt. Wenn die
Namen jener, ihre Pläne, Absichten und Einflüsterungen
längst vergessen sind, das Spiel der kleinen Ränke und Eitel-
keiten derer, die um des Kaisers Gunst buhlen, nicht mehr
aufzudecken ist, dann wird er selbst einstehen müssen, unser
Kaiser.....

Eine Schuld ist vorhanden, ein Unrecht ist geschehen. — Das fühlt das Volk, das sagen uns die andern
Völker, das kann niemand mehr von uns wälzen. Die
Schuld heischt Sühne, und diese ist so leicht! Ein Wort
kann allen Zwiespalt lösen, ein Zeichen, daß der Kaiser des
Mannes, dem er einst hold war, wieder freundlich gedenkt.
Es wäre eine große That, denn sie würde Deutschland von
einer großen Sorge befreien; sie würde den Druck von
vielen treuen Herzen nehmen, Mut und Hoffnung neu be-
leben. O, wenn es geschehen könnte, welch ein Jubel würde
zu des Kaisers Thron steigen!

Vielleicht aber glaubt der Kaiser nicht, daß es die
Treuen im Volke sind, die um Versöhnung flehn! Es giebt
ja andere, die wollen nicht, daß der erste deutsche Reichskanzler in Gnaden bei dem deutschen Kaiser stehe, die froh-
locken über den Fall des Starken. Wer aber sind diese?
Die Nachkommen derer sind's, die einst das unsterbliche Werk

Wilhelms des Siegreichen bekämpften, das Werk, durch
welches das preußische Heer zum Werkzeug wurde, um uns
das Reich und jenem die Kaiserkrone zu erobern; die Nach=
kommen derer, die den edlen König bis zum Entschluß der
Abdankung getrieben hatten; die sind's, die jedem Schritt
zu Preußens Größe, jedem Gesetz zu Deutschlands Festigung
hindernd in den Weg traten. Die andern sind es, die Zög=
linge der Jesuiten, der alten Feinde des deutschen Geistes,
die das geeinte Vaterland und das evangelische Kaisertum
stets mit unversöhnlichem Haß verfolgen werden. Die dunklen
Mächte sind's, die vom Zusammensturze aller Dinge das
Heil erhoffen und die an diesem Sturze arbeiten mit zäher,
unausgesetzter, planvoller Emsigkeit, die vor allem die Throne
brechen müssen, um ihre Lehren zu verwirklichen. Die vielen
endlich sind's, die Opfer bringen mußten für das Allgemeine
und die sie nicht verschmerzen können; die an Deutschlands
Grenzen wohnen und nicht Deutsche werden wollen. Die
Feinde des ersten Kanzlers also, das sind auch des
Kaisers und des Reiches Feinde. Sie freuen sich über
die Kluft, die beide Männer voneinander entfernt, weil sie
wissen, daß damit dem Kaiser und dem Reiche Schaden ge=
schieht, und ihre eigenen Hoffnungen steigen. — —

Unzählige treue Herzen schlagen für den Helden der
Nation. Viele Tausende haben ihn jubelnd umringt. Wird
dem Jubel die Weihe fehlen, die allein des Kaisers Mund
erteilen kann? — Unauslöschlich stehen die Tage der Bis=
marck=Begeisterung im Buche der deutschen Geschichte. Ein
Blatt ist bei ihnen noch offen. Möchte bald der hohe Name
sich darin einzeichnen, den wir so schmerzlich noch vermissen!
Möchte, wenn wieder einer vom Fürsten Bismarck zu er=

zählen hat und von den letzten Jahren, die ihm beschieden waren, möchte der sagen dürfen: Ihn ehrte bis an sein Ende in Dankbarkeit und Liebe

Kaiser Wilhelm II. und das deutsche Volk!

Nachwort.

Daß ich in dieser Schrift, die ein Denkmal der Treue sein soll — der gegenseitigen Treue zwischen dem großen Deutschen und dem deutschen Volke — wiederum das „heikle Thema" der Versöhnung berührt habe, werden viele tadeln. Sie werden sagen, das gehört nicht hierher und nützt auch nichts.

Was den ersten Vorwurf betrifft, so bin ich anderer Ansicht. Ich kann nicht an den Fürsten Bismarck denken, ohne daß sich mir mit schmerzlicher Gewalt die unselige Entfremdung aufdrängt, die dem Vaterlande so bittere Stunden bereitet, dem Kaiser eine dunkle Wolke zu werden droht, die seinen Ruhm beschattet.

Der Kaiser hat einmal das schöne Wort gesprochen, er erwarte von jedem treuen Manne ein Mitarbeiten an dem großen Werk, sein Volk glücklich zu machen. Nun wohl! Thue das ein jeder nach dem Maße und in dem Rahmen seiner Kräfte und Gaben! Halte sich ein jeder vor, was seinem geliebten Kaiser und seinem teuren Lande zum Frieden dient und handle er darnach!

Wem aber dies Ziel vor Augen steht, der wird auch unbeirrt den Weg gehen, den er nach innerster Überzeugung für den rechten hält.

Mit Gott für König und Vaterland! Wer diese hohe Dreiheit wahrhaft liebt, der fürchtet sich nicht. Er fürchtet nicht das Gift der Feinde, nicht die gleichgültige Kälte der Maſſen, nicht den billigen Spott derjenigen, die ihn einen Narren ſchelten. Er fürchtet auch nicht den Zorn des Königs!

Frei und offen und voll Ehrfurcht ſeinem Könige in die Augen ſehen, ſein Haupt beugen, aber nicht ſeine Meinung, ſich ſelbſt auch opfern können zum Heil des Vaterlandes, — das iſt mein Begriff von Patriotismus.

„Ich handle in allem nur nach meiner Pflicht und meinem Gewiſſen. Die Folgen ſind mir ganz gleichgültig“ — jenes Wort des Fürſten Bismarck iſt auch mir Leit- und Wahrſpruch. --

Ob die Bitte um Verſöhnung Erfolg hat, das ſteht in Gottes Hand. Er kann einem guten Wort auch eine gute Statt bereiten. Die Entſcheidung liegt beim Kaiſer. Ihr haben wir uns zu fügen. Aber wir ſind von der Mitverantwortung für dieſelbe erſt dann entlaſtet, wenn wir das Unſere gethan haben, um das Herz des Kaiſers für das Flehen ſeines Volkes zu gewinnen.

Möchten ſich nur Männer finden von Gewicht und Anſehen, die den Herrſcher von der wahren Stimmung des Volkes unterrichten!

Möchten ſie des Kaiſers Augen auch auf dieſe Blätter lenken!

Anhang.

Kernsprüche aus den Reden des Fürsten Bismarck.

In Dresden:

Es war eine schwere Arbeit, uns zusammen zu bringen; schwerer aber noch dürfte es sein, uns zu trennen.

In Wien:

Die Kunst und die Wissenschaft sind das, was uns Deutsche verschiedener Länder zusammenhält.

In München:

Ich kann Sie nur bitten, meinem Worte sich anzuschließen, daß wir das Deutsche Reich mit eisernen Klammern festhalten.

Erinnern Sie sich stets der nationalen Gelübbe; darum bitte ich Sie!

In Kissingen:

In der nationalen Politik ist das Herz immer stärker als der Verstand.

Bleiben wir einig, so bilden wir einen harten und schweren Klotz in der Mitte von Europa, den keiner anfaßt, ohne sich die Finger zu zerquetschen.

Das Gesamtergebnis unseres siebziger Krieges und unseres ganzen Weges durch die Wüste, den wir vorher geführt worden sind, wird uns keine Macht wieder entreißen.

Gott hat es so eingerichtet, daß alle deutschen Völker den Hammer nach dem Ambos geschwungen haben, auf dem die deutsche Einheit geschmiedet wurde.

Wenn man Eierkuchen bäckt, muß man Eier zerschlagen.

Wir müssen Rücken an Rücken stehen, wenn nicht alle Opfer der Vergangenheit für uns verloren sein sollen.

Die extremen Parteien sind in Deutschland nicht regierungsfähig.

Es giebt vieles, worüber man einig werden kann, und da sollte man nicht zögern, einig zu sein.

Es schadet dem Buche, wenn man seinen Verfasser schlecht macht.

In Jena:

Man kann die Geschichte nicht machen, aber man kann aus ihr lernen.

Die Politik ist keine logische, exakte Wissenschaft, sondern es ist die Fähigkeit, in jedem wechselnden Moment der Situation das am wenigsten Schädliche oder das Zweckmäßigste zu wählen.

Es ist ein gefährliches Experiment, heutzutage im Zentrum von Europa absolutistischen Velleitäten zuzustreben, mögen sie priesterlich unterstützt sein oder nicht.

Mancher glaubt Gott zu gehorchen, wenn er dem Geheimrat gehorcht.

Wenn Jena nicht gewesen wäre, wäre vielleicht Sedan auch nicht gewesen.

Ein Parlament kann nicht stark sein, wenn es von Parteien zerrissen ist.

Das ist das Unglück, wenn wir in das Fraktionswettkriechen verfallen.

Wir müssen nationale Politik betreiben, wenn wir bestehen wollen.

Ich bin eingeschworen auf eine weltliche Leitung eines evangelischen Kaisertums, und dem hänge ich treu an.

Was unsere Frauen sich angeeignet haben, das werden unsere Kinder verteidigen!

In Treptow a/R.

Ich bitte Sie, dies fest im Herzen zu bewahren, daß der Deutsche, sobald er seine Grenzpfähle verläßt, an Ansehen verliert, wenn er nicht sagen kann: 50 Millionen meiner Landsleute stehen geeinigt hinter mir.

Halten wir unzertrennlich zusammen, vom Fels zum Meer!